슈베르트 세 개의 연가곡

Schubert, the three song cycles

By Nah Sung-In

Published by Hangilsa Publishing Co. Ltd., Korea, 2019

슈베르트 세 개의 연가곡

사랑과 방랑의 노래

나성인 지음

My Little Library 🍃 10

한길사

가고, 열렬한 소개 편지를 써주던 충실한 친구 슈파운^{Joseph Ritter von Spaun, 1788-1865}도 아홉 살 연상이었다. 나도 이제 슈파운의 시선으로 슈베르트를 볼 수 있게 된 걸까.

그사이 다시 찾은 빈^{Wien}의 누스도르퍼가 54번지는 변해 있었다. 뭘 많이 채우고 옛 공허의 빛깔을 말갛게 지워놓았다. 옛날의 떨림은 이제 아른거릴 뿐, 눈앞의 형상과 마음속 심상 사이에 9년의 세월이 놓여 있었다. 그것은 정확히 나와 슈베르트 사이의 거리였고 앞으로도 자꾸 벌어져갈 거리였다.

하지만 이상하다. 눈을 감으면 보이지 않는 세계에서부터 슈베르트의 음악이 아득한 거리를 좁히며 다가온다. 내 마음은 기적처럼 9년 전 촉촉하게 반짝이던 기억을 찾아낸다. 그리하여 나는 다시 슈베르트의 가난 속으로 저벅저벅 들어가 거기 형언할 길 없는 풍요로움이 있었다고 더듬더듬 말하게 된다. 그것이 곧 마음의 겨울, 마음의 무채색과 한번 겨뤄보는 일이라 여기면서 말이다. 슈베르트가 누려보지 못한 아홉 해를 통해 내가 배운 것은 이것뿐이다.

없는 길을 만드는 사람은 길을 잃은 것처럼 보인다. 얼마나 많은 젊음이 길을 잃었는가. 얼마나 많은 젊음이 보이지 않는 보배를 가득 쥔 빈손으로 울고 있는가.

지나고 보니 나의 슈베르트는 서른한 살의 청년 실업자였고, 내 곁에는 수많은 젊은 슈베르트가 함께 있었다. 그러나 누군가 지금도 무채색 겨울을 금빛 눈물로 장식하고 있다면 나이야 어쨌든 그 역시 젊은 슈베르트이리라.

그들에게 이 책을 바친다.

2019년 여름
나성인

슈베르트 세 개의 연가곡

어느 영혼이기에 아직도 가지 않고 문밖에서
서성이고 있느냐
네 얼마나 세상을 축복하였길래 밤새 그 외로운
천형을 견디며 매달려 있느냐

-기형도, 「이 겨울의 외로운 창문」

1 소박한 천재

베토벤의 장례식

1827년 3월 26일, 루트비히 판 베토벤$^{Ludwig\ van\ Beethoven,\ 1770-}$ ^{1827}이 영면했다. 사흘 뒤 장례식에는 2만여 명* 넘는 사람들이 운집하여 영웅의 마지막 길을 배웅했다. 호사스러운 빈 취향에 맞게 장례식은 화려하게 연출되었다. 빈 음악원은 학생들이 이 역사적 순간에 참여할 수 있도록 임시 휴교를 결정했고, 각지에서 추종자와 구경꾼이 몰려들었다.

트롬본 주자 네 사람이 천상의 나팔소리인 양 고인의 「에크발레」 $^{WoO.\ 30}$를 연주했고 오후 세 시가 되자 광장의 인파를 헤치며 관이 움직이기 시작했다. 훔멜$^{Johann\ Nepomuk\ Hummel,\ 1778-1837}$과 크로이처 $^{Conradin\ Kreutzer,\ 1780-1849}$ 등 여덟 명의 카펠마이스터가 호위에 나섰고, 40여 명의 예술계 인사들이 꽃으로 장식된 횃불을 들고 뒤를 따랐다.** 그들 가운데 키가 작아 눈에 잘 띄지 않는 슈베르트도 있었다.

* 얀 카이에르스, 홍은정 옮김, 『베토벤』, 도서출판 길, 2019, 9쪽.
** 피아니스트 체르니(Carl Czerny, 1791-1857), 바이올리니스트 슈판치히(Ignaz Schuppanzigh, 1776-1830), 출판업자 디아벨리(Anton Diabelli, 1780-1858)와 하슬링거(Tobias Haslinger, 1787-1842), 피아노 제작자 슈트라이허(Andreas Streicher,

베토벤의 마지막 집슈바르츠슈파니어 하우스에서 장지인 베링 묘지까지, 2킬로미터에 불과한 거리를 행렬은 몇 시간째 더디게 나아갔다. 그 사이 엄숙한 침묵은 줄곧 분주한 소란의 습격을 받았다. 마침내 묘지 정문에 이르러서야 고요함이 제자리를 되찾았다. 배우 안쉬츠 Heinrich Anschütz, 1785-1865가 작가 그릴파르처Franz Grillparzer, 1791-1872*의 추도사를 낭독하기 시작한 것이다.

여기 고인의 무덤 곁에 선 우리는 온 나라와 독일 민족 전체의 대표자가 되어 조국의 예술, 만발한 우리의 혼과도 같았던 예술가의 서거를 애도하고 있습니다. 드높은 칭송을 들었던 그의 절반**은 사라져가는 광휘 외에는 우리에게 남긴 것 없이 저 피안으로 가버렸습니다. 베토벤이여! 그래도 더 오래 살아 있기를! 독일의 언어로 노래 부르던 영웅이여! 저 소리 나는 노래의 마지막 마이스터는 음악 자체와도 같은 선량한 입으로 헨델과 바흐, 하이든과 모차르트의 상속자가 되었고 그 불멸의 명성을 더욱 드높였습니다. 그러므로 베토벤은 자기 소명을 오롯이 해낸 것입니다. 이제 우리는 여기서 눈물을 흘리며 영영 잦아든, 줄이 끊어진 그

■ 1761-1833), 작가 그릴파르처와 카스텔리(Ignaz Franz Castelli, 1780-1862), 고인의 조수이자 동료 홀츠(Karl Holz, 1798-1858) 등이 포함되어 있었다.
 * 오스트리아의 위대한 작가 그릴파르처는 베토벤과 여러 차례 개인적인 시간을 가진 인물이다. 17세였던 1808년 하일리겐슈타트에서 베토벤과 함께 기거했고 1823년에는 베토벤을 위해 오페라 대본 「멜루지네」를 쓰기도 했다.
 ** 고인의 육신을 뜻한다. 그릴파르처는 그의 또 다른 절반(곧 베토벤의 음악에 남겨져 있는 그의 정신)은 결코 죽지 않는다는 것을 전문에서 강조한다.

슈퇴버(Franz Xaber Stöber), 「베토벤의 장례식」(1827).
베토벤의 장례식에는 수많은 인파가 몰렸다. 대략 2만여 명
정도로 알려졌지만 베토벤의 조수 신들러는 3만여 명
정도로 추산했다. 조금 과장된 숫자이지만 베토벤의
죽음은 그만큼 큰 반향을 남겼다.

의 악기를 바라보고 있습니다.

영영 찾아든 악기! 이렇게 말해야 할 것 같습니다. 베토벤은 단 하나뿐인 예술가였고, 그의 자기 완성은 오로지 예술을 통해 이뤄졌기에 그러합니다. 인생의 가시에 찔려 깊은 상처를 입은 베토벤은 마치 조난당한 사람이 지푸라기라도 잡듯 그렇게 그대의 품으로 피신했으니, 오 그대는 선하고 신실한 이의 신성한 누이요, 고통을 위로하는 여인이요, 저 천상의 고귀한 자손인 '예술'입니다! 오직 그대를 꼭 붙든 베토벤은 저 인생의 문이 닫혔을 때에도 그대 곁에서 그대를 따라 저 피안의 세계에 들어섰으니, 예술이 베토벤에게 축복의 말을 내립니다.

"나의 선지자 되기 위해 귀머거리 삶을 겪고 또 눈멀었으니, 베토벤이여, 영원히 내 모습을 가슴에 품거라."

그리하여 그는 죽었으나 그의 가슴에는 여전히 예술이 놓여 있습니다.

단 하나뿐인 예술가, 그가 곧 베토벤이었으니, 누가 그 곁에 견주어 설 수 있겠습니까. 베헤못*이 바다를 가르며 헤엄치듯이, 그는 예술의 경계선까지 거침없이 나아갔습니다. 비둘기의 지저귐에서부터 천둥의 으르렁대는 포효까지, 예술적 재료를 엮어내는 극한의 세밀함에서부터 그 공들인 것을 다시 치열한 자연의 완력 속에 옮겨놓는 두려움의 순간까지 그는 모든 것을 통달하고 모든 것을 파악했습니다. 베토벤의 뒤를 따르려는 사람은 앞으로 나아가지 못할 것입니다. 그는 베토벤이 멈춘 곳에서부터 시작해야

* 히브리어로 '짐승'을 뜻하는 일반명사이지만 여기서는 「욥기」 제40장 15-24절에 묘사된 거대하고 힘이 센 습지 초식동물을 말한다.

16

하지만, 바로 그곳에서 예술은 나아가기를 멈췄기 때문입니다.

아델라이데*와 레오노레**여! 비토리아 전투 영웅의 축연***과 미사성체의 신심 깊은 노래****여! 너희 삼성부와 사성부의 자녀들, 열기가 들끓는 교향악이여! "환희여, 신들의 아름다운 섬광이여"*****, 그대는 백조의 노래이리니! 노래와 현악의 뮤즈여! 베토벤의 무덤가를 둘러 그에게 월계수 잎새를 흩뿌려주소서!

단 하나뿐인 예술가였던 그는 또한 한 인간이었습니다. 그는 어쩌면 인간이라는 말이 뜻하는 가장 완전한 의미에서의 인간이었는지도 모릅니다. 그가 세상에 대해 자신을 닫았기에 세상은 그를 적대적이라 했고 또한 그가 감정 표현을 꺼렸기에 그를 냉정하다 했습니다. 아, 하지만 스스로를 강하다 여기는 사람이면 그렇게 달아났겠습니까? 단도직입적으로 말하면 느껴지는 감정이 너무 많았기에 감정을 피한 것입니다. 그가 세상에 등을 돌렸다면, 그것은 그가 자신의 사랑스러운 심성의 심연에서 세상에 맞설 만한 방어구를 찾지 못한 까닭입니다. 그가 사람들과 섞이기를 꺼렸다면, 모든 것을 주었으나 아무것도 돌려받지 못하는 불상사를 겪은 까닭입니다. 차선을 찾지 못했기에 그는 홀로 남았습니다.

---

* 마티손(Friedrich Matthisson, 1761~1831) 시에
붙인 베토벤의 가곡(Op.46)에 나오는 여성 이름.
** 베토벤의 오페라 「피델리오」(Op.72)의 여자 주인공
이름.
*** 웰링턴 공작의 전승을 기념하여 작곡한 「웰링턴의
승리」(Op.91).
**** 「장엄미사곡」(Op.123).
***** 베토벤 교향곡 제9번 「합창」 피날레 악장의 가사인
실러의 시 「환희에 부쳐」(An die Freude)의 첫 구절.

그러나 죽을 때까지 베토벤은 만인을 위하여 인간다운 마음을 지켜냈습니다. 그는 그가 세상에 남긴 것들을 위하여 아버지다운 마음을 지켜냈습니다. 그의 죽음 또한 그의 됨됨이와 같았으니 그렇게 그는 우리에게 다가올 모든 시간에도 살아 있을 것입니다. 그가 가는 길까지 나와 동행이 되어주신 여러분! 너무 고통스러워하지 마십시오! 여러분은 그를 잃은 것이 아니라 그를 얻은 것이니까요. 여러분도 알고 계시듯이 삶의 문이 우리 등 뒤에서 닫힐 때 우리는 불멸의 성전인 저 하늘문 앞으로 뛰어오르는 게 아니겠습니까? 베토벤도 이제 그곳에서 여러 세대의 위대한 사람들과 한자리에 서 있을 것입니다. 영원히 방해받지 않는 상태로 말입니다.

우리는 눈물 흘리지만 마음으로 받아들이며 여기에서 작별 인사를 보냅니다. 훗날 여러분의 삶 가운데 그가 창조해낸 음악의 위력이 폭풍처럼 엄습해온다거나 여러분의 눈물이 지금은 태어나지도 않은 후손의 마음 한가운데를 흘러내리게 된다면 그때 여러분은 오늘 이 시간을 생생하게 떠올리게 될 것입니다.

'우리도 그를 묻을 때 한자리에 있었다네. 우리도 그가 죽었을 때 함께 울었다네.'

남겨진 사람

많은 사람이 울었다. 마지막 조객은 해가 진 뒤에야 떠났다.[*] 횃불을 들었던 키 작은 청년 슈베르트도 친구들과 함께 늦게까지 남았다. 그들은 베토벤을 이야기하며 밤을 지새웠다.[**] 슬픔 너머로 추

---

[*] 얀 카이에르스, 앞의 책, 2018, 12쪽.
[**] Elizabeth Norman McKay, *Franz Schubert. A*

도사의 한 구절이 청년의 귓가에 자꾸 맴돌았다.

누가 그 곁에 견주어 설 수 있겠습니까.

슈베르트는 깊은 충격을 받았다. 훗날 친구 슈파운에 따르면 슈베르트는 베토벤을 먼발치에서 바라볼 뿐 변변한 대화조차 하지 못한 자신을 고통스럽게 자책했다고 한다.*

그가 멀리서 동경하던 베토벤은 음악사상 최초의 자유 창작 예술가freischaffender Künstler, 즉 작곡만으로 삶을 영위한 개척자였다. 슈베르트도 그 같은 자유를 꿈꾸었다. 스스로 음악 도제Lehrling의 삶을 선택한 그는 불과 몇 해 만에 수백 편의 노래를 써내며 음악의 심연을 방랑하는 직인Geselle으로 성장했다. 그는 언젠가 자신을 마이스터Meister라 칭해줄 사람이 베토벤이기를 바랐다. 그러나 이제 영영 불가능한 일이 되어버렸다. "자네는 이제 나의 동료라네"라는 인정의 말을 더 이상 들을 수 없게 된 것이다.

가까운 몇몇 빼고는 아무도 슈베르트 안에 그런 열망이 있을 것이라고 짐작하지 못했다. 영웅 베토벤과 키 작은 슈베르트는 닮은 구석이 전혀 없어 보였기 때문이다. 불꽃을 쏘아대는 베토벤의 시선과 안경 너머로 비치는 슈베르트의 순한 눈망울은 달라도 너무 다른 세계였다. 베토벤에게 "모차르트의 혼을 하이든의 손에서 넘겨받으리라"고 예견한 사람은 있었어도** 슈베르트가 베토벤의 곁에 당당히 서리라고는 누구도 상상하기 어려웠다.

▌ *Biography*. Oxford, 1996, p.275.
* Christopher H. Gibbs, *The life of Schubert*, Cambridge, 2000, p.137.
** 나성인, 『베토벤 아홉 개의 교향곡』, 한길사, 2018, 23쪽.

슈빈트(Moritz von Schwind), 「라흐너, 바우에른펠트와
함께 포도주를 시음하는 프란츠 슈베르트」(1862).

슈빈트, 「라흐너, 슈빈트, 바우에른펠트, 슈베르트가
율리 로이코에게 세레나데를 부르다」(1862).

가수 포글Johann Michael Vogl, 1768-1840의 뒤를 따라간다. 꼭 거인 뒤에 선 난쟁이 꼴이다. 하지만 이런 우스꽝스러운 모습에는 그린 사람의 애정 어린 시선이 묻어난다.

특별한 재능이 있는 사람은 대부분 그 재능으로 다른 이들을 압도하게 마련이다. 능력이 워낙 도드라지는 까닭에 마치 불가사의하고 자기완결적이며 범접할 수 없는 존재인 양 자의 반 타의 반 포장되곤 한다. 그러나 슈베르트에게는 그러한 포장이 거의 불가능하다. 재능과 평범성이 절묘하게 어울리는 독특한 사례이기 때문이다. 압도하지 않고 공존하는 특별함. 슈베르트의 이러한 특별함은 단순한 재능의 특별함보다 더 특별하다.

슈베르트는 친구들과 시간 보내기를 좋아했고, 술과 야식을 즐겼으며 경제관념이 희박하여 늘 친구들의 걱정거리였다. 전날 밤 무엇을 했건 아침이면 늘 작곡에 몰두하는 독한 면도 있었다. 약속 시간에 늦었고 갑자기 잠적했으며 솔직함이 지나쳐 오해를 샀으나 그래도 일이 잘 풀리기를 바라게 되는 온순하고 사람 좋은 젊은이였다. 신화적으로 치장되기에는 사람 냄새를 많이 풍기는 음악가가 바로 그였다.

그래서인지 훗날 오스트리아 예술의 영광을 반추하려던 세기말 빈의 예술가들에게 슈베르트는 딱히 좋은 소재가 되지 못했다. 클림트Gustav Klimt, 1862-1918의 그림 「베토벤 프리즈」는 영웅적이고 신화적인 이미지로 한껏 치장된 데 반해, 「피아노에 앉은 슈베르트」는 그저 잔잔히 아른거리는 옛 추억처럼 연출되었을 뿐이다.

소박한 천재성

들꽃 같은 소박함. 그것은 어쩌면 운명의 소산이었다. 슈베르트는 바흐처럼 유서 깊은 음악가 가문의 유산을 물려받은 것도, 모차

쇼버, 「미하엘 포글과 프란츠 슈베르트가
전쟁에 나가다. 승리.」(1825).

발트뮐러, 「가정음악」(1827).
가곡과 춤곡, 작은 규모의 실내악 등은
가정에서 아마추어들이 즐기던 음악이었다.
슈베르트는 이러한 가정음악 장르에서 두각을
나타냈다. 당시 빈에는 가정음악을 위한
시장이 활성화되어 있었으나 슈베르트는
시장의 요구에 머무르지 않고 새로운 차원의
음악을 향해 나아갔다.

르트처럼 당대 최고의 교육자 아버지가 있었던 것도 아니었다. 베토벤처럼 궁정악장 할아버지의 인맥을 이용하거나 하이든처럼 귀족 후원자가 오래도록 뒤를 보아주는 행운을 누리지도 못했다.

그에게는 오직 하늘이 준 재능밖에 없었는데 그마저도 눈에 띄지 않았다. 바흐는 전설적인 오르간의 명인이었고 모차르트와 베토벤은 청중을 압도하는 피아노 비르투오소Virtuoso, 연주 실력이 뛰어난 대가였다. 당시는 '악마의 바이올리니스트' 파가니니Niccolò Paganini, 1782-1840 신드롬이 전 유럽을 휩쓸고 있었다. 연주 능력은 음악가의 가장 효과적인 자기 선전 도구였으나 슈베르트에게는 그것이 없었다.

살리에리Antonio Salieri, 1750-1825의 교육자적 재능이나 슈만Robert Schumann, 1810-56의 비평가적 날카로움이라도 있었다면 어땠을까. 아니면 피아노 기교는 제쳐두고라도 리스트Franz Liszt, 1811-86의 외모와 쇼맨십이라도 빌려올 수 있었다면? 약간의 눈치와 정치적 수완이라도 있었다면? 그러나 슈베르트는 어느 것도 갖추지 못했다.

그의 천재성은 오로지 곡을 쓰는 데만 있었다. 그 자신도 이 사실을 잘 알고 있었다. 슈베르트는 1817년, 친구 휘텐브레너Joseph Hüttenbrenner, 1796-1882에게 이렇게 말했다.

"나는 국가가 부양해야 해. (…) 왜냐하면 나는 오직 곡을 쓰기 위해 세상에 왔거든."

작곡을 소명으로 생각하는 젊은이다운 확신이다. 하지만 이 말의 이면에서 현실의 쓸쓸한 메아리가 함께 울린다. 약관의 나이가 되었을 때 그는 이미 500여 편의 작품을 쌓아놓았다. 그런데 그 가운데 출판된 것은 한 편도 없었다. 창작만으로 살아남기는 얼마나 어려운가. 하지만 슈베르트는 '베토벤의 길'이 아무리 고달프다고 해

클림트(Gustav Klimt), 「베토벤 프리즈」 중에서(1902).
이 그림에서 베토벤은 행복을 갈망하는 인류를 위해 적대적인
힘과 싸우는 황금옷을 입은 기사로 그려진다.

클림트, 「피아노에 앉은 슈베르트 II」(1899).
인상주의풍의 잔잔한 그림에서 슈베르트는 살롱의 반주자로
등장한다.

도 포기할 마음이 전혀 없는 '바보' 청년이었다. 하나밖에 모르는 그는 곡을 쓰고 또 쓰면서 기다렸다. 아직은 젊음으로 푸르렀던 시절, 슈베르트는 「봄이 오리라는 믿음」^{Frühlingsglaube, D.686}을 간절하게 품었다. 시인 울란트^{Ludwig Uhland, 1787-1862}의 시구를 자기 자신에게 주는 희망의 말로 받아들이면서.

보리수에 이는 바람들 깨어나,
바스락 소리 내며 밤낮을 불며,
가지 끝마다 이리저리 오가니,
오 싱그러운 향내, 오 새로운 음향!
너 가엾은 마음아, 이제 불안해 말거라.
이제 모두가, 모두가 바뀔 것이니.

세상은 갈수록 점점 아름다워지고,
아직 무엇이 더 올는지 알 길 없으리.
꽃은 피기를 그치려 하지 않고,
심산유곡 먼 데까지 만발케 하니,
너 가련한 마음아, 이제 고통은 잊거라.
이제 모두가, 모두가 바뀔 것이니.

슈베르트가 상속받은 유산

슈베르트가 아예 빈털터리였던 것은 아니다. 그의 결핍을 보상해주는 천혜의 자산은 음악의 도시 빈 그 자체였다. 음악사의 위인 가운데 빈 태생은 슈베르트가 거의 유일하다. 모차르트, 베토벤, 브람스가 오랜 노력과 결단으로 얻어낸 음악적 환경을 그는 태어나면서 얻은 셈이다. 비록 파리나 런던에 견줄 수는 없었으나 빈은 당시 독일어권 최대의 도시[250만 명]였다. 1808년 음악가 라이하르트[Johann Friedrich Reichardt, 1752-1814]는 이렇게 기록했다.

> 빈이야말로 인생의 즐거움을 누릴 줄 아는 모든 사람과 예술
> 가들, 그중에서도 특히 음악가들을 위한 도시임이 분명하다. (…)
> 빈은 거대한 제국의 수도로 불릴 만한 모든 것을 갖추고 있을뿐
> 더러 그 수준 또한 탁월하다. 이곳에는 지체 높고 부유하고 교양
> 있고 예술을 사랑하며 손님에게 넉넉하고 예의를 아는 고상한 귀
> 족과 (…) 부유한 중산층과 시민 계급이 있다.[*]

프로이센 출신의 라이하르트가 보기에 빈은 비슷한 규모의 베를
린보다 예술 애호의 저변이 잘 갖춰져 있었다. 마리아 테레지아 여
제[1717-80]에서 요제프 2세 치하[1741-90]까지 이어온 계몽적 문화 정
책의 결과였다. 귀족들이 독점적으로 누려오던 음악은 빠른 속도로
시민 계급에게 개방되었고 이에 따라 음악 시장의 규모가 현저히
증가했다. 공연과 악보 출판, 피아노 등 악기 제작 분야가 동반 성장
했고 이는 다시 작곡가들의 창작 의욕을 높여주었다.[**]

그뿐 아니라 빈은 다민족 제국의 수도로서 독일어권과 동구권,
이탈리아의 문화가 서로 공존하는 중심지였다. 제국은 북쪽으로 보
헤미아의 프라하, 모라비아의 브르노[Brno], 우크라이나의 리비우[L'viv],
동쪽으로는 슬로바키아의 브라티슬라바[Bratislava], 헝가리의 부다페스
트, 루마니아의 알바 이울리아[Alba Iulia] 등을 포괄하고 있었고 남쪽으

---

[*] Walther Dürr & Andreas Krause(Hg.),
Schubert-Handbuch, Kassel, 1997, S.2.
[**] 한스-요아힘 힌리히센, 홍은정 옮김, 『프란츠
슈베르트』, 프란츠, 2019, 14쪽.

로는 슬로베니아의 류블랴나^{Ljubljana}와 북부 이탈리아의 밀라노, 트리에스테 등지를 아우르고 있었다. 계몽시대 빈의 음악계에 오스트리아인 우대 정책 따위는 없었다. 궁정악장 살리에리는 이탈리아, 카펠마이스터 훔멜은 브라티슬라바, 부^副 카펠마이스터 귀로베츠^{Adalbert Gyrowetz, 1763-1850}는 보헤미아, 슈베르트의 첫 스승이자 궁정 오르가니스트 루지츠카^{Wenzel Ruzicka, 1758-1823}는 모라비아 출신이었다. 빈의 문화적 개방성과 민족적 다양성은 예술적 감수성과 창의성의 원천이었다.

이 같은 제반 환경은 빈을 유럽에서 제일가는 '작곡가의 도시'로 만들었다. 비록 음악 산업 시스템 자체는 런던에 미치지 못했지만, 그것이 오히려 경제 논리에서 상대적으로 자유로운 창작 분위기를 조성했다. 런던이 작품을 수입하고 소비하는 곳이었다면 빈은 끊임없이 새로운 작품을 탄생시키는 곳이 되었다. 이 시기 빈은 오페라 개혁자 글루크^{Christoph Willibald Gluck, 1714-87}에서 고전주의의 하이든과 모차르트, 혁명 시대의 베토벤으로 이어지는 음악의 황금기를 구가하고 있었다.

변두리에서 중심으로

변두리 학교 교사로 일하는 슈베르트의 아버지 프란츠 테오도르 슈베르트^{Franz Theodor Schubert, 1763-1830}는 빈 시내 중심가에서 일어나는 음악사의 변화가 아들의 장래와 관련된 문제임을 알아채지 못했다. 슈베르트가 일곱 살이 되어서야 아버지는 처음으로 바이올린을 가르쳤다. 그것도 가족 사중주라는 소박한 목적으로 말이다.

레슨이 시작된 지 얼마 되지 않았을 때 아버지는 자신이 아들에게 더 가르칠 게 없음을 깨달았다. 아들의 습득이 어찌나 빠르던지 동네 리히텐탈 교회의 성가대장 홀처^{Michael Holzer, 1772-1826}도 금방

밑천이 드러나고 말았다. 슈베르트의 재능은 확실했다. 음악에 대한 수용 능력, 즉 음악을 받아들이고 기억하고 내적 원리를 깨우치는 능력이 탁월했던 것이다.* 아버지는 홀처의 조언에 따라 슈베르트를 살리에리와 만나게 했다. 이로써 재능을 일찍 발견 못 한 '손실'은 곧 손쉬운 접근성 덕분에 '보전'되었다.

1804년, 슈베르트는 작곡 샘플과 시창, 바이올린과 피아노 연주를 준비하여 살리에리와 면담했다. 어린 소년의 재능에 감명한 살리에리는 열한 살이 되면 빈 궁정 소년합창단원을 뽑는 시험에 꼭 응시하라고 일러주었다. 그리고 1808년 가을, 무사히 시험을 치른 슈베르트는 곧 빈 궁정 소년합창단의 단원**이자 빈 시립 기숙학교 Wiener Stadtkonvikt의 학생이 되었다.*** 뛰어난 입학 성적으로 장학금까지 받은 슈베르트는 이제 궁정예배당에서 정기적으로 노래하고 고전 중심의 인문 수업을 들으며 빈 대학과 연계된 세미나 프로그램을 무료로 청강할 수 있게 되었다. 열한 살 소년 슈베르트는 빈의 음악적 자양분을 빨아들일 준비가 되어 있었다.

프란츠 슈베르트의 초상

눈에 띄지 않는 천재. 이러한 천재상은 사람들의 기대를 벗어나는 것이어서 그의 앞길을 어렵게 만들었다. 게다가 음악만으로 자유를 얻겠다는 포부는 원대하다 못해 어처구니가 없을 만큼 어려운

---

* Elizabeth Norman McKay, 앞의 책, 1996, p.11 참조.
** 오늘날의 빈 소년 합창단(Wiener Sängerknaben)이다. 하이든도 이 합창단의 단원이었다.
*** 같은 책, pp.12-13.

과업이었다. 그것은 곧 보이지 않는 것의 가치를 알아보는 사회를 건설하자는 것과 같은 뜻이었기 때문이다.

어렵지만 참으로 영예로운 지향점이다. 예술의 본질을 지켜내려는 의지가 담겨 있기 때문이다. 보이지 않는 가치^{정신}를 자꾸 보이는 가치^{수익, 명예, 시청률 따위}로 환산하려 들면 어떻게 되겠는가. 음악보다는 고가 스피커의 성능에 감탄하고, 실제로 느낀 공연의 감동 대신 연주자의 사회적 지위를 자랑하고, 예술 본연의 겸허한 성찰 대신 교양의 액세서리로 허영심을 채우며 그게 진짜 자부심인 양 착각하게 된다. 그런 착각이 만연한 사회는 점차 근시가 되어 현실 너머를 볼 줄 아는 인간다운 시선을 잃어버린다. 예술이란 인간다운 시선을 잃지 않게 해주는 정신의 보루다.

슈베르트는 베토벤을 바라보며 자기답게 나아갔다. 예술의 맨 얼굴을 보여주는 것이 그의 사명이었다. 무엇이 예술의 민얼굴인가. 아무런 도구 없이도 작동하는 인간 본연의 상상력이다. 가장 순수한 상상력이 발휘된 예술은 다름 아닌 시요, 그 시에 음악을 입힌 것이 가곡이다. 슈베르트의 소박한 천재성은 그렇게 소박한 예술 장르를 향했다. 가장 순수한 시적 상상력을 드러내 현실 너머를 볼 줄 아는 인간다움을 보통 사람들과 나누려 한 것이다. 보이지 않는 세계에서 그는 실로 놀라운 자유를 누렸다. 이러한 상상력의 자유는 베토벤이 교향곡을 통해 선언한 혁명적 자유만큼이나 의미가 깊었다.

그가 경험한 자유의 또 다른 이름은 '불안'이기도 했다. 시대가 허락하는 것과 다른 방식으로 자유를 추구하는 사람은 필연적으로 이방인 취급을 받게 마련이다. 그런 까닭에 이 소박한 천재의 순수한 상상력은 늘 방랑자의 발걸음을 하고 있었다. 그것은 도제에서 직인으로, 직인에서 마이스터로 성장하는 음악가의 발전 과정이지

만, 갈 곳 잃은 젊음의 정처 없는 유랑이기도 했으며, 현실과 미래에
한 발씩 걸치고 경험하는 미지의 탐험이기도 했다. 이러한 여정마
다 시와 음악이 삶과 하나로 엮여 여러 갈래의 '방랑 이야기'가 만
들어졌다. 그가 남긴 최후의 연가곡들은 그러한 방랑의 기록이지만
어느 순간 단숨에 쓰인 것은 아니었다. 그의 시심詩心이 진실을 마주
한 순간마다 한 획 한 획 심비心碑에 그어져 마침내 전체가 드러난
소리의 벽화 같다.

　오래 만나보면 진가를 알 수 있다. 공들여 들을수록 사랑스럽
다. 슈베르트가 드러낸 아름다움은 바로 그러한 소박한 아름다움이
었다.

나는 무얼 바라
나는 다만, 홀로 침전하는 것일까?
인생은 살기 어렵다는데
시가 이렇게 쉽게 쓰여지는 것은
부끄러운 일이다.

- 윤동주, 「쉽게 쓰여진 시」

2 시심詩心을 가진 아이

기숙학교에서 만난 친구들

기숙사 생활이 시작되었다. 집을 떠나온 도제처럼 슈베르트는 새로운 곳에서 새로운 사람들과 새로운 것을 배웠다. 궁정 오르가니스트 루지츠카가 슈베르트의 선생이었다. 하지만 얼마 지나지 않아 루지츠카도 동네 교회 선생과 똑같은 말을 하게 되었다.

나는 더 이상 가르칠 수 있는 게 없다. 슈베르트는 마치 하나님께 직접 배우고 있는 것 같다.*

음악은 '하나님께서 직접' 가르치셨다 해도 다른 것은 슈베르트가 직접 부대껴가며 배워야 했다. 첫 2년 동안 슈베르트는 낯설고, 궁하고, 외로웠다. 19세기 초 빈의 열악한 생활환경도 어려움을 가중시켰다. 비위생적인 환경이 건강을 위협했고 높은 물가에 비해 넉넉하지 못한 집안 형편도 슈베르트를 위축시켰다.** 그때 필생의 친구 슈파운이 손을 내밀었다. 그는 슈베르트와의 첫 기억을 이렇

* Christopher H. Gibbs, *The life of Schubert*, Cambridge, 2000, p.27.
** Ernst Hilmar, *Franz Schubert*. Hamburg 1997, S.8.

조용히 품고 있어요. 하지만 누가 베토벤 이후에 무엇을 더 만들 어낼 수 있겠어요?"*

슈파운은 처음 만난 순간부터 슈베르트의 꿈을 마음으로 응원했 다. 그런 따뜻한 격려와 관심이 홀로 외롭게 꿈을 꾸는 소년에게 얼 마나 큰 힘이 되었을까. 이후 더 많은 친구가 그의 주변을 채우기 시작했다.** 음악을 적극 권장하는 학교 분위기 덕분이었다. 결코 전 문 악단은 아니었지만 기숙학교 오케스트라의 수준은 상당했다. 매 일 저녁 교향곡 한 편이나 서곡 몇 편을 연주하던 이 열정적인 아마 추어들은 곧 옆에 앉은 꼬마 음악가를 호기심 어린 시선으로 바라 보기 시작했다. 처음에 제2바이올린을 맡았던 슈베르트는 곧 제1바 이올린을 거쳐 부지휘자가 되었고, 친구들의 호기심은 점차 경탄과 존경으로 바뀌었다. 모차르트의 교향곡 제40번이나 베토벤의 교향 곡 제2번을 연주하며*** 그들은 음악의 기쁨과 사심 없는 호의를 나 누기 시작했다.

우정이란 어른들이 비워둔 자리에 돋아나는 푸른 잎새다. 이때 부터 슈베르트의 삶은 음악이 맺어준 우정으로 무성하게 뒤덮였고, 슈베르트는 평생 친구들 곁을 떠나지 않았다.

---

* 같은 책, S.150.
** 빈 기숙학교 시절 친구들은 대부분 슈베르트의
평생 친구가 되었다. 슈파운 외에도 홀츠압펠(Anton
Holzapfel, 1792-1868), 슈타들러(Albert Stadler,
1794-1884), 케너(Josef Kenner, 1794-1868),
젠(Johann Chrisostomus Senn, 1795-1857) 등이
중요한 친구다.
*** 같은 책, S.24-25.

시 읽는 소년

빈 시립 기숙학교가 전문 음악학교가 아니었다는 사실은 슈베르트의 음악 인생에서 중대한 의미를 가진다. 이 엘리트 학교의 목표는 고위 관료 양성에 있었고 학생들은 수준 높은 인문적 소양을 길러야 했다. 종교학·라틴어·언어학·수사학·시문학·수학·자연사·자연과학 등을 배우면서 슈베르트는 폭넓은 교양을 쌓을 수 있었다.[*] 특히 친구들과 교우하며 알게 된 문학 작품들은 그가 가곡 작곡가로 성장하는 데 결정적인 역할을 했다.

사실 슈베르트 이전까지의 가곡은 빈 특유의 오락적인 취향에 매여 있었다. 모차르트나 베토벤의 많은 가곡도 '심심풀이용' 노래를 벗어나지 못했다. 예를 들어 바이세[Christian Felix Weisse, 1726-1804]의 시에 붙인 베토벤의 「입맞춤」[Der Kuß, Op.128]도 그런 곡이다.

클로에랑 단둘이 앉아서
키스하려고 했어.
하지만 그녀는 말했지
소리 지를 테니까
괜한 헛수고 말라고.

그래도 난 했어, 키스했지!
저항하든지 말든지 아랑곳 않고.
그런데 그녀는 소리를 질렀을까?
물론, 그래 소리 질렀지.
한참, 한참 뒤에 말이야!

[*] Ernst Hilmar, 앞의 책, 1997, S.19.

어느 남자의 도둑 키스가 재미있게 들릴 수는 있다. 하지만 도전자 남자와 방어자 여자의 긴장 관계를 훌륭하게 포착하는 음악이 없다면 시 자체는 너무나 범속하다. 감수성과 상상력을 자극하여 지평을 넓혀주는 서정시 본연의 미학이 전혀 없다.

반면 슈베르트가 배운 작품들은 진지한 관심을 기울이면 아주 깊은 공감을 경험할 수 있는 진짜배기 시들이었다. 그는 괴테^{Johann Wolfgang von Goethe, 1749-1832}와 실러^{Friedrich Schiller, 1759-1805}, 독일 최초의 자유창작 작가 클롭슈토크^{Friedrich Gottlieb Klopstock, 1724-1803}, 당대의 인기 시인 마티손, '괴팅엔 숲의 동인'*이자 탁월한 감수성의 소유자 횔티^{Ludwig Heinrich Christoph Hölty, 1748-76}와 클라우디우스^{Matthias Claudius, 1740-1815}의 시를 배웠다.** 이들은 대부분 '슈투름 운트 드랑'^{Sturm und Drang}이라 불리는 문학 운동의 대표자들이었다.

흔히 '질풍노도'^{疾風怒濤}로도 번역되는 이 운동¹⁷⁷⁰⁻⁸⁶은 계몽적 합리성보다 '폭풍처럼 휘달리는 격렬한 감정'을 앞세웠다. 온몸으로 돌진하려는^{Drang} 역동성이 그 핵심 이미지였다. 그들은 물었다. 어떻게 직접 느끼지 않은 것으로 글을 쓸 수 있는가? 그렇다면 그것은 거짓이 아닌가? 책에 적혀 있는 '남의 것'을 베낀다고 내 느낌이 될 수 있는가? 그리하여 그들은 과거의 작법을 답습하는 대신 자기 감수성으로 직접 체험한 감정^{Unmittelbarkeit}을 시에 담기 시작했다. 그것이 곧 '체험시'^{Erlebnislyrik}였다.

오늘날에는 '자신이 겪은 것을 쓴다'는 생각을 보편적으로 받아들이지만 18세기 중반만 해도 시는 옛 시인의 모본^{模本}을 충실히 모

---

* 괴팅엔 삼림파(Göttinger Hainbund)라고 부르기도 한다.
** 같은 책, S.19-20.

슈베르트(Johann David Schubert), 「베르테르 스스로를
쏘다」(1822).
괴테의 편지소설 『젊은 베르테르의 슬픔』은 단순한
치정극이 아니다. 합리성만을 강조하는 경직된 사회를
비판하고 인간 본연의 공감능력과 감수성의 해방을
부르짖은 슈투름 운트 드랑 최대의 걸작이다.

방해야 한다고 생각했다.* 문학적 정형^{Topos}**을 잘 이용하고 운율을 제대로 살리고 약간의 재치를 추가하면 좋은 시가 완성된다고 본 것이다. 하지만 '슈투름 운트 드랑'의 시인들은 감정을 여과 없이 분출시키는 방법으로 개성을 추구했다. 내 느낌은 남의 느낌과 같을 수 없기 때문이었다. 결국 체험시는 문학적 정형에 대한 개성의 해방과 사회적 관습에 대한 개인적 감수성의 해방을 의미했다.

민요의 재발견도 이 같은 변화와 궤를 같이한다. 꾸미지 않은 진심이 가장 순수하게 녹아 있는 노래가 민요임을 깨닫게 된 것이다. 단순하지만 생명력 넘치는 민요의 힘은 '자연적 조화'에서 나오는 것이지 딱딱하고 고답적인 학문적 언어에 있지 않았다. 이에 대해 독일 민요 운동의 선구자 헤르더^{Johann Gottfried Herder, 1744-1803}는 다음과 같이 주장했다.

어떤 민족이 거칠어질수록, 다시 말해 더 생동감 있고 더 자유롭게 활동할수록, (…) 그들의 노래 역시 더 거칠게, 즉 더 생동감 있고 더 자유로우며, 더 감각적이고 보다 서정적으로 다루어지게 될 것이다! 그 민족의 언어와 문자 생활이 인공적이고 학문적인 사변에서 멀어질수록 그들의 노래 역시 더 이상 종이만을 위해

---

* 괴테 이전의 모범은 그리스 이오니아의 시인
아나크레온(Anakreon, B.C. 582?-B.C. 485?)이었다.
그는 사랑과 포도주, 유쾌한 회합을 예찬하는 시를
남겼다. 18세기 유럽에서는 아나크레온류의 관능적
명랑함, 천진한 낙천성을 모방한 시풍이 유행했는데
이를 '아나크레온파'라고 불렀다.
** 예를 들어 독일 시에서 '밤꾀꼬리'가 우는 것은 흔히
사랑의 전조로 해석된다. 우리 시에서 '접동새'가
저승을 상징하는 것도 문학적 정형에 해당한다.

만들어진, 죽은 문자의 구절이 되지 않게 될 것이다.*

　대학생 괴테는 헤르더를 만나 민요의 가치를 깨닫고 말을 몰아 도서관 대신 산골 마을로 달려갔다. 그곳에서 괴테는 마을 사람들이 부르던 노래 열네 편의 가사와 악보를 채록해와서 현대적인 민요 연구의 선구자가 되었다.** 깨닫자마자 행동에 옮긴다거나 감흥이 휘발되기 전에 몸을 움직인다는 것은 전형적인 '슈투름 운트 드랑'의 자세였다.
　이러한 변화에 따라 새로운 시에는 새로운 생기가 터져 나왔다. 젊은 괴테의 대표작이자 훗날 슈베르트가 곡을 붙인 「환영인사와 작별인사」Wilkommen und Abschied, D 767는 다음과 같다.

뛴다. 가슴이, 얼른 말 위로!
생각하기도 전에 올라탔다
저녁은 땅거미 구부러지고
저 산들에는 밤이 걸려 있구나
안개옷 입은 떡갈나무 벌써
우뚝 선 거인이 되어 있고

---

* Johann Gottfried Herder, "Auszug aus einem Briefwechsel über Ossian und die Lieder alter Völker," in: Johann Gottfried Herder(Hg.), Sämmtliche Werke in 33 Bänden. herausgegeben von B. Suphan, Berlin, 1891, Bd. 5, S.164.
** 괴테는 엘자스에서 프랑크푸르트로 돌아와서 여동생 코르넬리아의 도움으로 기억을 더듬어가며 악보를 정리했으나 이후 악보는 분실되고 만다. (Udo Quak, Trost der Töne, Berlin, 2001, S.49.)

저 풀숲에는 수백 개의 검은 눈
암흑이 보고 있구나!

구름 언덕으로 나온 달
달무리 두르고 애잔하니 엿보고
바람은 가만히 그 날개 펄럭이는데
소름 돋는 그 소리 내 귓가에 윙윙대고
그처럼 밤이 수천의 괴물을 만들어내건만
그래도 내 용기는 쌩쌩하고 호쾌하니
이 내 핏줄은 그 얼마나 불길인가!
이 내 마음 얼마나 이글대는 불덩이인가!

너를 바라본다 잔잔한 기쁨
날 향한 달콤한 눈길에서 흘러나오고
내 마음은 통째로 네 곁에 있어
내뿜는 숨결마다 모두 너를 위한다네
장밋빛 봄날의 기운이
그 사랑스런 얼굴 둘러 감싸고
날 향한 그 다정함―오 신이여!
그렇게 바랐건만 얻을 만은 못 하였다네!

하지만―벌써 아침 서광으로
이별이 내 마음 졸이는구나
그대 입맞춤은 그 어떤 환희요
그대 눈동자에는 그 어떤 고통인가!
나는 떠나고, 너는 땅만 바라보고 서 있는데

너의 그 젖은 시선이 내 뒷모습을 따르는구나

그래도—사랑받는 건 그 얼마나 행복한가!

사랑하는 건, 오 신이여, 또한 얼마나 행복한가!

밤을 틈타 몰래 연인을 만나고 돌아오는 젊은이의 이야기다. 어둠 깊은 밤에 말을 달려보지 않은 사람은 절대로 이렇게 쓸 수 없다. 마음은 급하고 시간이 아까워 화자는 말이 짧아진다. 막상 나와서 칠흑 같은 밤을 보니 그의 감수성이 떡갈나무를 거인으로 변신시키고^{제1연 제5-6행}, 암흑은 눈이 수백 개 달린 괴물이 되며^{제1연 제7-8행}, 바람의 스산한 날갯짓이 귓가에서 증폭된다.^{제2연 제3행} 하지만 괜찮다. 이 여정의 끝에 사랑하는 그녀와의 만남이 있기 때문이다.

몰래 하는 모험과 사랑이 주는 설렘으로 호기에 가까운 쾌재를 부리는 젊은이의 심정을 이처럼 실감나게 그려낸 시는 괴테 이전에 없었다. 작별의 순간에도 기가 막힌 표현이 나온다. 눈물 어린 그녀의 눈길 때문에 '뒤통수가 간지러운' 것^{제4연 제5-6행}이다. 그러나 공포가 설렘을 누르지 못한 것처럼 이별 또한 사랑의 기쁨을 막지 못한다. 요컨대 온몸으로 느끼고 표현하는 천재적 감수성이야말로 '슈트룸 운트 드랑'이 선보인 새로운 경지였다.

가슴속에 시심이 싹트자 소년은 누가 시키지도 않았는데 가곡을 쓰기 시작했다. 새로운 시에 걸맞은 새로운 음악이 필요하다고 느낀 까닭이다. 그러나 절로 되는 일은 없는 법이어서 소년은 자신도 모르게 가곡에 얽혀 있는 당대의 편견들과 맞서게 되었다.

가곡: 가정용 음악

슈베르트가 쓴 최초의 가곡*들은 서정적 노래와는 거리가 먼 대^大곡이었다. 연주시간이 15분을 넘고 감정이 변화무쌍하여 흡사 연주회용 아리아^{Konzertarie}처럼 느껴진다.* 생생한 아이디어와 음악성이 번뜩이지만 의욕이 과한 나머지 장황해진 것이다.

그러나 이 초기작들은 새내기의 미숙함 자체보다는 당시의 경직된 가곡 미학과 자유분방한 예술가 사이의 간극을 드러낸다. 시에 곡을 붙였는데 결과물이 아리아처럼 나왔다는 사실은 새로운 서정시에 어울리는 가곡의 개념이 존재하지 않았음을 보여주는 동시에 '슈투름 운트 드랑'의 감수성을 기존의 가곡 작법이 감당하지 못했음을 뜻하기도 했다. 한마디로 말해 시문학에 찾아온 '폭풍'^{슈투름}이 아직 작곡에는 닥쳐오지^{드랑} 못했던 것이다.**

다소 놀랍게 느껴지지만, 우리는 18세기 말, 19세기 초만 해도 예술 장르로서의 '가곡'^{Lied}에 대한 명확한 개념이 존재하지 않았다는 것을 이해해야 한다. 독일어 '리트'^{Lied}는 예술 장르이기 이전에

---

* 여기에 속하는 작품들은 쉬킹(Clemens August Schücking, 1759-90)의 시에 붙인 「하갈의 탄식」(Hagars Klage, D.5), 실러의 시에 붙인 「소녀의 탄식」(Mädchens Klage, D.6)과 「시체 환상」(Leichenphantasie, D.7) 등으로 연주시간이 각각 17분, 6분, 20분에 이른다.

* 모차르트의 「루이제가 변심한 연인의 편지를 불태웠을 때」(Als Luise Briefe ihres ungetreuen Liebhabers, KV.520)나 베토벤의 「아델라이데」(Adelaide, Op.46) 등도 연주회용 아리아로 볼 수 있다. 슈베르트 이전 시기의 가곡은 여타의 성악 장르와 명확하게 구분되지 않는 경우가 많았다.

** 베토벤의 괴테 가곡에서는 '슈투름 운트 드랑'다운 역동성이 느껴진다. 「오월의 노래」(Mailied, Op.52 Nr.4), 「색색의 띠로」(Mit einem gemalten Bande, Op.83 Nr.2) 등이 그러하다. 하지만 베토벤은 가곡 장르에 새로운 의미를 부여할 만큼 진지한 관심을 기울이지는 않았다.

그저 '노래'^{Lied}를 뜻하는 일반명사*로 사용되었다. 너무나 익숙하고 평범하다 보니 아무도 '리트'에서 특별한 예술성^{음악성}을 기대하지 않았다. '리트'는 그저 가족이나 손님들과 식사 후에 함께 부르는 '가정용 음악'^{Hausmusik}이자 친구나 연인에게 선물로 주는 '사적인 음악'^{Private Musik}이었다. 그런 까닭에 작곡가들이 '리트'를 작품 목록에 올리지 않는 경우도 빈번했다.

이에 반해 '아리아'는 좀더 특별하다고 여겼다. 훈련받은 가수만이 설 수 있는 오페라 무대에서 '돈을 내고' 듣는 '작품'이었기 때문이다. 작곡가의 성공과 명예 또한 오페라 같은 거대 장르에서 결정되었다. 그러다 보니 '리트'보다는 '아리아'가 더 음악적이라는 생각이 자리 잡게 되었다. 빈의 일류 음악가들에게 '리트'는 사소한 장르였다. 괴테의 「제비꽃」^{Das Veilchen, KV.476}에 곡을 붙이고도 누구의 시였는지조차 기억하지 못했다는 모차르트의 일화**가 모든 상황을 말해준다.

가곡: 가사가 더 중요한 음악

아리아에서는 음악이 더 중요하고 리트에서는 가사가 더 중요하다는 이분법도 생겨났다. 다시 말해 아리아에서는 음악의 자유가 보장되지만 가곡에서는 시가 제시하는 형식이나 내용을 따라야 한다는 것이다. 일리 있는 말이다. 리트가 가정용 음악으로 기능할 수 있으려면 누구나 쉽게 외워 부를 수 있어야 했다. 그래서 당시 리트

---

* '리트' 앞에 '킨더'(Kinder, 아이)를 붙이면
'동요'(Kinderlied)가 되고, '폴크'(Volk, 백성)를
붙이면 '민요'(Volkslied)가 된다.
** Emil Staiger, *Musik und Dichtung*, Zürich, 1986,
S.46f.

레가(Silvestro Lega), 「찌르레기의 노래」(1868).
피아노 연주와 노래는 19세기 중산층 여인들의 중요한 소양
가운데 하나였다. 대중매체 기반의 오락물이 없었던 이 시절,
음악을 통한 여흥은 가장 중요한 손님접대로 여겨졌다.

는 대부분 같은 선율이 절마다 똑같이 반복되는 유절가곡Strophenlied 이었다.

그러므로 야심 있는 작곡가라면 오페라라는 큰물에서 성과를 보여야 했다. 오페라에도 문학이 필요하기는 하지만 어디까지나 문학적 독창성보다는 작곡가의 '제작'을 우선시해야 했다. 그런 이유로 빈에서는 이런 말이 오래도록 나돌았다.

오페라에서 가사는 언제나 음악에게 순종하는 시종이 되어야 합니다.*

반면 리트에서는 시인이 자기 권리를 주장했다. 어차피 제한적인 형식을 따라야 했으므로 리트에서 음악은 뒤로 물러나 독자가 시를 충분히 음미할 수 있도록 분위기 조성만 하면 되었다. 만일 음악이 주어진 시의 형식을 벗어난다면 그것은 일종의 월권 행위였다. 괴테는 개개의 심상이나 사건 등을 묘사하려다가 유절가곡의 반복적인 형식을 깨뜨린 통절가곡durchkomponiertes Lied을 부정적으로 평가하며 이렇게 적었다.

* Otto Jahn, *Wiener Musik-Zeitung*, Bd. 7, Jahrgang 20, 1858, S.77. 저자 얀은 이 문구를 모차르트의 말로 인용하고 있지만 사실 모차르트는 편지에서 정반대의 주장을 하고 있다. "저로서는 어떤 오페라에서 정말로 시가 음악에게 순종하는 딸이어야만 하는지 잘 모르겠습니다."(Ludwig Nohl, *Mozarts Briefe, Vollständige Neuausgabe*, herausgegeben von Karl-Maria Guth, Berlin, 2014, S.254.)

가장 순수하고 수준 높은 음화^{Malerei, 音畫}*는 (…) 듣는 이를 시의 분위기로 옮겨 놓을 때 생겨납니다. 그러면 시어에 암시된 심상이 듣는 이의 상상력에 의해 재현됩니다. 소리(시어)를 소리(음악)로 그리려고 하는 것, 즉 천둥소리, 부딪히는 소리, 물소리, 철벅이는 소리를 흉내 내는 것은 혐오스럽습니다.**

소설로 읽은 이야기를 영화로 다시 보았을 때 실망했던 적이 종종 있을 것이다. 읽을 때 상상한 이미지와 연출된 영화의 장면이 사뭇 달라 감흥이 깨진 것이다. 괴테가 지적하는 것도 같은 문제다. 작곡가가 시어를 일일이 다 표현하려 들면 읽는 이의 상상력이 방해를 받아 오히려 감동이 반감된다는 것이다. 그렇게 보면 괴테는 작곡가보다 시인을 앞세울 뿐만 아니라, 작곡가의 표현의 자유보다 듣는 이의 상상하는 자유를 더 앞세운 셈이다.

이러한 관점은 가곡을 '고상한 미덕의 장르'로 본다. 본래 시는 오직 상상력만으로 소리(운율)와 그림(심상)과 뜻(비유와 상징 등)을 모두 불러낼 수 있는 근원적인 예술이다. 그러므로 음악이 너무 화려해서 본질인 상상력을 가로막는 것은 본말전도요, 비본질의 추구에 지나지 않는다.

이러한 괴테의 가곡 미학에 동조하는 작곡가들도 있었다. 괴테의 절친이자 멘델스존^{Jakob Ludwig Felix Mendelssohn-Bartholdy, 1809-47}의 스승

---

* 음화기법(독일어로는 Tonmalerei)은 음악으로 이미지나 움직임을 모방하여 회화적 인상을 주는 표현방식을 뜻한다.
** 첼터에게 보내는 괴테의 1820년 5월 2일자 편지. (Hedwig Walwei-Wiegelmann, *Goethes Gedanken über Musik*, Frankfurt, 1985, S.140f.에서 재인용.)

인 첼터$^{Carl Friedrich Zelter, 1758-1832}$, 프로이센의 궁정악장 라이하르트, 뛰어난 교육자였던 베르거$^{Ludwig Berger, 1777-1839}$ 등 베를린 가곡악파 Berliner Liederschule*의 작곡가들이 그러했다. 그들은 시 본연의 상상력을 침해하지 않으려는 '선의'에서 단정한 유절형식을 선호했다. 그런 까닭에 괴테는 첼터의 작곡을 높이 평가했다.

다른 사람들이 통절작곡으로 개별적인 것을 앞세우면서 전체의 인상을 망치고 있는 데 반해, 첼터는 같은 연 구조에서 반복되는 전체의 성격을 탁월하게 포착하고 있습니다. 그래서 각 부분에서 전체를 다시 느낄 수 있지요.**

그러나 빈이든 베를린이든 슈베르트 이전 시대의 가곡은 분명한 한계를 보여주고 있었다. 빈의 작곡가들이 보다 거대한 장르$^{오페라 \cdot 교향곡 \cdot 소나타}$에 집중하느라 시문학의 새바람에 둔감했다면, 베를린의 작곡가들은 유절가곡이라는 형식에 너무 집착한 나머지 음악적 자유와 매력을 놓치고 있었다. 시에 무관심하거나 시를 너무 드높였다. 다시 말해 빈은 문학성을, 베를린은 음악성을 결여한 절름발이 상태였던 것이다.

* 이들은 제2기 베를린 가곡악파다. 제1기 베를린 가곡악파는 프리드리히 대제의 궁정음악가였던 일군의 계몽주의 작곡가들을 말하며 그 대표자는 카를 필리프 에마누엘 바흐(Carl Philipp Emanuel Bach, 1714-88)다.
** 훔볼트에게 보내는 괴테의 1803년 3월 14일자 편지. (같은 책, S.144f.에서 재인용.)

가곡: 거친 민족의 음악

편견은 또 다른 편견을 낳는다. 어둡고 거친 독일어보다는 밝고 경쾌한 이탈리아어가 작곡에 더 적합하다는 선입견이 널리 퍼졌다. 리트는 독일어 노래이고 아리아는 많은 경우 이탈리아어 노래였기 때문이다. 슈베르트의 고향 빈은 특히 이런 선입견을 의심 없이 받아들인 대표적인 곳이었다. 불세출의 대본작가 메타스타시오^{Pietro} ^{Metastasio, 1698-1782}*가 궁정시인이 된 이래 빈 황실의 이탈리아 오페라 사랑은 글루크 시대부터 로시니^{Gioacchino Antonio Rossini, 1792-1868}의 시대까지 변함없이 지속되었다. 그 세월 동안 가장 노래다운 노래는 이탈리아어로 된 아리아라는 생각이 상식처럼 통용되었다. 그래서 슈베르트의 스승 살리에리는 아무 거리낌 없이 어린 제자에게 이렇게 말했다.

"왜 굳이 야만적인 독일어에 자꾸 곡을 붙이려 하나. 독일 시는 이제 작곡하지 말고 이탈리아 시를 작곡하는 게 어떤가."**

----

* 본명은 트라파시(Pietro Antonio Domenico Bonaventura Trapassi)로 평생 음악극 대본을 집필한 다작의 작가였다. 그리스 고전극을 음악극에 접목시킨 그의 대본들은 사색적인 깊이는 없지만 물 흐르듯 매끄럽고 음악적이어서 선풍적인 인기를 끌었다. 1724년 사로(Domenico Sarro, 1679-1744)가 곡을 붙인 「버림받은 디도네」가 성공을 거둔 이후 칼다라(Antonio Caldara, 1670-1736), 하세(Johann Adolph Hasse, 1699-1783), 페르골레지(Giovanni Bastista Pergolesi, 1710-36), 비발디(Antonio Vivaldi, 1678-1741), 글루크 등 당대 뛰어난 오페라 작곡가들이 앞다투어 그의 대본에 곡을 붙였다.
** Otto Erich Deutsch, 앞의 책, 1983, S.26.

하지만 한 민족의 얼과 혼이 담긴 노래를 언제까지 외국어에 맡길 것인가. 점차 시인과 작곡가들은 각기 독일 노래의 회복을 위해 노력했고, 그 과정에서 직간접적으로 새로운 가곡의 탄생을 위한 초석을 놓기 시작했다.

「오르페우스와 에우리디케」^{1762년}에서 결실을 본 글루크의 오페라 개혁은 비록 이탈리아어 오페라를 대상으로 한 변화이긴 하나 그 영향이 심대했다. 기교 일변도였던 오페라에서 극^{문학}의 역할을 증대시킴으로써 '노래'를 단순한 '오락거리'에서 해방시킨 것이다. 그 후 20년 만에 모차르트는 기념비적인 독일어 오페라 「후궁 탈출」^{Die Entführung aus dem Serail}을 탄생시켰다. 바흐의 장대한 수난곡들이 철저히 망각되었던 시절 징슈필^{Singspiel*}은 독일어로도 충분히 아름다운 노래가 가능하다는 것을 널리 공포한 사건이었다. 비록 결실을 보지는 못했지만 괴테 또한 징슈필 대본에 공을 들였고, 바이마르 극장장이 되어서는 모차르트의 오페라를 누구보다도 열성적으로 공연했다.** 이 모든 노력은 이후 독일의 문학과 음악을 결합하기 위한 이정표가 되었다.

그들은 점차 깨닫기 시작했다. 거칠고 어둡다는 이유로 독일어가 음악과 어울리지 않는 것이 아니었다. 독일어가 정말 거칠고 어

---

* 징슈필이란 독일식 오페라의 한 종류다. 일반적인 오페라에서 대사를 레치타티보(Recitativo, 말하듯이 노래함)로 진행하는 것과 달리 징슈필에서는 대사를 마치 연극처럼 말로 처리한다. 또한 독창에 아리아 외에 리트가 따로 들어간다는 것도 특징이다. 징슈필에서 리트는 아리아에 비해 덜 화려하고 민요적이다.
** 괴테는 1791년부터 1819년까지 바이마르 극장에 제직하면서 모차르트 오페라를 소개하는 데 앞장섰다. 「마술피리」는 무려 281회나 무대에 올랐다.

둡다면 그에 어울리는 깊고 내면적인 음악이 존재할 터였다. 편견의 잡초를 걷어내고 새로운 세계를 탐구하는 이, 그가 곧 진짜 예술가다.

건반악기의 발전

또 하나의 중대한 변화는 건반악기에서 일어났다. 성악의 파트너 악기가 크게 향상되면서 시어의 표현 가능성이 몰라보게 커진 것이다. 특히 피아노는 낭송에 화성을 채워주던 '반주악기'에서 벗어나 음악 자체를 시처럼 바꿔놓는 마술적인 악기가 되었다.

원래 중세와 르네상스의 음유시인인 트루바두르Troubadour는 탄주악기*인 류트 등을 연주하고 노래했다. 그들은 가수이자 반주자였으며, 시인이자 음악가였다. 그들은 시와 음악의 일치를 상징하는 존재로 여겨졌다. 하지만 이 '시인 음악가'들은 자신의 연주를 스스로 관찰할 수는 없었다. 가슴에 품고 연주하는 탄주악기의 특성상 연주자와 악기 사이의 거리가 존재할 수 없었기 때문이었다. 그렇기에 그들의 서정은 가슴에서 가깝기는 하지만 합리적으로 반추하기는 어려웠다. 자연적이었으나 성찰적이지는 못했던 것이다.

품에 안고 연주하던 탄주악기가 하프시코드라는 건반악기로 바뀐 것은 그래서 의미 있는 전환이었다. 하프시코드는 탄주악기의 현을 눕히고 그 끝에 건반이라는 스위치를 달아놓은 악기다. 그 결과 소리가 가슴에서 멀어진 대신, 자신의 연주를 내려다볼 수 있게 되었다. 또 음이 간접적인 방식으로 울리는 대신, 두 팔을 좀더 자유롭고 능동적으로 활용할 수 있게 되었다. 이제 작곡가는 소리와 느

---

* 탄주악기는 뷔라, 류트, 기타, 만돌린, 하프처럼 품에
안고 손으로 현을 튕겨 연주하는 악기를 말한다.

할스(Frans Hals), 「류트 타는 광대」(1623-24).
탄주악기는 즉흥·재치·진정성·감각성·민속성 등과
쉽게 연결된다. 가슴에서 '가까운' 악기이기 때문이다.

낌뿐 아니라 눈으로 음을 '바라보며' 곡을 만들게 되었다. 이처럼 음악과의 '거리'가 생겨나자 기록하기 편했고 그 기록물을 관찰하고 검증하기도 쉬워졌다. 이런 변화는 근대 이후 음악이 '감정'^Affekt을 벗어나 '생각'^Idee을 기록하는 합리적 예술로 탈바꿈하는 데 결정적인 역할을 했다.

하지만 하프시코드는 여전히 탄주악기의 향수를 간직한 또 하나의 '하프'였다. 건반에 달린 장치가 공명상자에 매인 현을 튕기는 방식을 이어받았기 때문이다. 이러한 메커니즘의 한계로 작곡가는 셈여림이라는 선택지를 가지지 못했다. 배열된 음의 '형태'^곧 형식를 재현할 수 있었을 뿐 각 음의 강약과 색채의 다채로운 재현은 불가능했던 것이다. 당연히 하프시코드는 사람의 목소리가 가지는 변화무쌍함에 보조를 맞출 수도 없었다.*

피아노포르테

피아노는 하프시코드의 한계를 혁신적으로 극복한 악기였다. 원래의 명칭^피아노포르테 pianoforte, 여리게-세게이 말해주듯이 피아노는 셈여림과 음량을 자유롭게 조절할 수 있었다. 이는 단순한 음향적 향상을 넘어서는 굉장한 변화였다. '강렬함'과 '고요함'을 다루는 방식이 질적으로 달라졌기 때문이다. 하프시코드로 강렬함을 표현하기 위해서는 움직임을 증가시키거나 성부를 추가하여 음의 개수를 물리적으로 늘려야 했다.

---

* 이렇게 보면 계몽주의 시대를 풍미했던 유절가곡은 당대 연주 환경에 따른 미학적 타협의 결과라고 이해할 수도 있다. 악기가 시어의 낭송에 유연하게 반응할 수 없으니 단정한 형식을 취하는 것이 더 나은 선택이었던 것이다.

딕시(Margaret Isabel Dicksee), 「어린 시절의 헨델」(1893).
건반악기는 작곡가의 악기다. 음악을 반대하는 아버지
몰래 건반을 연주하다 현장을 들킨 어린이 헨델의 모습을
재치있게 재현한 그림이다. 왼쪽 하단에는 악보가
이리저리 널려 있다.

그러나 피아노가 발명된 이후 음악의 강약은 성부나 움직임과 관계없는 독립적인 표현 요소가 되었다. 이제는 포르테도 느린 움직임과 결합될 수 있었고, 그 반대도 얼마든지 가능해졌다. 한마디로 시어의 미묘한 뉘앙스를 보다 세밀하게 표현할 수 있게 된 것이다.

이처럼 셈여림은 '표현의 자유'로 가는 첩경이었고, 거기에 새로운 음악의 무궁한 가능성이 열려 있었다. 비록 탄주적인 느낌은 사라졌지만 오히려 '슈투름 운트 드랑'의 다채로운 감성에 좀더 다가간 악기가 바로 피아노포르테였다. 요컨대 피아노는 건반악기의 객관성과 탄주악기의 본래적 정신인 '진정성'을 하나로 통합시킨 최고의 '하프'였던 셈이다.

하프에서 하프시코드로, 하프시코드에서 다시 피아노포르테로 이어진 악기의 내력을 숙고해보면 가곡에서 피아니스트는 단순히 반주자가 아니라 음악기계 속에 혼을 불어넣는 구도자인 것이다. 그는 건반과 현 사이에 놓인 아득한 거리를 거슬러 음유시인의 수금을 불러낸다. 그와 동시에 가장 자연적인 악기인 성악과 하나의 음악을 이룬다. 성악가가 제 생명의 일부인 호흡을 음악에 내어줌으로써 미를 이루는 숭고한 존재라면, 피아니스트는 손가락의 터치 하나로 본원적 서정을 소환하는 고독한 동반자인 것이다.

피아니스트가 피아노 앞에 앉을 때의 고독감을 이해하는 관객이 몇이나 될까. 건반이며 해머며 가슴에서 현까지의 거리가 터무니없이 멀다. 그렇게 불러낸 소리가 성악이라는 '자연'을 덮어서도 안 된다. 시와 음악과 사람, 세 주인공 아래서 피아니스트는 숙명적으로 고독하다. 그러니 관객들이여, 고독한 피아니스트에게도 사랑을 보내주시기를. 그것만으로도 음악은 달라질 수 있으니.

작곡법의 변화: 주제-동기 작곡법과 통절작곡법

피아노의 발전과 보조를 같이하여 작곡법에도 변화가 생겼다. 하이든이 확립한 새로운 작곡 방식, 즉 주제-동기 작곡법$^{Thematisch-motivische\ Arbeit}$이 그것이었다. 주제-동기 작곡법은 작은 악상이나 동기를 체계적으로 다뤄 악곡의 형식과 전체 작품을 발전시키는 방식이다. 여기에 사용되는 원리는 악상 사이의 비교와 대조, 셈여림의 확장과 축소, 선율의 진행과 순환 또는 이어짐과 끊어짐, 음의 높음과 낮음, 화성의 밝음과 어두움 등의 다양한 선택지들의 조합과 그 변화다. 작곡가는 이들을 합리적으로 배치하여 그가 상상하는 음악적 아름다움과 변화상을 듣는 이에게 경험시킨다. 이로써 작곡 과정은 우리가 논리의 차원에서도 이해할 수 있는 합리성을 지니게 되었다.

작곡이 과거에 비해 훨씬 합리적이 되었다는 사실은 가곡에 있어서도 의미가 컸다. 더 나아진 형식적 완결성은 노래의 본질적 미에 속하는 균형과 조화의 아름다움을 느끼게 해주었다. 또 악상의 조합이라는 원리는 개개의 소리를 시어와 좀더 긴밀하게 연결시켜 더 효과적인 연상 작용을 불러일으킬 수 있게 되었다. 시를 읽을 때 자연스럽게 심상이 떠오르는 것처럼 음악을 듣고도 유사한 연상이 가능해진 것이다.

주제-동기-작곡법이 작곡 일반에 해당하는 커다란 변화였다면 가곡 장르 내에서는 통절작곡법^{Durchkomponieren}이라는 혁신이 있었다. 작곡가 춤슈테크$^{Johann\ Rudolf\ Zumsteeg,\ 1760-1802}$가 처음 시도한 통절작곡법은 연마다 선율을 반복하지 않고 시 전체를 한 통으로^{durch} 작곡하는 방식을 말한다. 이러한 작법에서 작곡가는 더 많은 음악적 자유를 누리게 된다.*

사실 유절가곡과 통절가곡은 서로 우열관계에 있다기보다는 지

아벨(Josef Abel), 「젊은 남자의 초상」(1814).
열일곱 살의 슈베르트가 모델이다. 슈베르트의 초상화는
화가에 따라 많은 편차를 보이는 경우가 많다. 친구들 역시
아직 숙련화가가 아니었기 때문이다.

향점이 다르다. 기존의 유절가곡은 시의 연과 선율을 일치시켜 하나의 단일한 분위기를 조성하는 것을 목표로 하기에 시의 정조가 일관되고 내면적인 시와 더 잘 어울린다. 반면 통절가곡은 시어의 개별적인 인상을 그때그때 묘사함으로써 시적 심상과 음악적 심상의 일치를 추구하기에 내용과 심상에 변화가 두드러지는 시에 더 적합하다. 또 유절가곡이 표현력에 한계가 있는 하프시코드의 시대에 더 각광받았다면 통절가곡은 피아노의 표현 가능성을 보다 탁월하게 활용하는 대안이었다.

이러한 작법상의 변화와 분화는 결국 시에 의해 촉발된 것이었다. 다양한 감정을 담은 다양한 시가 쏟아져 나오는데 어떻게 이를 한 가지 방법만으로 작곡하라는 말인가. 드라마처럼 변화무쌍한 감성의 시가 새로이 창작되는데 어떻게 10절, 20절 동안이나 같은 선율을 반복하라는 말인가.*

1811년, 슈베르트가 처음 가곡을 작곡했을 때 느꼈던 심정도 이와 비슷했을 것이다. 그는 이제 여러 시를 읽고 바로 그 시에 맞는 작곡 방법을 다각도로 찾기 시작했다. 누가 시켜서 한 일이 아니었기에 생각은 자유로웠고 곡의 수도 금세 불어났다. 엄격한 유절가곡과 자유로운 통절가곡 사이를 오갔지만, 그는 오로지 형식 너머에 있는 진정한 시심을 표현하겠다는 일념뿐이었다. 노래에서 나오는 서정성은 곧 슈베르트 음악의 가장 중요한 특질이 되었다.

* 슈베르트는 빈 시립 기숙학교 도서관에서
춤슈테크의 작품을 알게 되었다.
* Heinrich W. Schwab, *Sangbarkeit, Popularität und Kunstlied*, Regensburg, 1965, S.57.

어머님, 나는 별 하나에 아름다운 말
한마디씩 불러봅니다.
이네들은 너무나 멀리 있습니다.
별이 아슬이 멀듯이

- 윤동주, 「별 헤는 밤」

3 오직 그리움을 아는 자만이

어머니의 죽음

1812년 5월 28일, 시 읽는 소년에게 시련이 닥쳐왔다. 어머니 엘리자베트가 장티푸스로 향년 55세에 세상을 떠난 것이다. 사랑하는 어머니의 때 이른 죽음은 오랜 시간 막내아들 노릇을 했던 슈베르트에게 지울 수 없는 상흔을 남겼다.

어머니 엘리자베트의 삶은 슈베르트의 음악을 이해하는 데 중요한 요소다. 원래 슈베르트의 외할아버지는 현재의 독일과 폴란드, 체코의 국경지대인 슐레지엔^{Schlesien} 출신이었다. 이 지역은 서유럽의 알자스-로렌처럼 철과 석탄이 풍부한 데다 게르만과 슬라브 민족의 경계에 있어서, 늘 분쟁의 불씨를 품고 있었다. 1756년 그 불씨가 폭발했다. 프로이센과 오스트리아 사이에 벌어진 7년전쟁은 18세기의 대표적인 '세계대전'이었다.

원래 슈베르트의 외할아버지는 유능한 자물쇠공이자 마을 길드의 명망 있는 리더였다. 하지만 전쟁 통에 경제적 타격을 받은 그는 길드의 공금을 임시방편으로 유용했고, 그 혐의로 길드 회원들에게 탄핵을 받았다. 체포와 감금, 재판을 거쳐 결국 무죄 판결을 받았지만, 그의 명예는 완전히 실추되었다. 고향 땅에서 더 이상 살 수 없게 된 그는 아내와 세 아이를 데리고 방랑자가 되었다. 그의 한^恨 많은 발걸음은 남쪽의 빈을 향했다. 그러나 300킬로미터가 넘는 거리

작자미상,
「엘리자베트 카타리나 피츠」,
연도미상.

작자미상,
「프란츠 테오도르 슈베르트」,
연도미상.

를 이동하던 중 그는 아내를 잃었고, 빈에 들어서자마자 그 자신도 병을 얻어 아이들만 남기고 세상을 등지고 말았다.*

어린 나이에 이런 일을 겪은 슈베르트의 어머니는 방랑자의 비극을 가슴속 깊이 묻었다. 선량하고 인품이 훌륭한 그녀는 유년의 비극과 너무 빨리 찾아온 어른의 삶을 받아들이고 지혜롭게 대처해나갔다. 그녀는 남편을 성심껏 내조하는 헌신적인 아내이자 마음씨 따뜻한 어머니라는 평가를 받았다.**

부모를 여읜 사춘기 아이들 대부분이 그러듯이 슈베르트도 어머니를 잃고 한동안 죄책감에 빠졌다.*** 하지만 더 중요한 것은 그가 어머니와 함께 '집'을 잃었다는 점이었다. 집에 돌아가도 어머니가 안 계시는 그런 곳을 어떻게 집이라 할 수 있겠는가. 뿌리를 뒤흔드는 충격으로 슈베르트의 마음속에서 하나의 혼이 풀려났다. 그것은 외할아버지에게서 물려받았으나 그간 어머니의 사랑으로 꽁꽁 묶여 있던 방랑자의 혼이었다.

음악의 품으로 달아나다

슬픔에 빠진 소년을 붙들어준 것은 음악이었다. 이전부터 슈베르트를 눈여겨본 살리에리는 그에게 주 2회 무료 레슨을 해주고 있었다. 고지식했지만 훌륭한 선생이었던 살리에리는 슈베르트에게 성악을 다루는 기술과 다성 음악 작곡법을 가르쳐주었다. 슈베르트는 숙제는 아무렇게나 끄적여 제출했지만**** 선생님을 좋아하지

---

* Elizabeth Norman. McKay, *Franz Schubert. A Biography*. 1996, p.5.
** 같은 책, pp.7-8.
*** 같은 책, pp.25-26.
**** 같은 곳.

않은 건 아니었다. 같은 살리에리 문하생이었던 휘텐브레너^{Anselm} Hüttenbrenner, 1794-1868는 선생님이 더운 날이면 그라벤 거리로 나가 슈베르트에게 아이스크림을 사주었다고 회상했다.* 사실 살리에리는 모차르트를 독살했다는 흉흉한 소문의 주인공이 결코 될 수 없는 인물이었다.** 그는 그저 천재적인 꼬마를 천재로도, 꼬마로도 대할 줄 아는, 선량하고 사리에 밝은 이탈리아 아저씨였을 따름이다.

그때쯤 슈베르트에게 변성기가 찾아왔다. 1812년 7월 26일, 합창단원으로서의 마지막 공연 뒤 슈베르트는 이렇게 적었다.

"프란츠 슈베르트, 마지막으로 까악까악 하고 울다."***

합창단원 자리를 잃고 난 뒤 슈베르트는 학업을 계속할 수 있는데도 돌연 학교를 떠나기로 결정했다. 어머니를 잃은 슬픔 때문이었다 해도 이해 못 할 일은 아니었으나 중퇴한 진짜 이유는 다른 데있었다. 그사이 그는 자기 앞날을 고민하는 열여섯 청소년이 되어있었다. 그런데 정신을 차리고 보니 그의 푸른 꿈을 수학 성적 따위가 가로막고 있는 것이었다. 슈베르트는 낙제에 가까운 수학을 붙들고 학교에 있을 것인지를 고민했다. 하지만 머릿속이 온통 음표

* Christopher H. Gibbs, *The life of Schubert*, Cambridge, 2000, p.30.
** 푸시킨의 짤막한 희곡 「모차르트와 살리에리」가 그러한 오해의 진원지다. 이후 셰퍼와 포먼의 영화 「아마데우스」가 이를 더 많은 일반인에게 확산시켰다. 그러나 두 작품 모두 천재와 시민 사회의 갈등과 공존의 문제를 다루는 뛰어난 '허구'다.
*** 이언 보스트리지, 장호연 옮김, 『슈베르트의 겨울나그네』, 바다출판사, 2016, 328쪽.

맬러(Joseph Willibrord Mähler),
「안토니오 살리에리」(1815).

로 들어차 있는데 거기에 어떻게 사인, 코사인, 탄젠트를 더 구겨 넣으란 말인가. 슈베르트는 과감히 수학을 포기했다.

소년의 선택을 부채질한 또 하나의 사건이 있었다. 1813년 1월, 슈베르트는 늘 그렇듯이 슈파운과 함께 오페라를 보러 갔다.* 슈파운도 학생 처지라 5등석밖에는 못 구했지만 상관없었다. 글루크의 「타우리스섬의 이피게니아」를 만날 수 있었기 때문이다. 글루크의 위대한 예술에 흠뻑 취해 극장 문을 나서는데 슈파운과 구면인 시인 쾨르너Theodor Körner, 1791-1813**도 합류하게 되었다.

세 사람은 곧 음악의 취기로 하나가 되었다. 식사 자리에서도 주역가수인 소프라노 밀더Anna Milder, 1785-1838와 바리톤 포글에 대한 칭송이 어찌나 열렬했던지, 시큰둥하게 현학자적인 비평을 일삼는 옆자리 교수들과 시비가 붙을 정도였다. 그 뜨거웠던 저녁, 젊은 시인 쾨르너는 진로를 고민하는 어린 슈베르트에게 이렇게 말했다.

"오직 예술을 선택해야 해. 너는 오로지 음악 안에서만 진정한 행복과 성취를 찾게 될 테니까."

---

* 슈베르트는 1811년 슈파운의 배려로 처음 오페라를 보았다. 그때 본 작품은 바이글(Joseph Weigl, 1766-1846)의 징슈필인 「고아원」과 「스위스 가족」이었을 것으로 추정된다.

** 그는 실러에게 위대한 송시 「환희의 송가」를 헌정받은 예술후원자 크리스티안 고트프리트 쾨르너의 아들이다. 그가 실러를 돕지 않았다면 「환희의 송가」가 없었을 것이고 그렇다면 베토벤의 위대한 교향곡 「합창」도 없었을 것이다. 「합창」이 없었다면 슈베르트는 그의 말년에 음악의 심연에 다다르지 못했을지도 모른다. 그렇게 보면 슈베르트는 자기 예술의 시작점과 종착점에서 쾨르너 부자에게 말할 수 없는 은혜를 입은 셈이다.

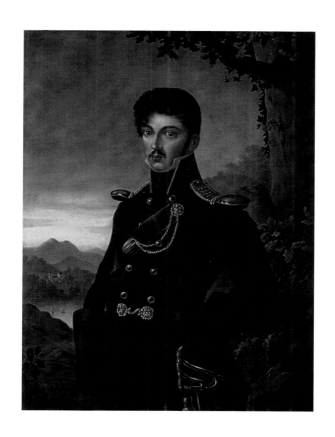

슈토크(Dora Stock), 「테오도르 쾨르너의 초상」(1814).
테오도르 쾨르너의 이모 도라 슈토크는 초상화가로서
실러와 모차르트의 초상화를 그렸다.

경계 위에서 피어난 첫사랑

아버지와 아들은 한동안 적당한 선에서 타협했다. 슈베르트는 아버지의 뜻대로 교사가 되기 위해 빈 시내 안나가세에 있는 보통직업학교Normal-Hauptschule로 전학했지만, 작곡도 놓지 않았다. 1814년 8월 19일에는 졸업을 하고 아버지 밑에서 견습교사 생활을 시작했다. 그리고 같은 해 10월 16일에는 그동안 준비한 야심작도 선보였다. 리히텐탈 교회 100주년을 기념하여 「미사 제1번」D.105을 초연한 것이다. 작곡가가 직접 지휘하고, 형 페르디난트Ferdinand Schubert, 1794-1859가 오르간을 맡았으며, 학교 오케스트라의 친구들과 이웃들이 십시일반 참여했으니 아무래도 공연은 소박했을 것이다. 그래도 그날은 무척 뜻깊은 날이었다. 자작곡의 첫 공연인 데다 반응도 좋았기 때문이다. 사춘기 소년은 용기백배했다.

청운의 꿈과 함께 풋풋한 첫사랑도 영글었다. 지휘하는 소년의 손짓에 맞춰 테레제Therese Grob, 1798-1875라는 소녀가 노래하고 있었다. 흉허물 없는 이웃 사이였지만 그날따라 음악은 소녀에게 매혹의 후광을 입혀놓았고 슈베르트는 그만 저도 모르게 사랑에 빠졌다. 완전히 반한 소년을 뒤로하고 친구 홀츠압펠의 '객관적인' 보고를 읽어보자.

전체적으로 그녀는 미인은 결코 아니었다. 하지만 체격이 좋고 꽤 풍만한 편이었으며 아이 같은 둥근 얼굴을 하고 있었다. 그녀는 리히텐탈 교회 성가대에서 아름다운 목소리로 소프라노 파트를 능숙하게 불렀다.

테레제는 슈베르트보다 한 살 아래였지만 그리움에 관한 한 한참 선배였다. 아버지를 10년 전에 잃었으니 말이다. 천성이 따뜻한

홀파인(Heinrich Hollpein), 「테레제 그로프의 초상」,
연도미상.
홀파인은 테레제와 사촌지간이었다. 홀파인의 어머니
빌헬미네가 남편 사별 이후 슈베르트의 큰형
이그나츠와 결혼함으로써 그는 슈베르트와
의붓사촌지간이 된다.

테레제는 소년에게 다정했고, 새로 만든 곡을 들려줄 때마다 열렬한 반응으로 수줍은 작곡가를 으쓱하게 만들었다. 그녀의 아버지가 물려준 견직물 가게로 생계를 꾸리던 홀어머니도, 음악을 흠모하던 아마추어 남동생 하인리히도 슈베르트를 가족처럼 살뜰히 대했다. 슈베르트는 이웃집이 더 내 집 같다고 느꼈다.

테레제의 목소리가 귓가에 맴돈 까닭에 슈베르트의 음악도 거기에 맞춰지기 시작했다. 그리움과 희망은 이제 그의 오선지 위를 춤추는 두 날개가 되었다. 그 두 날개에서 이는 바람이 아침마다 그의 정신을 깨웠고, 그렇게 적어내린 곡의 수가 벌써 100편을 넘어서고 있었다. 그리고 곧 슈베르트를 음악사에 영원히 각인시킬 명작이 흘러나왔다. 훗날 가곡의 왕*이라는 칭호를 얻게 될 열일곱 소년이 독일 최고의 시인 괴테의 시에 처음 곡을 붙인 것이다.

예술가곡의 탄생

1814년 10월 19일, 「물레질하는 그레트헨」^{Gretchen am Spinnrade,} D.118이 세상에 나온 이날을 후대 사람들은 예술가곡의 탄생일로 기념했다. 괴테와 슈베르트의 첫 만남이라는 점, 독일 최대의 고전 『파우스트』를 기반으로 한 음악이라는 점, 신실한 사랑이라는 독일적 가치를 다뤘다는 점 등 작품 외적 의미가 큰 데다 작품 자체도

▌ * 사실 "가곡의 왕"이라는 표현은 독일어
원문에 비춰보면 다소 어색한 측면이 있다.
독일어 원문 표현은 보통의 '왕'을 뜻하는
'쾨니히'(König)을 사용하지 않고 '왕자 또는
제후'를 뜻하는 '퓌르스트'(Fürst)를 붙여
'리더퓌르스트'(Liederfürst), 즉 '가곡의 왕자'쯤으로
표현한다. 말의 느낌상 젊은 나이에 요절한 그에게
'왕'보다는 '왕자'가 더 어울린다고 여긴 것이다.

들라크루아(Eugène Delacroix), 「물레질하는 그레트헨」(1827).
들라크루아는 그레트헨이 물레를 돌리는 모습 대신
물레를 옆으로 밀어두고 지친 듯 기대 있는 모습을 그렸다.
괴테의 시에서 "아, 그의 입맞춤!" 하고 외치는 클라이맥스
이후의 적막감을 포착한 것이다.

장르의 새로운 도약을 이뤄냈기 때문이다.

파우스트는 악마 메피스토펠레스에게 영혼을 팔고는 다시 젊음을 되찾는다. 메피스토펠레스는 "마녀의 묘약을 마셨으니 이제 치맛자락만 두르면 죄다 천하일색으로 보이게 될 것"이라고 빈정거린다. 아니나 다를까 파우스트는 마녀의 주방 거울에 비친 여인을 보고 사랑에 빠진다.

이 여인이 바로 청순하고 소박한 처녀 그레트헨이다. 파우스트의 구애가 시작되고 그레트헨도 사랑에 빠지지만, 그레트헨은 뛰어난 언변과 학식을 지닌 지체 높은 박사님이 왜 보잘것없는 자기를 좋아하는지 도무지 이해되지 않는다. 그리고 곧 불안이 찾아온다. 파우스트의 동행 메피스토펠레스에게서 악의 기운을 느꼈기 때문이다. 파우스트를 사랑하지만 불안한 마음을 가눌 수 없는 그레트헨은 이제 홀로 물레를 돌리며 마음을 추스르려 한다. 슈베르트의 음악은 바로 이 대목을 포착한다.

내 안식은 저 멀리,
마음은 무거워
그 평안 나 더는
찾을 길 없네

그가 곁에 없는 곳
내게는 무덤
세상 전부가 다
쓰디쓸 뿐

내 가련한 머리

돌아버렸고,
내 오감은
조각나버렸네

내 안식은 저 멀리,
마음은 무거워
그 평안 나 더는
찾을 길 없네

오로지 그만 따라
내 시선 창밖을 향하고
오로지 그만 따라
나 집밖을 나서네

그의 드높은 걸음걸이,
고귀한 풍모,
입가의 미소,
그 인상의 강렬함,

그의 흐르는 말
마법의 물결
손의 힘,
아, 그의 입맞춤!

내 안식은 저 멀리,
마음은 무거워

그 평안 나 더는
찾을 길 없네

내 가슴 그를 향하여
마구 내달리니,
아, 그를 꼭 붙잡고
놓지 않아도 된다면,

마음껏 그에게
키스해도 된다면
그의 입맞춤에
내가 사라져버린대도!

처음 들려오는 것은 돌고 도는 피아노 반주다. 물레바퀴가 빙글 빙글 돌고 '두둥' 하고 페달 소리도 들려온다. 『파우스트』의 장면을 기억하는 사람이라면 '아, 그레트헨이 물레질을 시작하는구나!'라고 생각하게 된다. 하지만 처음에 나직한 넋두리 같았던 음악은 곡이 진행될수록 걷잡을 수 없는 감정의 소용돌이로 바뀐다.

시의 제1·4·8연이 동일한 내용이므로 이를 기준으로 음악 또한 돌고 돈다. 첫 부분¹⁻³연에서는 그레트헨이 불안을 토로하고 둘째 부분⁴⁻⁷연부터 파우스트를 떠올리기 시작한다. 멀리서 파우스트가 다가올수록—'걸음걸이'와 '풍모'에서 '입가'와 '인상'으로—그녀도 그를 더 가까이 느낀다. 음악 또한 여러 번의 전조로 반음씩 상승하여 긴장감을 고조시킨다. 파우스트가 다가와 마침내 입을 맞춘다! 그러나 이 환상의 절정"아, 그의 입맞춤 Und ach, sein Kuß"은 완전한 클라이맥스가 되지 못한 어두운 외침일 뿐이다.* 이 대목에서 그동안 쉼 없이 움직이던 반주는 잠시 끊어진다. 심란한 그녀가 물레를 놔버린 것이다. 잠깐의 불길한 침묵 속에 바퀴가 헛돈다.

마지막 부분에서는 그레트헨이 물레를 돌리는 게 아니라 물레가 그녀를 휘감고 돌리는 듯하다. 마치 안데르센의 동화『빨간 구두』에서 마가 낀 빨간 구두가 주인공 카렌의 춤을 마구 조종하듯이 말이다. 그레트헨은 이제 완전히 기진맥진해버린다. 곡의 마지막에서 시와 음악은 다시 첫머리로 돌아간다. 이 불안은 영원히 반복될 것이다. 그녀는 운명의 물레바퀴에 걸려든 것이다.

놀라운 곡이다. 자유롭고도 순환적인 미를 지닌 음악적 틀에 물레바퀴의 음화外的 묘사와 불안의 두근거림內面 묘사이 절묘한 일체를 이룬다. 이제껏 외적 묘사와 내적 심상이 이토록 간명한 악상에 완벽하게 융합된 적은 없었다. 이로써 음악은 단순히 시어의 이미지만을 묘사하는 게 아니라 서정시의 근간인 인간 심성을 건드림으로써 깊은 상징성을 얻게 되었다. 이것이「물레질하는 그레트헨」을 예술가곡의 시초로 보는 중요한 이유다. 이 곡은 슈베르트에게 일종의 라이트모티프Leitmotiv**가 되었다.

그러나 슈베르트는 그레트헨의 불안과 어두운 열정, 그리고 비극적인 예감이 앞으로 자신의 삶에도 그대로 닥쳐올 것을 꿈에라도

---

* "입맞춤"에 걸리는 음이 듣는 이가 자연스럽게 기대할 수 있는 도약보다 반음 아래 음정이기 때문이다. 긴장감이 완전히 해소되지 못하고 불길한 여운이 남게 된다.
** 악극·표제음악 등에서 주요인물·사물·감정 등을 상징하는 동기. 여기서는 이 곡의 이미지가 슈베르트의 음악에 지속적으로 영향을 미친다는 비유적인 의미로 사용했다.

알았을까. 비명으로 끊어져버리는 음악, 불길하게 헛도는 시간, 그리고 침묵. 이 음악적 정경은 슈베르트의 혼에 깊이 각인되어 훗날 다시금 모습을 드러낸다.

서류라는 이름의 악마

「물레질하는 그레트헨」을 처음 노래한 것은 테레제였다.[*] 하지만 그레트헨의 노래에서처럼 그들의 사랑에도 불안이 끼어들었다. 어린 커플의 앞날에 그림자를 드리운 악마는 다름 아닌 '법'이었다. 이른바 '혼인허가법'Ehe-Consens Gesetz이 발효된 것이다. 1815년 초부터 모든 시민 계층의 미혼 남성은 결혼에 앞서 부양 능력을 증명해야 했다. 하지만 자유창작 예술가로 살아가려는 청년에게 그것은 만만치 않은 일이었다. 그저 재직증명서를 제출하는 번거로움 정도가 아니었다.

이 법의 숨은 의도는 젊은이들을 생활에 얽매이게 하여 혁명 같은 과격한 시도를 사전에 차단하는 데 있었다. 귀족 자제, 자산가, 고위 관료 등은 의무를 면제받은 데 반해 보통 사람들은 예외 없이 관의 승인을 받아야 했다.[**] 당대 많은 청년들이 결혼을 포기하고 보헤미안적인 삶을 살게 된 것은 이 때문이었다. 물론 오늘날의 관점에서 이는 심각한 기본권 침해다.

우리는 여기에서 불운한 시대의 진면목을 볼 수 있다. 1789년의

[*] 1814년부터 1816년 사이 작곡가 자신의 친필 가곡 열일곱 편이 『테레제 그로프의 악보집』이라는 이름으로 전해져온다. (한스-요아힘 힌리히센, 홍은정 옮김, 『프란츠 슈베르트』, 프란츠, 2019, 53쪽 참조.)
[**] Rita Steblin, "Franz Schubert und das Ehe-Consens Gesetz von 1815," in: *Brille 9*, 1992, S.32-42.

프랑스대혁명은 1814-15년의 빈 회의로 종결되었다. 스무 해가 넘는 자유·평등·박애의 대장정이 허무하게도 왕정복고로 마무리되었다. 혁명의 결과가 혁명 이전 상태로 복귀되었다면 도대체 무엇 때문에 그 난리를 쳤단 말인가. 이러한 세계사적 반동은 이미 마흔을 넘긴 베토벤 세대에도 엄청난 충격을 주었고 젊은이들에게는 말 그대로 미래가 막혀버린 것 같은 무기력으로 다가왔다. 앞 세대의 실패로 내 삶의 선택지를 박탈당했다는 허망함은 평화를 가장한 검열과 부자유 때문에 더 커졌다.*

음악은 결코 서류가 되지 못했다. 그래도 봇물 터지는 것은 음악의 샘뿐이었고 거기에 희망이 있었다. 1815년,** 슈베르트는 시집을 옆에 끼고 살다시피 하며 가곡 본연의 목소리를 계속 탐구했다. 괴테의 훌륭한 시어는 변함없이 그에게 자극을 주었다. 표현력이 뛰어난 「쉼 없는 사랑」Rastlose Liebe, D.138이나 숨 막히게 아름다운 「연인 가까이」Nähe des Geliebten, D.162, 발랄한 「들장미」Heidenröslein, D.257 같은 명작들이 연이어 세상에 나왔다. 이 노래들은 기숙학교 시절 소년이 참고했던 라이하르트나 춤슈테크의 곡과 차원이 달랐다. 읽는 시마다 적절한 표현 양식을 찾아냈을 뿐 아니라, 예민한 감수성으로 음표 하나하나에 시적 의미를 부여했다. 그렇게 몇 달 새 작품은 300여 편으로 늘어났다. 초인적인 작곡 분량과 놀라운 완성도, 그것은 곧 음악적 영감의 가장 직접적인 증거이자 새로운 도약의 예고였다.

---

* 하겐 슐체, 반성완 옮김, 『새로 쓴 독일 역사』, 2000, 123쪽.
** 괴테의 자선 시집이 나온 이해에 슈베르트는 140여 곡의 가곡을 작곡했다. 1815년은 슈만의 1840년에 비견할 만한 슈베르트의 '노래의 해'다.

마왕

어둠을 폭주하는 말발굽 소리! 질세라 휘달리는 추격자와 소름 돋는 바람의 윙윙거림! 말 한마디 나오기도 전에 음악이 듣는 이들을 드라마 속으로 몰아넣는다. 가곡의 역사를 또 한차례 바꿔놓은 「마왕」은 슈베르트의 가장 강렬한 음악적 판타지다.

누가 말 달리는가, 늦은 밤바람을 뚫고,
그건 아이를 데리고 가는 아버지,
소년을 품 안에 고이 품고는
단단히 붙들어 따뜻하게 안고 있다.

"아들아, 뭐가 그리 두려워 얼굴을 숨기느냐?"
"저것 보세요, 아빠는 마왕이 안 보이세요?
왕관도 쓰고 꼬리도 있는 마왕이에요."
"아들아, 저건 그냥 안개 띠로구나."

"사랑스러운 아이야, 이리 와, 나하고 가자.
아주 근사한 놀이를 나랑 같이하자.
물가에는 색색 꽃들 많기도 많고
우리 어머니한테는 황금 옷도 많단다."

"아빠, 아빠, 저 소리 안 들리세요?
저한테 마왕이 뭐라고 자꾸 속삭여요!"
"가만 있거라, 가만 있어. 아들아.
저건 마른 잎새 바람에 서걱대는 소리란다."

"고운 소년아, 나랑 같이 갈 거지?
우리 딸들이 예쁘게 꾸미고 널 기다릴 텐데,
우리 딸들이 한밤 무도회로 널 데려가서
흔들고, 춤추다가, 자장가도 불러줄 텐데."

"아빠, 아빠, 저기 안 보이세요?
음침한 저곳, 마왕의 딸들이에요!"
"아들아, 아들아, 내가 똑똑히 보고 있다.
늙은 버드나무가 저렇게 잿빛으로 보이는 거야."

"나는 너를 사랑해. 나는 네 잘생긴 외모에 끌려,
너 스스로 안 온다면, 나는 힘으로 할 수밖에."
"아빠, 아빠, 이제 마왕이 날 막 붙잡아요,
마왕이 내게 고통의 일격을 가했어요!"

아버지에게 소름이 끼친다, 급하게 말을 몬다.
그의 품속엔 끙끙 앓는 아이가 있고
궁지에 몰려 고생스럽게 겨우 집 마당에 도착한다.
아버지 품속에서 그 아이는, 죽어 있었다.

이 시가 무서운 이유는 무엇일까? 단순히 '귀신 이야기'라서가 아니다. 이 시가 보여주는 가공할 만한 긴장감은 등장인물 사이의 관계에서 나온다. 세 인물은 처음부터 한 공간에 있다. 마왕은 오직 아이에게만 말을 걸고 아이는 아버지에게만 말을 건다. 그러나 아버지는 마왕의 존재를 모르기에 아이와 소통이 되지 않는다. 아이는 이렇게 완전히 고립되고 무력해진다. 공포와 불안을 '두 눈 똑똑히

슈빈트, 「괴테의 마왕 삽화」(1830).
슈베르트의 「마왕」을 잘 알고 있는 슈빈트는
공포와 관능적 유혹을 한 장면에 담아냈다.

뜬 채'겪을 수밖에 없다. 그것은 공포와 불안 위에 거절감과 체념이 더 얹어지는 절망적인 고통이다. 게다가 이 세 인물은 서로 극단의 대립을 표상한다. 아이와 마왕은 삶과 죽음으로, 아들과 아버지는 인식과 불인식으로, 마왕과 아버지는 악마의 세계와 현실 세계로 각각 대립된다. 그러니 이 세 사람 사이에는 어떤 대화의 가능성도 존재하지 않는다. 바로 여기에서 이 시의 극단적 긴장감이 나오는 것이다.

슈베르트는 이 발라데^{Ballade*}의 핵심이 이러한 긴장감임을 꿰뚫어 보고 셋잇단음표를 활용한 무시무시한 말발굽 소리로 곡을 열었다. 더없이 아름답지만 불협화를 동반해 불안감을 자아내는 마왕의 유혹과 발작하듯 떠는 아이의 단발 비명^{"아빠, 아빠 Mein Vater, mein Vater!"}, 그리고 낮은 음역대에 홀로 떨어져 있는 아버지의 음성은 서로 극한 대비를 이룬다. 환상 세계와 현실 세계의 간극을 표현한 것이다.

마왕의 유혹을 이처럼 매혹적으로 그린 것은 그야말로 감성의 도약이었다. 매력적인 유혹만이 효과를 발휘한다는 사실이 오늘날에는 아주 자명하지만 슈베르트의 시대에는 여전히 관습의 힘이 더 강력했다. 예를 들어 라이하르트는 마왕의 대사를 모두 단음으로 처리했다. 마왕은 인간이 아닌 비인격적인 존재이므로 당연히 노래도 할 수 없다(!)고 여긴 것이다. 하지만 그렇게 딱딱하고 기계적인 유혹에 누가 넘어가겠는가? 반면 슈베르트가 그려낸 마왕은 반복

***

* 발라데란 서정·서사·극의 양식이 혼재되어 있는, 낭송을 위한 이야기 시를 뜻한다. 괴테의 「마왕」도 연 구분이 있는 운문 형식(시)에 이야기를 전달하는 서술자(소설), 등장인물 사이의 대화 및 은폐와 폭로의 기법(드라마) 등의 요소를 지닌다. 이러한 다양한 면모 때문에 발라데는 매력적인 작곡의 소재였다.

슈틸러, 「여든 살의 요한 볼프강 폰 괴테」(1828).
19세기 독일문화사에서 괴테의 의미는 막중했다.
슈투름 운트 드랑·고전주의·낭만주의에 이르기까지
문학사에 새 바람을 몰고 왔을 뿐 아니라 미술·음악 같은
다른 예술장르, 광학과 동·식물학 등 자연과학까지 영향을
미치지 않은 분야가 없었다. 그 때문에 괴테는 마지막
'보편천재'로 칭송받았다.

한편 친구들은 라이프치히의 명문 출판사 브라이트코프 운트 해르텔사에 슈베르트의 「마왕」을 보내기도 했다. 하지만 별 관심이 없었던 출판사는 드레스덴에 살고 있는 또 다른 슈베르트에게 악보를 잘못 반송했다. 악보를 받은 동명이인은 이렇게 말했다.

"뭐야? 난 이런 쓰레기를 작곡한 적이 없어!"*

1816년 5월, 슈베르트는 처음으로 친구 집에서 묵었다. 슈파운이 아버지와의 갈등으로 우울증 증세를 보이는 슈베르트를 빈 시내에 있는 자기 방^{에르트베르크가세}에 있는 바테로트 교수 집^{으로} 초대한 것이다. 슈베르트는 그때 처음으로 빈 시내의 편안한 생활환경을 맛보았다. 이 사건은 그의 방랑 생활의 서막이 되었다.

1816년 6월 17일에는 처음으로 보수를 받고 작곡했다. 바테로트 Heinrich Joseph Watteroth, 1759-1819 교수가 자신의 명명일 축연을 위해 칸타타 「프로메테우스」^{D.451}를 주문한 것이다. 작곡으로 100굴덴의 거금을 벌다니! 슈베르트는 무척 자랑스러워했다.**

1816년 가을, 슈베르트는 결국 교사직을 포기하고 '출가'했다. 연말에는 살리에리와의 음악 수업을 모두 끝마쳤다. 그렇게 슈베르트의 도제 시절이 막을 내리고 있었다. 아버지에게는 '가출'이었던 '출가'였고 스승님에게는 이탈리아 오페라에 대한 제자의 무관심이 섭섭함으로 남았지만, 소년은 말없이 자기 몫의 방랑을 시작했다. 어머니, 그리고 어머니 품 같은 음악, 그 두 겹의 그리움이 마음속 밤하늘을 꿈으로 수놓았다.

* 같은 책, p.80.
** 하지만 7월 24일 초연된 이 곡은 분실되었으며 괴테의 시에 의한 가곡 「프로메테우스」(D.674)와 혼동해서는 안 된다.

김형, 꿈틀거리는 것을 사랑하십니까?

사랑하고말고요.

(⋯)

김형, 우리는 분명 스물다섯 살짜리죠?

난 분명히 그렇습니다.

- 김승옥, 『서울 1964년 겨울』

4 가출 청소년과 친구들

젊음의 풍경

이 이야기는 한 번뿐인 인생을 잘 살아보려는 청년의 일대기를 그린 것이다. 청년은 멋지게, 생각한 대로, 나의 나다움을 이뤄내고 싶다.

하지만 나대로 살아가기는 왜 이리도 어려운 걸까. 그렇게 나를 옭아맸던 그 끈이 실은 내 존재의 표류를 막아주던 운명의 연緣이었을지도 모른다. 이제 '자아'라는 배는 망망대해에 놓이게 된다.

대개 내가 그리는 '나다운 나'는 현재가 아니라 미래에 산다. 언제나 그리워하지만 시간의 틈이 아득한 까닭에 지금의 내가 미래의 나를 겪어볼 수는 없는 일이다. 이것이 고요한 거울 속에 비친 왼손잡이 자신을 두고 펼친 시인 이상의 성찰이다.*

거울때문에나는거울속의나를만져보지를못하는구료마는
거울이아니었던들내가어찌거울속의나를만나보기라도했겠소
−이상,「거울」

* 거울에 비친 형상은 현실과 유사성을 보이는 '가상'이라는 점에서 미래와 닮은 점이 있다. 현재의 내가 보기에 미래의 나는 언제나 '가상의 나'다. 꿈은 곧 미래라는 '가상의 나'를 비춰주는 마음의 거울이다.

그러나 미래의 나는 언제나 현재의 내 안에 들어 있다. 시간이 나를 어떻게 만들어낼지 불확실하다. 프리드리히[Caspar David Friedrich, 1774-1840]의 「안개의 바다를 바라보는 방랑자」는 그 불확실성을 진실하게 포착해낸 무언의 정경이다. 화가 덕분에 우리는 그림 속 '방랑자'와 같은 곳을 보게 된다. 앞길은 온통 잿빛뿐이고 뒷모습에는 용기와 불안이 함께 비친다. 우리도 그처럼 앞날을 모르고 지금껏 걸어오지 않았는가.

그러므로 젊음의 불안은 항상 존재의 불안이다. 미지의 자아가 미지의 세계로 나아가는 까닭이다. 이미 굳어진 세계에 부딪힐 때마다 자아는 시험을 당한다. 현재의 나를 사랑할 것인가, 사랑한다면 어디까지? 현재의 나를 사랑하지 않으면 미래의 나에게도 사랑이 깃들지 않을 테지만, 자아의 생존에 바쳐지는 맹목적 사랑을 물리치는 고통 없이는 나의 현재가 자기애에 중독되어 미래를 잃게 마련이다. 그러므로 젊음은 늘 현재와 미래 사이를 불안하게 서성이며 스스로에게 사랑과 미움을 덧칠한다. 이것이 곧 시인 윤동주가 제 얼굴이 어린 우물가를 떠돌며 읊조린 추억의 내용이다.

그리고 한 사나이가 있습니다.
어쩐지 그 사나이가 미워져 돌아갑니다.

돌아가다 생각하니 그 사나이가 가엾어집니다. 도로 가 들여다보니 사나이는 그대로 있습니다.

다시 그 사나이가 미워져 돌아갑니다.
돌아가다 생각하니 그 사나이가 그리워집니다.
-윤동주, 「자화상」

프리드리히(Caspar David Friedrich), 「안개의 바다를
바라보는 방랑자」(1818).
그림 속의 방랑자는 불확실성을 뚫고 앞으로 나아간다.
뒤로 물러설 기미가 전혀 없는 당당한 자세에서
미지의 세계를 향하는 낭만적 정신이 느껴진다.

쿠펠비저(Leopold Kupelwieser), 「요제프 폰
슈파운의 초상」, 연도미상.
슈파운은 법학을 전공하고 판사로 일하다 빈 궁정
추밀고문관이 되어 1841년에는 빈 명예시민으로
추대된 모범적 지식인이었다. 기사 작위를 가지고 있던
슈파운은 1859년 한 단계 위인 남작 칭호를 받기도 한다.

작곡하여 선보였다.* 말하자면 슈베르트는 배움을 얻고 음악으로 되돌려주는 일종의 '특수 회원'이었던 셈이다.

쇼버는 슈베르트에게 책을 추천하는 역할을 했다. 그는 체계적으로 가곡의 소재를 전해주었고, 그렇게 해서 1814년부터 1817년까지 슈베르트 가곡이 여러 편 탄생했다. 쇼버의 가장 유명한 시 「음악에게」An die Musik, D.547도 그중 하나다.

> 너 마음씨 고운 예술아, 얼마나 많은 잿빛 시간들,
> 황량한 삶의 쳇바퀴가 날 아주 휘감던 그때,
> 따스한 사랑 되도록 바로 네가 내 맘 불을 밝혀주어,
> 더 나은 세상 황홀경으로 날 보내주었구나!
>
> 너의 하프에서 때때로 한숨 하나 흘러나오고,
> 너에게서 달콤하고 성스러운 화음이 나와
> 더 나은 시절, 그 하늘을 내게 열어주었으니,
> 너 마음씨 고운 예술이여, 나는 네가 참 고맙구나!

「음악에게」에서 말하는 "잿빛 시간"이란 왕정복고 시대에 일상화된 억압을 말한다. 자유의 꿈이 백일몽이 되고 춤추는 것조차 수상하다 하여 금지되었던** 감시의 시대, 예술은 젊음이 완전한 절망으로 점철되지 않게 하는 마지막 피난처였다. 이러한 뜻은 슈베르트의 호소력 있는 음악으로 시공을 초월해 200여 년 뒤 우리에게도

* Elizabeth Norman McKay, *Franz Schubert. A Biography*, Oxford, 1996, p.49.
** 이언 보스트리지, 장호연 옮김, 『슈베르트의 겨울 나그네』, 바다출판사, 2016, 375쪽 참조.

크리후버(Joseph Kriehuber), 「요한 미하엘 포글」(1830).
슈타이어 출신의 포글은 1795년 빈 궁정 오페라에서
데뷔한 이후 줄곧 최고의 자리를 지킨 바리톤이었다.
1814년 포글은 베토벤의 「피델리오」 최종본
초연 때 피사로 역을 맡았는데, 슈베르트는
이 공연의 티켓을 구하기 위해 교과서를 팔았다는
후문까지 전해진다. 슈베르트를 만난 이후 포글은
슈베르트 가곡의 중요한 해석자가 된다.

여전한 희망의 울림을 준다.

한편 쇼버는 1817년 여름, 빈 궁정 오페라의 대가수 포글에게 슈베르트를 소개하여 가곡사의 운명을 뒤바꾸는 결정적인 공헌을 하기도 했다. 슈베르트가 멀리서 선망하던 포글은 고전적 교양과 뛰어난 해석력을 갖춘 바리톤이었다. 천재를 하도 많이 소개받아 시큰둥해하는 포글을 쇼버는 거의 외교적 수완까지 발휘하며 설득했고, 마침내 포글은 「가뉘메트」 Ganymed, D.544와 「멤논」 Memnon, D.541, 「쌍둥이자리에게 부르는 어느 뱃사공의 노래」 Lied eines Schiffers an die Dioskuren, D.360를 부르다가 슈베르트에게 정복당했다.

슈베르트는 그렇게 그의 생애 가장 중요한 음악적 후원자를 얻은 셈이었다. 포글은 슈베르트를 알리겠다며 은퇴까지 미룰 정도였고, 작곡가 사후에도 열두 해를 더 살면서 슈베르트의 충직한 해석자로 남았다. 그러므로 쇼버는 어떤 면에서 슈파운도 하지 못한 일을 해낸 것이다.

쇼버, 친구이자 유혹자

쇼버는 '교양 클럽'에 발을 담그고 있으면서 '난센스 협회' Unsinnsgesellschaft에도 가담했다. 그 둘은 아주 다른 세계였다. 교양 클럽이 열심히 세미나를 하는 진지한 모임이라면 난센스 협회는 난장과 같은 모임에 가까웠다. 교양 클럽의 회보가 『청년의 교양을 위한 논고』라는 인문·예술 잡지였다면, 난센스 협회는 『인류 난센스 기록집』이라는 어지러운 뉴스레터를 냈다. 말장난과 패러디와 '짤방'이 난무하여 서클 회원이 아니라면 거의 암호해독*을 요할 지경

---

* 일례로 회원들의 별명은 고정되지 않고 다양하게 활용되었다. 슈베르트의 경우에는 발음이 유사한

와 테레제는 지쳐가고 있었다. 기약 없는 장래와 결혼 약속, 그 막막함이 일탈이 되어 나타난 것이다.*

시인 검열관 마이어호퍼

1818년 11월, 빈으로 돌아온 슈베르트는 아버지 집을 보란 듯이 지나쳐 그길로 방랑의 행보를 이어갔다. 이번에는 시인 마이어호퍼가 그를 받아주었다. 그의 방은 슈파운이나 쇼버의 것보다 허름했지만, 그의 예술은 보다 깊은 차원의 동반자가 되었다.**

그 집은 비플링가에 있었는데, 집이며 방이며 세월의 무게를 느낄 만한 곳이었다. 지붕은 상당히 꺼져 있었고 건너편에 있는 큰 건물 때문에 햇빛도 잘 들어오지 않았다. 많이도 두드려댄 낡은 피아노 하며 좁은 책장 하며 (…) 우리가 함께 살면서 도저히 잊을 수 없는 추억을 만든 방은 그런 모습이었다. (…) 문학과 음악에 대한 사랑은 우리 관계를 더욱 친밀하게 해주었다. 나는 시를 썼고, 그는 작곡을 했다. 내가 지은 시에서 그의 멜로디가 많이도 생겨나고 발전되고 뻗어나갔다.

위의 회고처럼 슈베르트는 마이어호퍼의 시 47편에 곡을 붙였다. 이는 괴테57편에 이어 두 번째에 해당하는 분량으로 두 예술가의 깊은 공감을 보여주는 증거였다.

* Elizabeth Norman McKay, 앞의 책, 1996. p.87.
** 사실 그들의 관계는 개인적인 만남 이전에 작품의 만남으로 시작되었다. 그들은 1814년, 「바닷가에서」(Am See, D.124)의 작곡을 계기로 처음 만나게 된다.

프리드리히, 「달을 바라보는 두 사람의 방랑자」(1819/20).
화가 프리드리히는 이렇게 말했다. "화가는 단순히 앞에
보이는 것뿐 아니라 자신의 내면에서 본 것을 그린다.
다시 말해 화가는 육체의 눈을 감고 정신의 눈으로
본 것을 드러내야 한다."

세계는 낭만화되어야 한다. (…) 낭만화 ^{romantisieren} 라는 것은 질적인 도약을 뜻한다. 어떤 저급했던 자아가 이런 과정을 통해 더 나은 자아와 동화된다. 그래서 우리들 자신은 그러한 질적인 도약의 연속 그 자체와 같다. (…) 범속한 것에 숭고한 의미를, 평상적인 것에 비밀스런 외관을, 익숙한 것에 미지의 것이 가지는 품위를 부여함으로써 나는 그것들을 낭만화한다. 낭만화는 숭고한, 마술적인, 무한한, 미지의 것들을 향한다.

노발리스가 강조하는 것은 '다르게 볼 줄 아는 눈'이다. 평범한 일상을 새롭게 보는 것이 낭만화의 체험이다. 그런데 이러한 체험이 일회적으로 끝나지 않고 주체적으로 반복된다면 자아는 판에 박힌 도식에서 벗어나 도약하여 신비를 보게 된다.

'진보적 보편문학'이나 '낭만화'는 미지의 세계를 살아갈 인간적 능력을 찾아내려던 철학자들이 치열하게 사유한 결과다. 여기에서 우리는 예술가들이 어떻게 세상에 아직 존재하지 않는 미^{美}를 미리 상상할 수 있게 되었는지를 엿볼 수 있다.

한편 낭만주의를 공부하던 이 시기 슈베르트는 증거를 남기기라도 하듯 슐레겔과 노발리스의 시편에 곡을 붙였다. 그중 사랑을 잃고 무덤가를 방황하다가 심연의 깨달음을 마주했다는 노발리스의 「밤의 찬가」 $^{Nachthymne, D.687}$ 는 가장 신비로운 작품이다. 삶과 죽음, 불멸과 필멸, 낮과 밤이 그대와 나를 갈라놓는다. 그러나 모든 경계를 뛰어넘는 낭만주의 정신은 생사마저도 뛰어넘는다. 사랑과 그리움으로 죽음마저도 낭만화$^{곧 죽음의 새로운 의미를 발견하게}$된다. 슈베르트는 이 시에서 그 어떤 이론보다도 더 선명하게 낭만주의 정신의 진가를 깨달았으리라.

나 저 위를 순례하게 되거든,

이 온갖 아픔 그제야 희락의 가시로 변하리

이제 머지않았으니 나 그리 잃어버린 바 되어

취한 채 사랑의 품에 누워 있으려 하네

무한한 삶이 내 안을 거스를 수 없이 파도치니

나 저 하늘에 올라 그대 있는 여기를 굽어보려 하네.

언덕 언덕마다 그대의 윤광 꺼뜨려지고

그림자 하나 서늘하니 화관 드리우니

오! 연인이여, 있는 힘껏 나를 빨아들여

내 졸음을 깨워주어요 나 그대를 사랑할 수 있게

나는 영영 젊어지는 죽음의 물결을 느끼고

나의 피는 발삼 향유와 에테르로 변하니

믿음과 용기로 낮 동안은 살아가나

밤에는 죽으려네 저 거룩한 이글거림 속에서.

살아남기 위한 노력

실험과 공부가 노력의 전부는 아니었다. 슈베르트는 꿈을 이루기 위해 할 수 있는 모든 것을 다했다.

여러분은 슈베르트가 오페라 작곡가라는 사실을 아는가? 기숙학교 시절인 1811년 첫 오페라를 시도한 이래 슈베르트는 꾸준하게 음악극에 손을 댔다. 오페라의 성공은 작곡가가 작품으로 먹고살 수 있는 가장 확실한 방법이었기 때문이다. 슈베르트는 징슈필, 낭만 오페라, 극 부수음악 등 다양한 영역에서 모두 열한 편의 완성작과 스케치, 단편, 유실작을 포함해 열 편의 단편작 등 총 스물한 편을 남겼다.* 음악극의 자필 악보 분량은 슈베르트 악보 전체의 40퍼센트가량을 차지할 정도다.**

그러나 걸림돌은 당시 빈 오페라계의 어수선한 상황이었다. 관리자의 잦은 교체, 행정적 불안정성, 재정적 취약성 등은 신인작곡가에게 불리하게 작용했다. 공연 전체에 대한 현장 감각의 결여나 대

* 음악극의 목록은 도이치 번호에 따라 다음과 같다. 「거울의 기사」(Der Spiegelritter, D.11, 대본: 코체부), 「악마의 별궁」(Des Teufels Lustschloß, D.84, 대본: 코체부, 두 가지 버전), 「아드라스트」(Adrast, D.137, 대본: 마이어호퍼), 「4년간의 초소 근무」(Die vierjärige Posten, D.190, 대본: 쾨르너), 「페르난도」(Fernando, D.220, 대본: 슈타들러), 「빌라 벨라의 클라우디네」(Claudine von Villa Bella, D.239, 대본: 괴테), 「살라망카의 친구들」(Die Freunde von Salamanka, D.326, 대본: 마이어호퍼), 「인질」(Die Bürgschaft, D.436, 대본: 작자 미상, 원작: 실러), 「마법의 하프」(Die Zauberharfe, D.644, 대본: 게오르크 폰 호프만), 「쌍둥이 형제」(Die Zwillingsbrüder, D.647, 대본: 게오르크 폰 호프만), 「사쿤탈라」(Sakuntala, D.701, 대본: 요한 필리프 노이만), 「알폰소와 에스트렐라」(Alfonso und Estrella, D.732, 대본: 쇼버), 「음모자들」(Die Verschworenen, D.787, 대본: 카스텔리), 「피에라브라스」(Fierrabras, D.796, 대본: 요제프 쿠펠비저), 「로자문데, 키프로스의 여왕」(Rosamunde, Fürstin von Zypern, D.797, 대본: 헬미나 폰 셰지), 「글라이헨 백작」(Der Graf von Gleichen, D.918, 대본: 바우에른펠트).
여기에 스케치만 남아 있거나 다른 작곡가의 오페라에 삽입된 곡인 경우는 다음에 해당한다. 「마법의 방울」(Das Zauberglöckchen, D.723, 페르디낭 에롤드의 오페라에 삽입된 듀엣과 아리아), 「뤼디거」(Rüdiger, D.791, 대본: 작자 미상), 「민네쟁거」(Der Minnesänger, D.981, 대본: 작자 미상), 「소피」(Sophie, D.982, 대본: 작자 미상).
** 한스-요아힘 힌리히센, 앞의 책, 2019, 86쪽 참조.

원작 성악곡		인용 기악곡	
D.326	「살라망카의 친구들」	D.803	팔중주, 제3악장
D.493	「방랑자」	D.760	피아노 환상곡, 제2악장
D.531	「죽음과 소녀」	D.810	현악사중주 제14번, 제2악장
D.550	「송어」	D.667	피아노오중주, 제2악장
D.677	「그리스의 신들」	D.804	현악사중주 제13번, 제3악장
D.741	「인사를 보내오」	D.934	바이올린 환상곡, 제3악장
D.795	『아름다운 물방앗간 아가씨』 중 「시든 꽃」	D.802	플루트 변주곡, 주제
D.796	「피에라브라스」	D.810	현악사중주 제14번, 제1악장
D.797	「로자문데」	D.804	현악사중주 제13번, 제2악장

본의 연극적 취약점 또한 한계로 작용했다. 거기다 슈베르트의 친구이자 극장 비서인 요제프 쿠펠비저가 불륜으로 도주하는 불미스런 사건도 있었는데, 이는 슈베르트 최대의 야심작 「피에라브라스」의 공연에 찬물을 끼얹었다.

이러한 핸디캡을 안은 채 오로지 음악성만을 가지고 어떻게 로시니 열풍에 맞설 수 있었겠는가. 오페라 스타 로시니는 베토벤에게 불운이었던 것처럼 슈베르트에게도 넘지 못할 산이었다. 그럼에도 23세에 징슈필 「쌍둥이 형제」와 「마술 하프」를, 27세에 「로자문데, 키프로스의 여왕」을 성공리에 공연한 그의 음악극 도전사를 꼭 실패로 여겨야 할까?

슈베르트가 기울인 또 하나의 노력은 기존의 노래 작품을 보다 수익성이 있는 기악곡으로 변모시키는 것이었다. 성공적이라고 생각되는 악상을 토대로 기악 악장을 펼치는 전략은 이미 1818년의 유명한 피아노오중주 「송어」 이후에 계속 등장한다.

슈베르트는 음악적으로 여전히 가치 있는 악상을 '흥행실패작'의

폐허 속에서 건져 '패자부활전'의 기회를 주고자 했다. 또 이런 시도
들은 성악이나 가곡의 맥락에 있던 악절을 기악으로 옮겨놓음으로
써 새로운 가능성을 탐색하는 일종의 '낭만화' 전략으로도 이해해
볼 수 있다. 이때 성악의 원작은 「송어」의 경우처럼 자유로운 음악
적 유희를 위한 재료가 되기도 하지만 「죽음과 소녀」나 「인사를 전
하오」의 예처럼 작품 내의 맥락에 따라서 아주 심오한 음악적 상징
성을 획득하기도 한다.

 이러한 시도는 빈의 다채로운 음악 문화에 대응하는 슈베르트만
의 방식이기도 했다.* 빈에는 공공연주회보다 훨씬 많은 수의 비공
식 음악회가 있었고, 아마추어 음악가들의 다양한 편곡 작품의 수
요도 어마어마했다. 편곡판의 시장이 오리지널보다 훨씬 높은 수익
을 가져다주었으므로 위대한 베토벤이나 스타 로시니마저도 이를
피해갈 수 없었다. 일례로 베토벤은 교향곡 제2번을 '가정용' 피아
노 트리오로 편곡하기도 했다. 요컨대 슈베르트의 가곡 편곡은 시
장성을 높이려는 전략이었던 것이다.

 여기에 「미완성」 교향곡**과 생애 마지막까지 심혈을 기울였던
「대교향곡」까지 포함하면 슈베르트는 음악의 거의 모든 장르를 오
가며 끊임없이 노력했다. 사실 우리가 기억하는 천재들은 모두 극한
의 예술노동을 감당해낸 사람들이다. 천재가 모든 것을 재능만으로
이뤘다고 여기는 것은 치명적인 오해다. 예술은 재능을 넘어설 때
얻어지는 불멸의 경지니 말이다. 그러므로 우리는 천재가 천재성을
발휘할 수 있도록 돕는 이들, 다시 말해 천재가 그 고된 예술노동을

---

* Christopher H. Gibbs, 앞의 책, 2000, p.74.
** 이 교향곡은 '완성되지 않음' 그 자체를 완전히
표현한 낭만주의적 고백의 작품이자, 오선지와 책
사이에서 이어진 지적 방랑의 결과물이기도 하다.

기꺼이 해내도록 격려한 주변인들에 대해서도 정당한 관심을 기울여야 한다. 그럴 때 우리 사회는 진정으로 천재를 길러낼 수 있다.

슈베르티아데

1821년 1월 26일, 슈베르트를 사랑하는 친구들의 공식 모임^{슈베르티아데}이 처음으로 쇼버의 집에서 열렸다.* 센의 체포 사건 이후 친구들의 모임은 확실히 변화를 겪었다. 슈파운이나 마이어호퍼 같은 연상의 리더들이 자리를 비운 사이 슈빈트나 슈베르트보다 더 어린 일원들이 새롭게 합류하면서 슈베르트는 점차 모임의 중심이 되어 갔다. 친구들이 슈베르트의 따끈따끈한 신작을 가장 먼저 감상하는 특권을 누렸다면, 슈베르트는 열정적이고 개방적인 친구들에게 새로운 자극을 얻을 수 있었다. 비록 프로그램이 남아 있지 않아 정확히 알 수는 없지만, 슈베르티아데에서는 가곡, 피아노 솔로와 연탄곡, 다양한 장르의 실내악곡, 심지어 교향곡까지도 연주되었다고 전해진다.

하지만 슈베르티아데는 연주회라기보다는 문학 작품 낭송회에 가까웠고 여기에 음악과 연극, 춤을 비롯한 다양한 장르, 대화와 사교가 곁들여진 예술 포럼 같았다.** 성악가***들은 노래했고, 화가****들

* 비공식적인 슈베르티아데는 대략 1815년부터 있었다.
** 이 모임을 통해 슈베르트는 그리스 로마의 고전뿐 아니라 괴테의 『서동시집』(West-östlicher Divan), 뤼케르트(Friedrich Rückert, 1788-1866)의 『동방의 장미』(Östliche Rosen), 프리드리히의 시집 『황혼』(Abendröte), 당시로서는 최신작에 속했던 하이네(Heinrich Heine, 1797-1856)의 『여행화첩』(Reisebilder, 나중에 『노래의 책』Buch der Lieder에 수록) 등 최근의 시 작품들을 활발히 접했다.

쿠펠비저, 「인간의 타락」(1821).
아첸브루크에서 있었던 슈베르티아데 모임의 한 장면이다. 중앙의 선악과 나무,
아담과 이브, 유혹자 뱀과 천사 등 역할을 나눠 연극을 하고 있다. 슈베르트 뒤쪽에는
쿠펠비저의 애완견 드라고가 앉아 있다.

은 그림을 그렸고, 작가*들이 연극과 낭송으로 함께했으며 부유한 시민**들이 힘을 실어주었다. 이처럼 다양한 시민과 예술가의 공론의 장이었던 슈베르티아데는 19세기 문화 살롱^{Kultursalon}의 가장 대표적이고도 생산적인 예였다.

슈베르티아데에는 예술가와 시민이 서로를 소외시키는 현대의 문제가 아직 나타나지 않았다. 예술가와 시민이 예술생산자 대 문화소비자라는 자본주의적 관계로 굳어지지 않고 순수한 애호의 감정 아래 인간적인 친교를 누렸기 때문이다. 음악 외에도 많은 사람이 기여할 수 있는 여백이 마련되어 있었기에 슈베르티아데는 유연했다. 슈베르트가 부재중인 경우에도 모임은 열렸고, 심지어 타지에서 '솔로 슈베르티아데'를 여는 친구도 있었다.*** 예술을 사랑한다는

*** 포글, 쇤슈타인(Karl von Schönstein, 1796- 1876), 프뢸리히 자매(Anna u. Josephine Fröhlich) 등이 참여했다. 이들은 꽤 많은 슈베르트 가곡을 초연했을 것이다.

**** 슈빈트, 레오폴트 쿠펠비저, 몬(Ludwig Mohn, 1797-1857), 리더 등. 이들은 슈베르트의 초상화를 비롯해 그들의 활동에 대한 생생한 기록화를 남겼다.

* 그릴파르처, 바우에른펠트(Eduard von Bauernfeld, 1802-90), 자이들(Johann Gabriel Seidl, 1804- 75), 슐레히타(Franz von Schlechta, 1796-1875), 브루흐만(Franz von Bruchmann, 1798-1867) 등. 이들은 슈베르트 가곡의 재료가 되는 시를 공급했다.

** 존라이트너(Leopold Sonnleitner, 1797-1873), 하르트만(Franz von Hartmann, 1808-75) 등 법관들과 비테체크(Josef Wilhelm Witteczek, 1787-1859), 엔더레스(Karl von Enderes, 1787- 1861) 같은 유력한 시민들은 경제·사회적 네트워크의 측면에서 도움을 주었다.

*** 레오폴트 쿠펠비저는 1824년 로마에 머물면서 혼자서 슈베르티아데를 열었다고 편지하기도 했다.

공감대 아래서 형식이나 내용은 자유로웠던 것이다.

출판계에 진출하다

바야흐로 슈베르트의 때가 오고 있었다. 슈베르트는 이제 빈 악우협회Gesellschaft der Musikfreunde의 정식회원이 되었고, 점차 악우협회 주관 공연에 작품을 올리기 시작했다. 1821년 3월 7일에는 발라데 「마왕」이 처음으로 정식 공연되었다. 이날 포글의 반주를 맡은 안젤름 휘텐브레너는 다음과 같이 적었다.

포글은 작품을 휘황찬란하게 불렀다. 반응이 너무나 열광적이어서 앙코르로 다시 연주해야만 했다. 슈베르트는 자기 곡을 직접 반주할 수도 있었지만, 너무 수줍어서 내 곁에 서서 페이지 터너 역할을 하는 데 만족했다.

음악계 여기저기에서 슈베르트의 이름이 들려오기 시작했다. 슈베르트의 친구 존라이트너*는 출판을 위한 때가 무르익었다고 보고 「마왕」 악보를 출판사들에 들이밀었다. "작곡가가 무명이고 반주가 너무 어렵다"는 지극히 당연한 이유로 많은 거절을 당했지만, 존라이트너는 아랑곳 않고 몇몇 후원자들과 함께 출판 비용을 떠안겠다고 제안하여 마침내 출판을 성사시켰다. 사실상 위탁 판매만을 맡은 출판사는 혹시 모를 손실을 최소화하려고 「마왕」 딱 한 곡만을 작품번호 1번Op.1으로 출간했다. 예술가곡 역사상 최대의 히트작은

<hr>

(같은 책, p.76.)

* 그는 1812년 빈 악우협회를 창설한 법관 요제프 존라이트너(Joseph Sonnleithner, 1766-1835)의 조카로서 당시 악우협회 회원이었다.

이런 식의 '푸대접'을 받으며 세상에 나왔다. 그러나 출판사의 소심함을 비웃듯이 『마왕』 1쇄는 공개되자마자 곧바로 품절되었다.* 카피 운트 디아벨리사는 조심스럽게 「물레질하는 그레트헨」을 작품번호 2번으로 다시 출판했다. 이번에도 성공이었다. 이제 슈베르트의 이름은 빈과 유럽의 악보출판사들에게도 알려지기 시작했다.

슈베르트는 이제 명사가 되어가고 있었다. 1822년까지 열네 편을 출판한 그는 같은 해 「마탄의 사수」의 작곡가 베버Carl Maria von Weber, 1786-1826와 교우했고, 그가 숭배하는 베토벤에게 피아노 포핸즈를 위한 연습곡Op.10을 헌정하기도 했다. 요제프 휘텐브레너는 베토벤이 이 곡을 기쁘게 받고 조카 카를과 함께 한동안 열심히 연주했다고 전한다.**

슈베르트의 가곡도 원숙한 상태에 이르렀음을 보여주고 있었다. 서정미의 극치인 「그대는 나의 안식」Du bist die Ruh, D.776, 뤼케르트, 유절적 형식에 격조 높은 음화와 고상한 낭송을 담아낸 「물 위에서 노래한다는 것」Auf dem Wasser zu singen, D.774, 슈톨베르크, 자유율격에 담긴 시대정신을 놀랍도록 창의적인 모노드라마로 그려낸 「프로메테우스」Prometheus, D.674, 괴테와 「가뉘메트」Ganymed, D.544, 괴테, 고요 자체를 음악화한 깊이 있는 명상 「나그네의 밤노래」Wanderers Nachtlied, D.768, 괴테, 음악적 판타지로 만들어낸 북유럽 드라마 「난쟁이」Der Zwerg, D.771, 콜린 등 그의 가곡은 이미 하나의 세계를 이뤘다.

피아노는 성악과 다채로운 관계를 형성하는 독립적인 파트너가 되었고, 형식과 화성 또한 슈베르트만의 스타일로 매번 새롭게 빚어졌다. 반복적 느낌은 유지하지만 경직된 틀은 깨뜨리려는 형식적

* 같은 책, p.80.
** 같은 책, pp.137-138.

유희가 빈번해졌고, 전통적인 조성 관계를 이탈하는 예기치 않은 전조 등 듣는 이들의 예상을 뒤엎는 화성적 변이도 더 다양해졌다. 한마디로 슈베르트는 자유로웠다.

분열의 슈베르트

모든 것이 잘 되어가고 있는 듯했다. 하지만 사교계의 불빛이 찬란해지자, 그림자도 덩달아 짙어졌다. 어쩌면 올 것이 온 것인지도 몰랐다. 그의 혼은 너무 오래도록 이중생활을 견디고 있었다. 낮에는 고립된 예술의 구도자로, 밤에는 술자리에 끝까지 남아 있는 클럽맨으로 지내왔는데, 여기에 잘 안 맞는 옷인 '공인'으로서의 매너까지 부과되었다. '이제 되었다' 싶은 순간 긴장의 끈이 툭 끊어지면서 미처 생각도 못 했던 문제들이 터져 나오기 시작했다. 삶에는 아직 어리숙했던 슈베르트가 새로 열리는 세상에 자신을 맞출 준비도 미처 하지 못했고 그만한 여력도 없었다.

외적으로 드러나는 생활의 문제는 술과 담배, 독한 커피 같은 것이었다. 여관에서 인사불성이 되어 난동을 부리는 젊은이를 붙잡아 놓고 보니 아까 들은 너무나 아름다운 음악의 작곡가란다. 당혹감이 호감을 흩어놓는다. 이것은 단순한 거부감이나 불쾌감이 아니다. 음악과 인간이 합치되지 않는 데서 오는 일종의 불안감이다. 불쾌감은 금세 사라지지만 불안감은 더 오래 지속되는 법이다. 이런 일이 반복되는 것은 결코 좋은 징조가 아니었다.

친구들의 울타리에서는 미처 드러나지 않았던 무례하고 무심한 태도가 구설수에 올랐다. 중요한 후원자 모임에서도 약속 시간에 늦어 주선한 친구는 분통을 터뜨려야 했다. 소년 시절부터 늘 애정에 목말라 있던 슈베르트는 친구 아닌 사람들을 어떻게 대해야 하는지 배우지 못했다. 그리하여 슈베르트의 음악은 좋아하지만 인간적으로는 멀찍이 거리를 두려는 사람들이 생겨났다.

겉으로 드러난 것보다 더 심각한 것은 마음의 병이었다. 슈베르트의 전기 작가 맥케이는 슈베르트가 순환기질을 가지고 있었다고 지적한다.* 조증과 울증이 주기적으로 순환되는 이 기질은 그 자체로는 '정서 불안정' 정도로 표현되는 성격 유형이지만 슈베르트의 경우에는 불안정한 생활 패턴 때문에 '양극성 장애'로 발전되었다. 기분과 행동, 사고방식, 에너지 수준 등에 일관성이 없어서 대인관계나 경제생활 등에서도 균형을 잃게 되는데, 그것이 무책임한 태도, 방종, 무절제, 자기 파괴적 충동 등으로 터져 나오게 된 것이다. 이는 슈베르트의 삶에서 돌이킬 수 없는 중대한 결과를 낳았다. 케너는 다음과 같은 글을 남겼다.

슈베르트를 아는 모든 사람은 그에게 두 가지 본성이 있음을 알고 있었다. 그 둘은 서로를 낯설어했다. 기쁨을 향한 강렬한 욕구는 그의 영혼을 도덕적 타락의 진흙탕 속으로 끌어내렸다.

슈베르트도 그런 자신의 모습을 알고 있었다. 그가 노발리스풍으로 남긴 「나의 꿈」이라는 글에는 그의 가슴앓이가 마치 그의 음악처럼 먹먹하게 전해져온다.** 두 번의 거절, 두 번의 방랑 그리고 도

* Elizabeth Norman McKay, 앞의 책, 1996, pp.137-139.
** 힌리히센은 전기적 사실과 합치되지 않는다며 이 글이 그저 작문 연습에서 나온 것이라고 말하지만 동의하기 어렵다. 이미 낭만화와 아이러니의 어법을 이해하고 있던 슈베르트는 자기 삶의 일부를 환상과 연결지어 자기 영혼의 그리움과 방랑을 표현하고 싶었을 것이다.

달한 죽음과 아름다운 미지의 땅. 이는 슈베르트의 마지막 예술적 방랑을 예고하는 상징적 선언문이다.

나에게는 많은 형제자매가 있었다.
우리 아버지 어머니는 좋은 분이었다.
그들 모두를 나는 깊이 사랑했다.
한번은 아버지께서 우리를 쾌적한 야외로 데리고 나가셨다.
거기서 형제들은 아주 즐거워했지만, 나는 슬프기만 했다.
아버지께서 오시더니, 명령하셨다. 귀한 음식이니 좀 먹으라고
나는, 하지만 그렇게 할 수 없었고, 화가 난 아버지는
나를 당신 눈에 뵈지 않는 곳으로 추방하셨다.

나는 내 발걸음을 돌렸고
내 마음속은 끝없는 사랑으로 가득 찼다.
나의 사랑을 거절하는 사람들을 향한 끝없는 사랑이었다.
그렇게 나는 먼 곳을 방랑했다.
수년이 흐르고 나는 거대한 고통과
거대한 사랑이 나를 두 조각으로 나누고 있음을 느꼈다.

그때 내게 어머니의 부고를 알리는 기별이 왔다.
어머니를 뵈려고 서둘렀고 아버지는 나를 막지 않으셨다.
눈물이 내 두 눈에서 흘러나왔다.
저 좋았던 오랜 옛날처럼 어머니가 누워 계셨다.
그때 아버지께서 나를 아끼던 정원으로 데리고 나가셨다.
아버지는 물으셨다, 정원이 마음에 드냐고.
하지만 나는 정원이 눈에 거슬렸지만 감히 입 밖에 낼 수 없었다.

아버지는 화를 내며 다시 물으셨다. 정원이 마음에 드냐고.
나는 떨면서 아니라고 했다. 아버지께 얻어맞은 나는 달아났다.

두 번째로 나는 내 발걸음을 돌렸고
내 마음속은 끝없는 사랑으로 가득 찼다.
나의 사랑을 거절하는 사람들을 향한 끝없는 사랑이었다.
다시금 나는 먼 곳을 방랑했다.
오래오래 수년이 지나는 동안 나는 노래했다.
내가 사랑을 노래하려 하면 그것은 고통이 되었고,
내가 다시 고통을 노래하려 하면 그것은 내게 사랑으로 변했다.
그렇게 사랑과 고통이 나를 두 조각으로 나눴다.

한번은 죽은 성스러운 처녀에 관한 이야기를 들었다.
그녀의 묘비를 한 무리가 둘러 있었는데,
많은 젊은이와 늙은이가 영원히 지복을 누리듯 거닐고 있었다.
그들은 나직이 말했다. 처녀를 깨우지 않으려고.
처녀의 묘비에서 젊은이들에게 흩뿌려지는
밝은 섬광 같은 천상의 상념이 영원할 것만 같았다.
내게도 거기서 한번 거닐어보고 싶은 그리움이 생겨났지만,
사람들이 말하길 기적이 아니면 무리에 들어갈 수 없다고 말
했다.

다시금 나는 느린 발걸음으로
시선을 내리깔고 그 묘비를 향했다.
그런데 내가 상상도 하기 전에 나는 그 무리 속에 있었다.
기이하게 사랑스러운 소리가 울려 나왔고

나는 영원한 지복이 한 번의 시선 속에
온전히 다 담겨 있음을 느꼈다.
나는 아버지도 화해와 사랑의 시선으로 바라보았다.
아버지는 당신의 두 팔로 나를 안으시며 우셨고,
그 이상이었다. 나의 눈물도.

그 뒤 슈베르트는 실종된다. 1823년 8월, 슈베르트의 작품을 연습했다는 베토벤의 조카 카를은 삼촌의 대화첩에 이렇게 적었다.

칭송이 자자하던 슈베르트가 갑자기 자신을 숨기고 두문불출하고 있다는 소문이 들립니다.

사랑을 잃고 나는 쓰네
(…)
잘 있거라, 더 이상 내 것이 아닌 열망들아

- 기형도, 「빈 집」

5 청년 실업자의 사랑

『아름다운 물방앗간 아가씨』 D.795

- **시**   빌헬름 뮐러, 『방랑하는 숲 나팔수의 일흔일곱 개의 유고 시편 제1권』(*77 Gedichte aus den hinterlassenen Papieren eines reisenden Waldhornisten, erstes Bändchen*, 1821) 중에서
- **작곡**   1823년, 빈(D.795)
- **헌정**   카를 폰 쇤슈타인 남작
- **초판**   1824년, 자우어 운트 라이데스도르프, 빈(Op.25)
- **초연**   1856년 5월 6일, 빈, 바리톤, 율리우스 슈톡하우젠
- **연주 시간**   약 65분
- **개별 악곡**   총 20곡

    제1곡 「방랑」, 2/4박자, 내림나장조, 보통 빠르게
    제2곡 「어디로?」, 2/4박자, 사장조, 보통 빠르게
    제3곡 「멈춰!」, 6/8박자, 다장조, 너무 빠르지 않게
    제4곡 「시냇물아, 고마워!」, 2/4박자, 사장조, 조금 느리게
    제5곡 「하루 일과를 마치고」, 6/8박자, 가단조, 아주 빠르게
    제6곡 「궁금해하는 남자」, 2/4박자, 나장조, 느리게
    제7곡 「초조」, 3/4박자, 가장조, 조금 빠르게
    제8곡 「아침 인사」, 3/4박자, 다장조, 보통 빠르게
    제9곡 「물방앗간 청년의 꽃」, 6/8박자, 가장조, 보통 빠르게
    제10곡 「눈물비」, 6/8박자, 가장조, 아주 느리게
    제11곡 「내 거야!」, 4/4박자, 라장조, 아주 빠르게
    제12곡 「휴식」, 2/4박자, 내림나장조, 보통 빠르게
    제13곡 「초록색 류트 끈」, 2/4박자, 내림나장조, 보통 빠르게
    제14곡 「사냥꾼」, 6/8박자, 다단조, 빠르게
    제15곡 「시기심과 자존심」, 2/4박자, 사단조, 빠르게
    제16곡 「좋아하는 색」, 2/4박자, 나단조, 조금 느리게
    제17곡 「싫어하는 색」, 2/4박자, 나장조, 아주 빠르게

제18곡 「말라버린 꽃」, 2/4박자, 마단조, 아주 느리게
제19곡 「물방앗간 청년과 시냇물」, 3/8박자, 사단조,
보통 빠르게
제20곡 「시냇물의 자장가」, 2/2박자, 마장조, 보통 빠르게

슈베르트를 집어삼킨 병

슈베르트가 다시 '발견된' 곳은 빈 시내의 한 일반병원이었다. 증상이 나타난 것은 아마도 1822년 11월로 추정되고 이듬해 연초부터 심각한 통증이 몇 달간 계속되어 연주회나 살롱에 도저히 나갈 수 없었다.* 친구들은 슈베르트의 평판을 배려하여 침묵을 지켰지만, 소문은 조용히 퍼져나갔다.

이 질병은 신출귀몰하다.** 모습을 숨기거나 위장하는 재주가 있다. 어찌나 창의적인지 숙주의 정신적 능력까지 높일 정도다. 이 질병은 또한 음악적이다. 정적 속에서 폐부를 찌르는 일격, 무자비한 맹독으로 괴롭히는 몸부림이 예측할 수 없는 리듬으로 펼쳐진다. 안과 밖, 살과 뼈, 육과 혼, 미치지 않는 곳이 없으면서도 강렬함과 고요함을 마이스터처럼 다룬다. 마치 사람의 명줄을 손가락에 걸고 실뜨기하는 운명의 여신처럼 이 질병의 시계는 제멋대로 흘러간다. 어떤 이는 지리멸렬하게 평생을 살아가고, 어떤 이는 고통받다 갑자기 죽는다. 질병의 여신이 혼잣말을 내뱉는다.

"어머, 실이 끊어져 버렸네!"

슈베르트는 운이 나쁜 쪽이었다. 그와 함께 질병에 노출된 친구

* Elizabeth Norman McKay, *Franz Schubert. A Biography*. Oxford, 1996, p.171.
** 데버러 헤이든, 이종일 옮김, 『매독』, 길산, 2004, 381-387쪽 참조.

슈투크(Franz Stuck), 「죄」(1893).
여자의 몸과 뱀이 이루는 밝음과 어둠의 대비, 여자의
피부색과 뱀의 무채색, 지옥 불길을 상징하는 주황색의
대비가 인상적인 이 그림은 세기말의 탐미적 분위기와
불안을 동시에 전달해준다. 아름다움과 유혹은
슈베르트의 인생과 음악의 주요 주제이기도 했다.

는 별일이 없었으니 말이다. 1823년 5월, 다시 병원 신세를 지게 된 슈베르트의 손에는 시집 한 권이 들려 있었다. 운이 좋은 친구 쇼버의 책장에서 가져온 것이었다. 시집 『아름다운 물방앗간 아가씨』에는 이런 부제가 달려 있었다. "겨울에 읽을 것." 찬란한 5월은 오직 병실 바깥에만 있었으므로 슈베르트는 제 마음의 겨울을 따라 시를 읽어내려 가기 시작했다. 시냇물이 흐르고 물방아 소리 들려오는 풍광 좋은 산골. 슈베르트는 놀랍게도 여기서 자기 자신의 방랑 이야기를 발견했다.

베를린 살롱의 리더슈필

이 방랑자의 이야기는 원래 살롱에서부터 시작되었다. 베를린의 은행가 슈태게만Friedrich August Staegemann, 1763-1840의 살롱에는 훗날 파니 멘델스존Fanny Mendelssohn, 1805-47과 결혼하는 화가 빌헬름 헨젤Wilhelm Hensel, 1794-1861과 그의 여동생이자 시인인 루이제 헨젤Luise Hensel, 1798-1876, 시인이자 피아니스트인 렐슈타프Ludwig Rellstab. 1799-1860, 이름난 낭만주의 시인 브렌타노Clemens Brentano, 1778-1842, 베를린 가곡악파의 작곡가 베르거 같은 쟁쟁한 인물들이 있었다. 그리스에 심취해 있어 그리스인이라는 별명을 얻은 시인 빌헬름 뮐러Wilhelm Müller, 1794-1827*도 그 일원이었다.

빈의 슈베르티아데처럼 베를린의 살롱에서도 종종 연극 모임이 있었다. 1816년 크리스마스 때, 당시 인기 있는 소재**였던 물방앗

---

* 그의 아들이 바로 우리에게도 잘 알려진 소설 『독일인의 사랑』의 저자 프리드리히 막스 뮐러(Friedrich Max Müller, 1823-1900)다. 그는 훗날 옥스퍼드에서 동방언어학 교수가 되었다.
** 이 소재 자체는 이탈리아의 작곡가

간 따님과 직인 청년 간의 불행한 사랑 이야기를 올리기로 했다. 아마 모두들 '물방앗간 아가씨' 역은 루이제의 몫이라고 생각했을 것이다. 뮐러와 브렌타노, 작곡가 베르거까지 그녀에게 고백한 남자만 셋이었던 것이다. 하지만 살롱 주인의 딸 헤트비히가 재빠르게 그 역을 채갔고 갑작스레 현실의 아이러니를 맞닥뜨린 젊은이들은 어떤 이의도 제기할 수 없었다. 뮐러는 이름이 뮐러여서 물방앗간 직인 청년(독일어로 '뮐러') 역을 맡았고, 헨첼이 그의 라이벌인 사냥꾼 역을, 루이제는 엉뚱하게 정원사 역을 맡았다.

이처럼 원래의 『아름다운 물방앗간 아가씨』는 연극에 약간의 팬터마임과 노래를 곁들인 "리더슈필"*, 즉 살롱용 오락물**이었다.*** 그러니 음악적 전문성보다는 '개사'를 위한 문학적 센스가 더 중요했다고 할 수 있다. 그런데 몇 년 뒤 뮐러는 이 소재 속에 근대 시민사회의 중요한 딜레마가 담겨 있음을 알게 되었다. 직업을 얻기 위

■ 파이지엘로(Giovanni Paisiello, 1740~1816)의
오페라 「물레방앗간 아가씨」(La molinara)에서
영향을 받았다.
* Walter Dürr, *Das deutsche Sololied im 19.
Jahrhundert*. Wilhelmshaven, 1984, S.247.
** 크리스토프 그리스티, 이준형 옮김, 『풍월당 작은책
2: 슈베르트 가곡』, 풍월당, 30쪽, 비매품.
*** 리더슈필은 징슈필의 단순한 버전으로서 작품의
노래 부분(아리아나 리트)을 새로 작곡하지 않고
대신 이미 잘 알려져 있는 민요 선율을 따와 부르는
것을 말한다. (Thrasybulos G. Georgiades,
Schubert, Musik und Lyrik, Göttingen, 1967,
S.217.) 한편 프랑스에서 발생한 보드빌(vaudevill)
또한 '리더슈필'과 관련 있는 장르다. 보드빌은
노래·춤·촌극(寸劇) 등을 엮은 가벼운 오락연예물을
뜻하는데 본래 풍자성을 뜻하는 '부아 드 빌'(voix de
ville, 거리의 소리)에서 나온 명칭이라고 한다.

슈뢰터(Johann Friedrich Schröter), 「빌헬름 뮐러」(1830?).
데사우 태생의 뮐러는 단순한 형식과 향토적이고
건실한 감정을 중시한 낭만주의자다.
이탈리아를 여행하며 그들의 노래와 정서에 관한
선구적인 연구를 남기기도 한 그는 바이런(George Gordon
Byron, 1788-1824) 숭배자이자 그리스 독립의 열렬한
지지자로서 민중 가까이에 있었던
청년 시인이었다.

한 방랑과 사랑을 얻기 위한 정착이 한 젊은이의 삶에서 격렬한 모순을 일으키는 모습을 본 것이다. 그것은 고통받는 민중의 진짜 삶의 모습이었다. 1821년, 뮐러는 이 주제로 연작시를 쓰기 시작했다.*

방랑의 전통

방랑은 독일인의 뼛속 깊이 새겨져 있는 문화적 전통이다. 게르만족의 대이동 때부터 그들은 삶의 지혜가 넓은 세상에서 다양한 사람을 체험할 때 나온다고 믿었다. 그런 전통이 지금도 남아 있어 박사 학위나 교수 자격을 자신의 모교에서 받는 독일인은 거의 없다. 우리가 「나비야」로 알고 있는 독일 민요 「꼬마 한스」^{Hänschen klein}에도 이러한 방랑 이야기가 들어 있다. 타지로 방랑을 떠난 꼬마는 돌아올 때는 꼬마가 아니었다. 방랑은 아이를 어른으로 성장시킨다.

꼬마 한스 혼자서 길을 나서네
넓은 저 세상 밖으로
모자랑 지팡이 그에게 잘 맞아
꼬마 한스 기분이 좋다네.
한스 엄마만은 많이 울었다지,
꼬마 한스를 더는 못 볼 테니.
잘 지내야 해, 엄마의 눈빛
그저 몸 건강히 잘 돌아오렴!

* 같은 슈테게만 살롱의 일원인 베르거도 『아름다운
물방앗간 아가씨』 연작 중 다섯 편(슈베르트 기준:
제2·9·17·18·20곡. Op.11)에 곡을 붙였다.

©Störfix

독일의 도자기 회사 괴벨이 제작한 꼬마 한스상.
전 세계에서 「나비야」로 불리는 독일 민요의 원래 내용은
꼬마 한스가 방랑을 떠나 도제 생활을 하고 돌아온다는
이야기다.

굿은일 기쁜 일 세월은 벌써 7년,
꼬마 한스 타향에 있었더랬지.
아이는 이제 고향 생각이 나
얼른 집으로 서둘러 가네.
하지만 이제 꼬마 한스는 없어.
그럼, 그는 이제 다 큰 한스지!
구릿빛 그을린 이마며 손이며
사람들이 잘 알아볼까나?

하나, 둘, 셋, 다들 지나쳐 가네.
그가 누구인지 아무도 몰라보네.
누나도 말하네, 이게 누구지?
동생을 못 알아보네.
이제 작아져 버린 엄마만
눈 한번 안 들여다보고도
반가워 외치네. 내 아들, 한스야!
잘 왔다, 내 아들!

아이는 집을 떠나 도제가 된다. 도제에게 처음부터 일을 가르쳐 주는 마이스터는 없다. 아이는 청소하고 심부름하고 허드렛일을 한다. 재주가 그릇을 넘어서지 않도록 인성부터 키우는 것이다.

도제 시기

그러다 보니 도제 꼬마들은 얼른 일을 배우고 싶어 안달한다. 마이스터 몰래 이것저것 해보다 사고를 치기도 한다. 괴테의 발라데 「마법사의 제자」Der Zauberlehrling가 바로 그런 이야기다.

어느 날 마법사 마이스터께서 "청소해놓거라" 하시고 출타하셨다. 도제 꼬마는 쾌재를 부른다. 주문 한 번 걸어보는 게 소원이었는데 기회가 온 것이다. 어깨너머로 봐둔 마법 주문을 한 번 걸어봤는데, 어렵쇼! 걸렸다! 이제 빗자루와 물동이들이 알아서 청소를 시작한다! 그 뒷일이 어땠겠는가. 마법이 걸리기는 했는데 멈추는 법은 모른다. 시작은 했는데 뒷감당은 안 된다.

이 작은 이야기는 나중에 미키 마우스가 도제로 등장하는 디즈니의 명작 애니메이션 「판타지아」로 다시 유명해졌다. 배경음악은 프랑스 작곡가 뒤카$^{Paul\ Dukas,\ 1865-1935}$의 교향시 「마법사의 제자」였다.

도제가 열 살에서 열다섯 살 정도의 꼬마라면 직인은 이팔청춘에 들어선 청소년이나 젊은이다. 직인은 신체적인 능력에서는 더러 마이스터를 넘어서지만, 아직 세상을 모른다. 그래서 그들에게는 여전히 방랑이 필요하다. 수공업품 생산이라는 역할을 수행하며 기술을 익힐 뿐 아니라 다양한 사람과 관계를 맺으며 일과 관련된 별의별 상황을 만나게 된다. 이러한 경험을 거쳐야만 나중에 사업상의 판단을 내리고 일에 대한 책임을 직접 지는 마이스터가 될 수 있는 것이다.

직인 청년의 딜레마

꼬마 도제가 사고를 친다면 이팔청춘 직인은 사랑에 빠진다. 뮐러의 연작시는 바로 이 같은 직인의 문제를 다룬다. 우리 식으로 바꿔보면 열심히 공부하라고 독서실 끊어줬더니 거기서 옆자리 여학생과 눈이 맞은 꼴이다. 어쩌면 좋을까. 가방은 걸려 있는데 의자는 비어 있는 시간이 점점 길어진다.

물론 뮐러의 연작은 단순히 사랑의 열병만을 다루지 않는다. 직인 청년이 하필 자기가 배우고 있는 물방앗간 마이스터의 딸을 사랑하게 되고 그 사랑이 잠깐의 연애가 아니라 필생의 사랑이라는 점이 문제가 된다. 그가 처한 방랑이라는 상황 때문에 일이 복잡해지는 것이다.

청년이 먹고살기 위해서는 물방앗간 자격증^{생업}이 필요하다. 그러려면 그는 사랑하는 여인을 두고 계속 방랑을 해야 한다. 조금만 기다려달라고 아가씨를 설득할 수도 있지 않을까. 하지만 방랑에는 도무지 기약이 없다. 군복무 2년이나 박사 과정 3년과는 다르다. 이 방랑은 기한이 정해진 게 아니라 마이스터가 그에게 "이제 자네는 나의 동료라네"라고 말하는 순간 끝나는 것이기 때문이다.

그렇다면 방랑을 포기하고 사랑에 헌신할 수는 있을까? 당연한 이야기지만 그것도 거의 불가능하다. 이제 고등학생쯤 된 애어른에게 딸을 맡길 부모가 어디에 있겠는가. 게다가 그 아버지가 청년보다 몇 수 위, 그 일을 누구보다 잘 알고 있는 마이스터라면? '머리에 피도 안 마른' 청년은 결코 '산전수전 다 겪은' 마이스터를 설득할 수 없다.

청년은 딜레마에 빠진다. 직업을 택할 것인가 아니면 사랑을 택할 것인가. 그런데 어떤 사회에서 앞길이 창창한 청년에게 사랑과 직업 중 하나만 선택해야 한다고 다그친다면, 그것은 어느 쪽이 문제인가? 그 때문에 방황하는 젊음이 문제인가 아니면 애초에 불합리한 것을 요구하는 사회가 문제인가. 좋아하는 일을 하며 사랑하는 사람과 함께 사는 소박한 행복이 하늘의 별쯤 되는 사치란 말인가.

민요 속의 현대성

뮐러는 이러한 날카로운 비판의식을 자연스러운 민요적 어조에 녹여냈다. 그의 주인공은 지체 높은 귀족이나 학식 있는 엘리트가

마르크(Franz Marc), 「마법에 걸린 물방앗간」(1913).
청기사파의 대표 화가인 마르크는 바퀴 바깥으로 흐르고
떨어지는 물결이 마치 여인의 머릿결처럼 안으로 말리는
비현실적인 물방앗간의 모습을 그렸다. 밀가루를 빻아 일용할
양식을 공급하는 가장 일상적인 공간이 판타지의 공간으로
바뀐다. 뮐러와 슈베르트의 「아름다운 물방앗간 아가씨」 또한
일상과 판타지 사이의 갈등을 다룬다.

아니라 노동계급에 속한 보통 사람이었다. 그러므로 그의 시는 누구나 쉽게 부를 수 있는 민요적 틀을 유지했고,* 그럼으로써 입에서 입으로 구전되는 민요처럼 다시 민중 속으로 파고들 수 있었다.** 작품이 작품만으로 머무르지 않고 다시 삶으로 흡수되도록 하는 것은 낭만주의, 더 나아가 예술 시대*** 전체의 가장 중요한 지향점이었다. 시인 하이네는 뮐러가 쓴 시의 자연스러움과 민중의 삶을 향하는 진정성을 이렇게 칭송한다.

한창 젊은 나이일 때 죽음이 우리에게서 앗아간 뮐러(…)는 독일 민요를 계승하는 데 있어 (…) 울란트보다 더 성공적이다. 그는 옛 시가 형식에 담긴 정신을 더 깊이 인식했으므로 그것을 외적으로 모방할 필요가 없었다. 그는 민요를 수용하는 데 더 자유로우며, 낡은 어법이나 표현을 모두 사려 깊게 피한다.****

뮐러의 특별함은 그저 민요풍의 노래를 잘 모방한 데 있지 않다. 그는 복잡한 현실의 문제를 노래로 쉽게 드러낼 줄 알았다. 또한 서정적 장르인 시를 연작으로 엮어 우아한 산문적인 태도를 만들어냄

* 빌헬름 뮐러, 김재혁 옮김, 『겨울 나그네』, 민음사, 2000, 179쪽.
** 이처럼 쉽게 노래할 수 있는 특성(가창성)은 독일시 및 독일 가곡의 역사에서 무척 중요하게 평가받았다. 노래하기 쉬우면서 고상한 내용까지 담고 있다면 최상이었다. 뮐러의 「보리수」는 슈베르트의 작곡으로 새 생명을 입어 다시 독일 민요 속으로 수용되었다.
*** 고전주의와 낭만주의를 합쳐 부르는 말로서 예술의 현실변혁 가능성을 신뢰하던 시대를 뜻한다.
**** 하인리히 하이네, 정용환 옮김, 『낭만파』, 한길사, 2004, 187쪽.

으로써 현실을 냉정하게 인식하는 데 그치지 않고 사회적 딜레마에 대한 따뜻한 공감과 연대감을 느끼게 하는 데도 성공했다. 한마디로 말하면 뮐러의 시는 머리와 가슴을 이어주고 예술과 현실을 이어준다. 바로 이러한 매력이 슈베르트를 단숨에 사로잡은 것이다. 뮐러가 남긴 다음의 말은 그래서 의미심장하다.

나는 악기 연주나 노래 부르는 법은 잘 모른다. 그러나 시를 짓는 것 그 자체가 내게는 노래 부르는 것이면서 연주하는 것이다. (…) 확신컨대, 나의 시어에서 음악을 찾아내 내게 노래로 되돌려줄 나와 닮은 영혼의 소유자가 분명히 있을 것이다.

『아름다운 물방앗간 아가씨』 깊이 읽기

• 프리츠 분덜리히
• 후베르트 기젠
• 도이치그라모폰
  | 1965

슈베르트는 뮐러의 원작 스물다섯 편에서 프롤로그와 에필로그, 그리고 다른 세 편의 시를 제외하고 스무 편만으로 연가곡을 구성했다. 프롤로그는 시인이 독자에게 직접 건네는 말이다. 여기서 시인은 이 작품을 "인공적인 조탁^{彫琢}이 없는 소박한 말로 독일다운 거침"을 드러낸 하나의 "연극"^{Spiel}이라고 소개한다. 주인공은 금발의 잘생긴 물방앗간 직인 청년이고, 마지막에 가서 시냇물도 말을 하기는 하지만 그것만으로 등장인물이 되지는 않으니 그저 "일인극"^{Melodram}에 만족하라고 당부한다. 그런 다음 의미심장하게 "자신이 갖고 있는 것보다 더 많이 내놓는 자는 도둑"이라고 덧붙인다.* 슈베르트는 굳이 시냇물을 강조해놓고 또 금세 의

---

* 빌헬름 뮐러, 같은 책, 14-18쪽 참조.

미를 축소하는 시인의 제스처에서 모종의 아이러니를 느꼈을 것이다. 등장인물이건 아니건 시냇물도 작품에서 매우 중요한 요소라고 여긴 것이다. 순수한 청년의 동반자 시냇물. 슈베르트는 여기에서 음악의 자리를 알아보았을 것이다. 하지만 작품의 해설 격인 프롤로그 자체는 청자의 몰입을 오히려 방해할 소지가 있었으므로 작곡에서 제외했을 것이다. 프롤로그와 수미일관을 이루며 작품을 닫는 역할을 하는 에필로그도 같은 이유로 작곡하지 않았다.

한편 제외된 세 편의 시는 각각 「물방앗간 젊은이의 삶」Das Mühlenleben 「처음엔 고통, 나중엔 농담」Erster Schmerz, letzter Scherz 「'나를 잊어주세요' 꽃」Blümlein Vergißmein이다. 연작시 차원에서라면 이 세 편은 나름대로 의미가 있었을 것이다.* 직인 생활과 아가씨의 성격에 대한 선명한 묘사, 실연 이후의 내면에 관한 부연, 수선화에 대한 민속적 의미 등이 작품을 좀더 다채롭게 해준다. 그러나 이 세 편은 각각 11연, 10연, 8연으로 길이가 다소 긴 편이었고, 음악적 관점에서 보면 전체의 서사적 진행을 지연시켰으므로 작곡에서 제외되었다.**

슈베르트는 뮐러의 연작시를 하나의 흐름을 가지는 연가곡으로 작곡했다. 연가곡Liederzyklus, Liederkreis은 슈베르트 당시에는 아직 생소한 장르였다. 사실 가곡은 서정시에 음악을 입힌 "음악적 서정" Musikalische Lyrik을 의미했고 그래서 그 자체로 완벽한 음악적 시 낭송

---

* 「물방앗간 젊은이의 삶」은 제6곡 「궁금해하는 남자」
뒤에, 「처음엔 고통, 나중엔 농담」은 제15곡 「질투와
자존심」 뒤에, 「'나를 잊어주세요' 꽃」은 제17곡
「싫어하는 색」 뒤에 자리하고 있었다.
** Elmar Budde, *Schuberts Liederzyklen*, München,
2012, S.29-30.

워터하우스(John Wiliiam Waterhouse), 「운디네」(1872).
물의 정령 운디네는 마성이 깃든 물을 의인화한 요정이다.
자연은 인간을 매혹하는 동시에 압도한다. 슈베르트는
「아름다운 물방앗간 아가씨」에서 피아노로 시냇물의 마성을
탁월하게 묘사해냈다.

으로 여겨졌다. 그런데 이러한 시들을 차례로 이어서 줄거리를 만들어낸다면 그것은 곧 서정시에 서사문학을 섞는 것이 된다. 연가곡은 장르의 순수한 특성을 교란시키는 돌연변이인 셈이다. 비유컨대 가곡은 맛과 향이 농밀한 마카롱 같다. 하나만 제대로 맛보아도 흡족하다. 그런데 누가 12개 또는 20개가 들어 있는 마카롱 한 세트를 앉은 자리에서 먹어치우려 하겠는가.

가곡 미학적으로 보아도 연가곡은 쉽게 받아들여지기 어려웠다. 개별 가곡을 연작으로 만드는 과정에서 필연적으로 가곡의 초기 이상이었던 '고귀한 단순성'이 희생될 가능성이 농후했다. 하나의 긴 줄거리를 만드는 과정에서 단순성의 원리를 고수한다면 전체가 지루해질 공산이 컸다. 이를 피하기 위해 다채로운 작곡 방식을 활용한다면 본연의 '가곡다움'이 사라질 위험에 처한다.

이런 난점에도 이미 베버와 베토벤은 연가곡이라는 새로운 장르의 문을 열어젖혔다. 앞서 이야기한 것처럼 새로운 시의 가능성과 작곡가의 표현의 자유가 시너지를 일으킨 까닭이다. 슈베르트는 어떤 의미에서 대규모 연가곡을 차근차근 준비하고 있었다. 「하프 타는 노인의 노래」나 「저녁노을」 연작* 등 이미 연가곡에 근접한 모음집이나 숭고한 우정의 가치를 노래하는 실러의 대규모 발라데 「인질」^{Die Bürgschaft, D.246} 등을 작곡한 것이다. 흔히 솔로 칸타타로도 불리는 커다란 발라데는 연가곡과 근친 관계에 있다. 전체 작곡 과정

* 프리드리히 슐레겔의 연작시로 제1부 10편, 제2부 10편, 모두 20편으로 구성되어 있다. 슈베르트는 그 중 11곡만 작곡했다. 슈베르트는 이 연작을 베토벤의 연가곡 모델을 따라 작곡하고 싶어 했으나 나중에 포기한 것으로 보인다. (Laura Tunbridge, *The Song Cycle*, Cambridge, 2010, p.8.)

에서 서로 상이한 작은 부분들이 생겨나 외형적으로 연가곡과 유사해지기 때문이다.*

　연가곡은 훗날 가곡을 공공연주회의 장르로 탈바꿈시키는 데 결정적인 역할을 했다. 슈베르트는 연가곡의 상업적 가능성을 알아보았을까? 그랬든 아니든, 그는 뮐러의 작품이 하나의 이야기로 전달되어야 함을 알고 있었다. 그래야만 단순한 감각적 아름다움을 뛰어넘어 예술과 현실을 잇는 낭만적 공감의 힘을 체현할 수 있었기 때문이다.

제1곡 「방랑」 Das Wandern

방아꾼은 방랑이 즐겁구나. ♪0:08
방랑은!
방랑할 마음이 안 난다면
별 볼일 없는 방아꾼이지.
방랑은!

　　Das Wandern ist des Müllers Lust,
　　Das Wandern!
　　Das muß ein schlechter Müller sein,
　　Dem niemals fiel das Wandern ein,
　　Das Wandern.

---

* 작은 것 여러 개를 이어 큰 것 하나(연가곡)를
만드느냐, 하나의 큰 것을 여러 부분으로
나누느냐(솔로 칸타타)의 문제이므로 그러하다.
솔로 칸타타는 레치타티보 부분과 아리오소(Arioso,
아리아처럼 감정을 실어 노래하는 부분) 부분이
서로 교차되도록 작곡한 발라데의 하위 장르다. 본래
칸타타에서 여러 사람이 나눠 부르던 것을 한 사람이
부르므로 솔로 칸타타라고 불리게 되었다.

물에게 우리는 배웠다네 ♪ 0:42
물에게
낮이며 밤이며 쉬지도 않고
자꾸만 방랑 생각뿐이라네
물은.

　Vom Wasser haben wir's gelernt,
　Vom Wasser!
　Das hat nicht Rast bei Tag und Nacht,
　Ist stets auf Wanderschaft bedacht,
　Das Wasser.

물레방아 보고도 알았네 ♪ 1:15
물레방아 말이야!
도무지 가만히 있질 못하고
곤한 줄 모르고 돌아간다네
물레방아는.

　Das sehn wir auch den Rädern ab,
　Den Rädern!
　Die gar nicht gerne stille stehn,
　Die sich mein Tag nicht müde drehn,
　Die Räder.

물방아 돌들, 저렇게 무거운 ♪ 1:50
물방아 돌들도.
기운차게 강강술래 춤추며
더 날랬으면 하고 바란다네
물방아 돌들도.

　Die Steine selbst, so schwer sie sind,
　Die Steine!

Sie tanzen mit den muntern Reihn
Und wollen gar noch schneller sein,
Die Steine.

오 방랑, 방랑, 나는 즐겁구나. ♪2:25
오 방랑은!
마이스터 선생님, 또 사모님,
이제 절 평안히 놓아주세요.
그럼 저는 계속 방랑을 하렵니다.

O Wandern, Wandern, meine Lust,
O Wandern!
Herr Meister und Frau Meisterin,
Laßt mich in Frieden weiterziehn
Und wandern.

첫 곡은 주인공 직인 청년이 어떤 사람인지를 알려준다. 그는 방
랑을 좋아한다. 그런데 이는 단순한 역마살이 아니다. 방랑은 곧 배
움이므로 그는 자기 직업을 자랑스러워하고 열심히 수련하는 낙천
적이고 성실한 젊은이다. 이처럼 방랑은 물방아꾼의 미덕과 연관되
어 있다.^{제1연 3-4행}

그래서 그의 발걸음은 딱딱한 군대식 행진이 아니라 즐겁고 분방
한 몸짓이다. 선율 중간에는 16음표로 굴곡진 '꺾임'^{제1연 제1행, "방아꾼}
^{은 즐겁구나 Müllers Lust"}이 들어 있는데, 이런 움직임이 다양하게 결합되
어 생동감을 부여한다. 피아노 반주도 그와 걸맞게 자연스럽고 생
생하다. 2/4박자지만 왈츠풍의 율동적 요소*가 들어 있어 '넘실대며

---

* Walther Dürr & Andreas Krause(Hg.), *Schubert-Handbuch*, Kassel, 1997, S.220.

솟구치는' 시냇물을 연상시킨다.

한편 이 노래는 각 연이 한 절로 구성된 유절가곡이다. 하지만 리듬과 셈여림의 변화를 적절하게 운용하여 역동성을 잃지 않는다. 각 연 제2행 뒷부분의 휴지부"방랑은 Das Wandern", 제7-8마디에는 유쾌한 간주가 끼어드는데, 이때 셈여림상 약박을 마치 강박인 듯 강조하며 들어와 곡이 순간적으로 3박자강약약로 변한 듯한 효과를 준다.* 성큼성큼 나아가는 걸음걸이, 페이드아웃fade-out처럼 천천히 멀어지는 장면까지 곡은 사랑스럽다.

마지막 제5연에서는 중요한 사실을 일러준다. 청년은 그동안 수련했던 마이스터에게 작별제3-4행을 고한다. 그렇게 한곳에서 배움 생활을 끝고 그는 새로운 마이스터를 찾아 또다시 방랑길에 오르는 것이다. 기대감과 흥분, 그리고 앞으로 펼쳐질 세계에 대한 젊은이다운 믿음이 곡을 감싸고 있다.

제2곡 「어디로?」 Wohin?

시냇물 소리 들려온다♪0:03
바위틈에서 솨아솨아 좋은 소리
계곡을 따라 내리며 솨아솨아
생생도 하고 맑기도 맑다.

　Ich hört' ein Bächlein rauschen
　Wohl aus dem Felsenquell,
　Hinab zum Tale rauschen
　So frisch und wunderhell.

어찌 된 일인지 모르겠네♪0:16

* Elmar Budde, 앞의 책, 2012, S.53-54.

누구 말을 따랐던 건지도 모르겠네
그저 저 아래로 내려가야지 싶었네
내 방랑의 지팡이를 짚고서

    Ich weiß nicht, wie mir wurde,
    Nicht, wer den Rat mir gab,
    Ich mußte auch hinunter
    Mit meinem Wanderstab.

저 아래로 점점 더 멀리 ♪0:36
저 시냇물 따라가니
싱싱한 소리 점점 더 들려오고
시냇물 점점 더 맑아졌다네

    Hinunter und immer weiter
    Und immer dem Bache nach,
    Und immer frischer rauschte
    Und immer heller der Bach.

이게 내가 가야 할 길이니? ♪0:59
오, 시냇물아, 말해줘, 어디로 가야 해?
너잖아, 그 지줄대는 목소리로
내 감각을 온통 취하게 만든 건 말이야

    Ist das denn meine Straße?
    O Bächlein, sprich, wohin?
    Du hast mit deinem Rauschen
    Mir ganz berauscht den Sinn.

지줄댄다니, 내가 무슨 소릴 하는 거야? ♪1:25
어쩌면 이건 물소리가 아닐지도 몰라.
요정들의 노랫소리일까

저 아래 깊은 곳에서 원무를 추는.

> Was sag ich denn vom Rauschen?
> Das kann kein Rauschen sein:
> Es singen wohl die Nixen
> Tief unten ihren Reihn.

오 노래해줘, 길동무야, 쏴아쏴아.♪1:45
그 소리 따라 난 즐겁게 방랑할 거야!
맑디맑은 시냇물마다
물방아도 돌아가는 법이니.

> Laß singen, Gesell, laß rauschen
> Und wandre fröhlich nach!
> Es gehn ja Mühlenräder
> In jedem klaren Bach.

두 번째 곡에서는 청년의 길동무인 시냇물이 처음으로 언급된다. 잔잔하지만 움직임이 많은 육잇단음표가 시냇물의 음악적 심상이다. 이 음표들은 하나의 음층^{지속음 효과}을 만들어 충만한 정중동의 자연을 느끼게 해준다.*

세도막 형식으로 나뉠 수 있는 전체 곡 또한 반복과 잔잔한 변화를 담고 있다. 물음이나 혼잣말, 넋두리 같은 연극적 대사^{제2연 제1-2행, 제4연 제1-2행, 제5연 제1-2행}는 자연스러운 언어적 낭송이 되도록 처리하고 나머지 부분은 선율을 반복하거나 조금씩 변형시켜 곡에 통일성과 점진적 변화를 부여한다.

평화로운 풍경은 갈 바를 알지 못하는 청년의 '반음계' 넋두리^{제2연 제1행, "어찌 된 일인지 모르겠네 Ich weiß nicht, wie mir wurde"}로 깨지고, 시

---

* Thrasybulos G. Georgiades, 앞의 책, 1967, S.228.

냇물에게 던지는 질문^{제4연 제1행} 이후에 인상적으로 전환된다. 어두운 심연이 잠시 모습을 드러내는 것이다. 다음 장면^{제4연 제3-4행}, "너 잖아, 그 지줄대는 목소리로/내 감각을 온통 취하게 만든 건 말이야 Du hast mit deinem Rauschen/Mir ganz berauscht den Sinn"에서 피아노의 베이스 선율이 성악부의 마단조 선율과 오버랩되는데* 전설적인 피아니스트 무어^{Gerald Moore, 1899-1987}는 이 대목을 "시냇물이 방랑자에게 마법을 거는 장면" 같다고 지적했다.** 반면 마지막 부분에서는 새로운 방랑에 대한 희망에 찬 도약이 나타난다. 희망과 비극적 예감. 슈베르트는 잠깐의 도취 속에 불안한 목소리를 드리워 음악적 복선을 성공적으로 담아냈다.

제3곡 「멈춰!」 Halt!

오리나무 숲 사이에서 ♪0:14
물방아 하나 눈짓을 보내네.
물방아 쿵쿵 찧는 소리가
졸졸 소리, 노랫소리를 끊어놓네.

Eine Mühle seh ich blinken
Aus den Erlen heraus,
Durch Rauschen und Singen
Bricht Rädergebraus.

여어 잘 왔어, 여어 잘 왔어, ♪0:30
듣기 좋은 물방아의 노래!

* Werner Oehlmann, *Reclams Liedführer*, Stuttgart, 2000, S.286.
** Gerald Moore, *Schuberts Liederzyklen, aus dem Englischen Else Winter*, Tübingen, 1975, S.30.

그 집은 얼마나 마음에 들고
그 창은 얼마나 매끄러운지!

> Ei willkommen, ei willkommen,
> Süßer Mühlengesang!
> Und das Haus, wie so traulich!
> Und die Fenster, wie blank!

그 태양은 얼마나 밝게♪0:53
하늘에서 창들을 비추는지!
아이, 시냇물아, 귀여운 시냇물아,
바로 여기를 말한 거였니?

> Und die Sonne, wie helle
> Vom Himmel sie scheint!
> Ei, Bächlein, liebes Bächlein,
> War es also gemeint?

물레방아 소리가 들려온다. 청년이 새로운 물방앗간을 찾은 것이다. 16분음표의 '구르는' 모티프^{전주, 제1마디}는 바쁘게 도는 바퀴를 묘사하고, 베이스에서는 쿵쿵 찧는 소리가, 높은 음역에서는 찰랑거리는 물방울 소리가 들려온다. 하지만 이처럼 정겨운 모습에도 불안한 단조^{전주, 제5마디}가 끼어든다.

성악부에서 인상적인 것은 가운데 부분인 제2연이다. 제1행에서는 천진한 환영의 인사가 들려오지만, 금세 제3-4행^{"그 집은 얼마나 마음에 들고/그 창은 얼마나 매끄러운지! Und das Haus, wie so traulich!/Und die Fenster, wie blank!"}에서 쭈뼛거리는 듯 단조로 음조가 어두워져 반어적인 여운을 남긴다. 청년은 다시금 기운을 내서 도약하지만, 마지막 부분에서 불협화가 끼어든다. 열린 결말. 이곳에 온 것은 행복한 일일까, 불행한 일일까?

제4곡 「시냇물아, 고마워!」 Danksagung an den Bach

바로 여기를 말한 거였니, ♪0:10
내 솨아거리는 친구야?
네 노래며, 네 물소리 울림이며
다 여기를 가리키는 거였니?

> War es also gemeint,
> Mein rauschender Freund?
> Dein Singen, dein Klingen,
> War es also gemeint?

아가씨한테 가라고! ♪0:29
그렇게 감각이 말하는구나.
내가 네 말을 잘 이해한 거니?
아가씨한테 가라고!

> Zur Müllerin hin!
> So lautet der Sinn.
> Gelt, hab' ich's verstanden?
> Zur Müllerin hin!

그녀가 널 보낸 거니? ♪1:00
아니면 네가 나를 유혹한 거니?
그녀가 널 보낸 게 아닌지
나는 꼭 알고 싶구나.

> Hat sie dich geschickt?
> Oder hast mich berückt?
> Das möcht ich noch wissen,
> Ob sie dich geschickt.

혹시 그럴지도 모르겠구나 ♪1:17

내 생각에는 어쩌면
내가 찾아왔던 걸 이제
찾은 건지도 모르겠구나.

>   Nun wie's auch mag sein,
>   Ich gebe mich drein:
>   Was ich such', hab' ich funden,
>   Wie's immer mag sein.

나는 일자리를 물었고,♪1:33
이제 그것을 얻었어.
두 손을 위해서든, 마음을 위해서든
그래, 난 온전히 만족스러워!

>   Nach Arbeit ich frug,
>   Nun hab ich genug
>   Für die Hände, fürs Herze
>   Vollauf genug!

청년이 새로운 물방앗간에 끌린 이유가 드러난다. 거기에 아름다운 아가씨가 있었기 때문이다. 비록 시냇물에게 여기가 맞느냐고 묻고 있지만, 이미 그의 마음은 온통 그녀에게 쏠려 있다. 시냇물과 대화를 할 줄 아는―곧 자연과 심정적으로 가까운―그는 순수한 사람이지만, 동시에 주관적 감상에도 잘 빠지는, 말하자면 예술가적인 성격이다. 성악과 하나의 듀엣을 이루는 피아노의 오른손 선율은 그러한 주인공의 따뜻한 감수성을 전해준다.

시냇물을 묘사하는 잔잔한 전주 뒤에 곡이 시작된다. 첫 마디는 앞 곡의 마지막 시행, "바로 여기를 말한 거였니"라는 나직한 pianissimo, 매우 여리게 물음이다. 이윽고 시적 화자는 자기 물음에 스스로 대답한다. 그런데 "아가씨한테 가라고 Zur Müllerin hin"제2연 제1행하는 대목에서 트리토누스^{제11마디 첫 박자} 'Müll'* 도약^{c#-g}이 갑자기 나와 그간의 평온함을 깨뜨린다. 예상을 벗어나는 이러한 도약은 청년이 아가씨를 생각하면서 스스로 깜짝 놀랐음을 말해준다. 한편 이 말은 제2연 마지막에서도 두 번 반복^{제16-17마디}되는데 특히 마지막 반복은 화성적으로 안정되어 있어 거의 '질문'으로 들리지 않는다.** 청년은 정말로 질문을 했다기보다는 바라는 대답을 얻고 싶어 묻는 제스처를 취한 것뿐이다. 한편 제3연^{제1-2행}에서는 사단조로 전조가 일어난다. 혹시 잘못된 게 아닐까 하는 일말의 불안감이 나타난다.

이제 청년은 일자리를 찾았다. 하지만 그는 다른 하나도 찾았다고 믿고 싶다. 손을 위한 일과 마음을 위한 사랑. 만일 일과 사랑이 함께할 수 있다면 그야말로 이상적이었을 것이다.

제5곡 「하루 일과를 마치고」 Am Feierabend

내게 수천의 팔이 있어 ♪0:09, 반복♪1:46
마음껏 움직일 수 있다면!
포효하며 물방아들을
지휘할 수 있을 텐데!
그 모든 숲 너머로
바람으로 날 수도 있을 텐데!

---

* 온음을 세 개 겹쳐 만든 이러한 음정은 삼위일체를 상징하는 삼화음의 간격을 불순하게 만드는 것으로써 중세에는 '음악 속의 악마'(diabolus in musica)로 불렸다.
** Walther Dürr & Andreas Krause(Hg.), 앞의 책, 1997, S.222.

죄다 굴릴 수도 있겠지
온갖 바위들을 다!
아름다운 물방앗간 아가씨가
내 진실한 마음을 알아채도록!

> Hätt ich tausend
> Arme zu rühren!
> Könnt ich brausend
> Die Räder führen!
> Könnt ich wehen
> Durch alle Haine!
> Könnt ich drehen
> Alle Steine!
> Daß die schöne Müllerin
> Merkte meinen treuen Sinn!

아, 내 팔은 얼마나 약한지 ♪0:38
들어 올리고 나르고
자르고 때리는 건
산골 사람 누구나 다 하는 일이라지.
조용하고 서늘한 자유 시간
이제 나는 다 모인 곳에 앉았어.
마이스터께서 모두에게 말씀하시네
오늘 작업은 마음에 들어.
그러자 사랑스런 소녀도 말했지
모두 안녕히 주무세요.

> Ach, wie ist mein Arm so schwach!
> Was ich hebe, was ich trage,
> Was ich schneide, was ich schlage,

Jeder Knappe tut mir's nach.
Und da sitz ich in der großen Runde,
In der stillen kühlen Feierstunde,
Und der Meister spricht zu allen:
Euer Werk hat mir gefallen;
Und das liebe Mädchen sagt
Allen eine gute Nacht.

직인 청년의 마음이 어지럽다. 방랑을 사랑하고 자기 일을 좋아
하던 청년은 이제 평범한 자신이 불만스럽다. 아가씨의 눈에 들지
못하기 때문이다. 이 곡은 전체 연가곡에서 첫 단조곡이다.

피아노 전주는 두 가지 상이한 심상을 묘사한다. 8분음표 두 개
의 분절된 화음은 "들어 올리고, 나르고, 자르고, 때리는"^{제2연 제2-3행}
직인들의 '단순 노동'을, 어지러이 오르내리는 16분음표는 격류의
시냇물을 연상시킨다. 아가씨에게 특별해 보일 수만 있다면 청년은
장풍을 날리고 초능력이라도 쓰고 싶다. 슈베르트는 그의 갈망을
나타내기 위해 시행 두 개를 묶어 약음 두 개로 시작되는 급박한 선
율을 만들었다. 마치 청년이 상상하는 초능력이 실행된 듯 피아노
는 미친 듯 돌아가는 물방아를 묘사한다.

하지만 현실은 그렇지 못하다. 제2연에 들어서자 시의 율격은 첫
연과 완전히 대조를 이루는 무거운 강약격^{트로케우스, Trochäus}으로 바
뀐다. 피아노 반주도 '단순 노동'을 묘사한다. 선율은 동사를 강조하
도록 되어 있어 그가 현재 힘써 일하고 있음을 알 수 있지만, 그의
넋두리는 우울하다. 그렇게 일이 되어 가고^{화성적 고조} 하루 일과가
다 끝난 홀가분함이 간주에 실려 나온다.

과묵한 마이스터께서 웬일로 바장조^{제2연 제8행}로 칭찬의 말씀을
하신다. 보통 때 같으면 기뻐했을 이 성실한 청년이 오늘은 전혀 기

쁘지 않다. 아가씨의 저녁 인사^{가단조}가 그를 향한 것이 아니라 "모두 allen"^{제10행}에게 건네는 별 뜻 없는 것이었기 때문이다. 얄궂게도 "모두"는 늘임표로 강조되어 두 번 반복된다. 한편 마이스터나 아가씨의 짤막한 '대사'는 이 곡이 원래 '연극'에서 출발했음을 보여주는 흔적이다.

다시 첫 연이 반복되어 전체 곡은 세도막 형식이 된다. "내 진실한 마음을 알아채도록"^{제1연 제10행}은 상상 속 물방아 소리와 현실의 정적 사이에 놓인 넋두리가 된다. 그의 마음을 아가씨는 알 길이 없다.

제6곡 「궁금해하는 남자」 Der Neugierige

꽃들에게도 묻지 않고♪0:09
별에게도 묻지 않으리.
내가 그토록 알았으면 하는 건
그들 모두 말할 수 없으리.

> Ich frage keine Blume,
> Ich frage keinen Stern,
> Sie können mir alle nicht sagen,
> Was ich erführ so gern.

정원사 정도도 못 된 나에게♪0:34
저 별들은 너무 높이 있구나.
나의 시냇물에게나 물으련다,
내 마음이 날 속인 건 아니냐고.

> Ich bin ja auch kein Gärtner,
> Die Sterne stehn zu hoch;
> Mein Bächlein will ich fragen,

Ob mich mein Herz belog.

오, 내 사랑하는 시냇물아, ♪1:04
오늘은 왜 이리 잠잠한 거니?
난 딱 한 가지만 알고 싶을 뿐,
한마디면 그게 다, 그게 다란다.

> O Bächlein meiner Liebe,
> Wie bist du heut so stumm?
> Will ja nur eines wissen,
> Ein Wörtchen um und um.

그 한마디는 "그래"라고 부르고, ♪1:53
다른 한마디는 "아니"라고 하지.
그 두 가지 말이
내 세상 전부를 가두어버리는구나.

> Ja heißt das eine Wörtchen,
> Das andre heißet Nein,
> Die beiden Wörtchen
> Schließen die ganze Welt mir ein.

오, 내 사랑하는 시냇물아, ♪2:35
뭘 그리 이상하게 생각하니!
그래, 더는 말하지 않을 테니
시냇물아, 네가 말해다오. 그녀는 나를 사랑하니?

> O Bächlein meiner Liebe,
> Was bist du wunderlich!
> Will's ja nicht weitersagen,
> Sag, Bächlein, liebt sie mich?

청년은 다시 고요하게 마음을 추스른다. 기타 반주를 연상시키는 사랑스러운 피아노 반주가 그의 진정성을 나타낸다. 처음의 2/4박자 부분제1연과 제2연은 여리지만 율동적이고제1연 제3행의 율격 천진한 음조다. 아직 곡의 첫 부분에서는 깊은 질문이 나오지 않은 것이다.

잠시간의 휴지부제22마디가 있은 뒤, 제3연이 시작된다. 3/4박자로 변박이 일어나고, 장난스런 율동의 느낌이 가시면서, 청년은 이제 시냇물에게 진심으로 궁금한 것을 애절하게제3연 제2행의 단조 묻는다. "딱 한마디만ein Wörtchen"제28마디의 "한ein"에는 약박이지만 악센트가 붙어 있다. 잔잔히 흐르는 선율에 변화를 주는 동시에 청년의 조바심을 나타내주는 것이다.

제4연, 정말로 대답이 중요해진 시점이 되었다. 그간 서정적인 선율로 진행되던 노래는 말뜻을 똑똑히 알아들을 수 있는 낭송레치타티보 스타일로 바뀌어 음의 높낮이 변화가 적어진다. 갑자기 청년은 불쑥 끼어들 듯이 "그래Ja"제4연 제1행라고 외친다. "그래"가 실은 청년이 듣고 싶어 하는 대답인 것이다. 이는 높은 음으로 강조되고 있기는 하지만 셈여림상 약박에 걸려 있다. 반면 "아니Nein"제4연 제2행는 불길한 느낌으로 연속된 16분음표들 다음의 반음 높은 강박에 나온다. 청년은 "그래"를 원하기에 억지로음높이로 강조하지만, 더 자연스러운셈여림상 강박에 반음 위로의 상승 대답은 "아니"인 것이다. 하지만 그것을 알아들었는지 못 알아들었는지, 성악부는 충분히 머물러 있지 않고, 반음계로 오르내리는 선율제4연 제3-4행을 이어가고 피아노 또한 전조를 거듭하며 고조된다.

"그녀는 나를 사랑하니?"

그의 예감과 바람 사이에서 어떤 선택도 하지 못하기에 대답은 여전히 열려 있다.

제7곡 「초조」 Ungeduld

나무껍질마다 그어 넣으려네 ♪0:12
조약돌마다 새겨 넣으려네
새 화단마다 빨리 크는 냉이씨
섞어 뿌려서 얼른 내보이려네
하얀 쪽지들마다 적어 넣으려네
내 마음은 그대의 것, 영원히 그러하리라고.

Ich schnitt es gern in alle Rinden ein,
Ich grüb es gern in jeden Kieselstein,
Ich möcht es sä'n auf jedes frische Beet
Mit Kressensamen, der es schnell verrät,
Auf jeden weißen Zettel möcht ich's schreiben:
Dein ist mein Herz und soll es ewig bleiben.

어린 찌르레기 한 마리 기르고 싶네 ♪0:54
분명하고 똑똑하게 그 말을 옮길 때까지.
내 입술의 소리와 같이 그 말 울려내고
내 마음 충만한 뜨거운 갈망 담아낼 때까지.
그때 그 녀석 그녀 창가에 날아가 노래하겠네.
내 마음은 그대의 것, 영원히 그러하리라고.

Ich möcht mir ziehen einen jungen Star,
Bis daß er spräch die Worte rein und klar,
Bis er sie spräch mit meines Mundes Klang,
Mit meines Herzens vollem, heißem Drang;
Dann säng er hell durch ihre Fensterscheiben:
Dein ist mein Herz und soll es ewig bleiben.

아침 바람에다 그 말을 불어넣고 싶네 ♪1:38

기운 찬 숲속을 지나 살랑살랑 불어가도록.
오, 별 같은 꽃봉오리마다 그 말이 반짝이며
향기에 실려 멀든지 가깝든지 그녀에게 닿겠네!
물결들아, 물방아 말고 다른 건 몰아갈 수 없겠니?
내 마음은 그대의 것, 영원히 그러할 텐데.

> Den Morgenwinden möcht ich's hauchen ein,
> Ich möcht es säuseln durch den regen Hain;
> Oh, leuchtet' es aus jedem Blumenstern!
> Trüg es der Duft zu ihr von nah und fern!
> Ihr Wogen, könnt ihr nichts als Räder treiben?
> Dein ist mein Herz und soll es ewig bleiben.

그 말은 내 두 눈 속에도 들어 있는 듯하네.♪2:23
내 두 뺨에서 그 말이 불타는 듯 붉게 보이네.
내 꽉 다문 입에서도 그 말이 들리는 듯하고
숨결마다 분명히 그녀에게 기별을 전하네.
그녀는 이 모든 요동치는 마음을 아무것도 모르건만
내 마음은 그대의 것, 영원히 그러하리라.

> Ich meint, es müßt in meinen Augen stehn,
> Auf meinen Wangen müßt man's brennen sehn,
> Zu lesen wär's auf meinem stummen Mund,
> Ein jeder Atemzug gäb's laut ihr kund,
> Und sie merkt nichts von all dem bangen Treiben:
> Dein ist mein Herz und soll es ewig bleiben.

청년은 여전히 홀로 있지만 이번에는 또 다른 면모를 보여준다.
그는 섬세하고 서정적인 성격이지만, 방랑자다운 호기로움도 있다.
이 시의 제목은 「초조」이지만 사랑에 열이 올라 가만있지 못하는
것에 더 가깝다.

자연의 대상을 '전령'처럼 의인화해 마음을 전한다는 것은 민요에서 흔히 등장하는 시상이다. 하지만 그는 사실 여기저기 새겨놓은 글자^{제1연}나 찌르레기, 바람, 향기, 물결처럼 움직이는 대상^{제2-3연}에 의탁하고 싶지는 않다. 그녀가 그의 온 존재 안에 가득 차 있어 더는 견딜 수 없다. 숲속에 홀로 들어가 외친다. "내 마음은 그대의 것"이라고!

이 시는 동일한 구문이 반복되어 있다. 슈베르트는 이러한 반복성을 점층적으로 살렸다. 반복될 때마다 각 행의 최고음이 각각 c#, d, e, f#, g 등으로 점점 고조된다. 가만히 있지 못하는 에너지는 이 곡에 더할 나위 없는 생기를 부여한다. 한편 전주나 각 절 사이를 잇는 간주는 비대칭 구조³⁺³⁺²로 되어 있어 자칫 단조롭게 들릴 수 있는 성악의 대칭적인 선율을 훌륭하게 보완해준다.

곡의 클라이맥스는 역시 각 연 마지막 행 "내 마음은 그대의 것"이다. 약강격이었던 율격이 강약격으로 바뀌면서 "그대^{Dein}"에 모든 무게가 실린다. 또한 슈베르트는 이 시구를 두 번 반복하는데 두 번째 반복에서는 다시금 트리토누스 음정^{제21-23마디, a-d#-a, "Dein ist"/"es e(wig)"}으로 불협화를 조성한다. 하지만 여기서의 불협화는 불길함 자체를 표현하려는 의도가 아니라 멋진 해소를 위한 포석이다. 불협화를 걷어내고 깨끗한 화성이 울리는 이 대목^{"영원히 ewig"}에서 어려움을 극복하고 사랑을 증명해 보이겠다는 주인공 청년의 확고한 의지를 느낄 수 있다.

제8곡 「아침 인사」 Morgengruß

안녕, 아름다운 아가씨! ♪0:08
어디에다 그렇게 그대 얼굴을 숨기나요.

무슨 일이라도 있는 거예요?

내 인사가 아주 꺼림직한가요?

내 눈길이 많이 불편한가요?

그러시면 저는 다시 갈게요.

> Guten Morgen, schöne Müllerin!
> Wo steckst du gleich das Köpfchen hin,
> Als wär dir was geschehen?
> Verdrießt dich denn mein Gruß so schwer?
> Verstört dich denn mein Blick so sehr?
> So muß ich wieder gehen.

오, 그저 멀리 서 있게라도 해줄래요? ♪1:03

당신의 사랑스런 창가를 바라만 볼게요.

멀리서, 아주 멀리서!

그대 금발의 얼굴이여, 어서 나와요!

너희 둥근 문에서 어서 나오렴,

너희 두 푸르른 아침 별들아!

> O laß mich nur von ferne stehn,
> Nach deinem lieben Fenster sehn,
> Von ferne, ganz von ferne!
> Du blondes Köpfchen, komm hervor!
> Hervor aus eurem runden Tor,
> Ihr blauen Morgensterne!

잠에 취한 너희 작은 눈망울들아, ♪2:00

이슬에 젖은 너희 작은 꽃망울들아,

왜 너희들은 해님을 피하는 거니?

밤이 그렇게나 좋은 거니?

너희들끼리 부둥켜안고 몸을 구부려

그 고요한 기쁨에 눈물 흘릴 수 있어서?

Ihr schlummertrunknen Äugelein,
Ihr taubetrübten Blümelein,
Was scheuet ihr die Sonne?
Hat es die Nacht so gut gemeint,
Daß ihr euch schließt und bückt und weint
Nach ihrer stillen Wonne?

이제 그만 꿈의 이부자리를 털어버리렴 ♪3:01
싱싱하고 자유로이 고개 들고 올라오렴
하나님이 주신 이 맑은 아침에!
종다리는 창공을 선회하면서
마음속 그 깊은 곳에서부터 외치는구나.
사랑과 고뇌와 번민을!

Nun schüttelt ab der Träume Flor
Und hebt euch frisch und frei empor
In Gottes hellen Morgen!
Die Lerche wirbelt in der Luft,
Und aus dem tiefen Herzen ruft
Die Liebe Leid und Sorgen.

청년은 아마도 밤을 지새웠거나 뒤척이다 나와 새벽부터 '잠꾸러기' 그녀를 기다리고 있다. 그는 호탕하게 소리를 질러 잠을 깨우는 성정이 아니다. 어서 일어나라고 말은 하지만, 그녀의 단잠을 방해할까봐 걱정한다. 그는 매일 밀가루를 뒤집어쓰는 일꾼이지만 마음만은 신사다.

곡은 유절형식이다. 제1연 말미에서 그는 발걸음을 돌리지만, 다시 선율이 돌아오고, 그는 다시 그녀의 창문을 돌아본다. 그렇게 또한 번 노래를 부른다. 또 한 번, 또 한 번… 그녀의 창가를 빙빙 맴도는 그의 모습이 작은 유절형식에 겹친다. 그녀가 나오지 않자 그는 넌지시 자연물로 시선을 돌리는 듯하지만, "푸르른 아침 별"제2연 제6행이나 "잠에 취한 눈망울"제3연 제1행은 모두 그녀를 떠오르게 하는 심상이다.

슈베르트는 청년의 넋두리 같은 질문을 인상적으로 포착했다. 제1연의 제4-5행"내 인사가 아주 꺼림직한가요?/내 눈길이 많이 불편한가요?"에서 피아노의 베이스가 반음씩 하행ᵇ ᵇ ⁻ᵃ⁻ᵃ ᵇg한다. 자신 있게 밀고 들어가는 것이 아니라 조심조심 물러나는 것이다. 반음계 진행은 이러한 심정적 유사성 때문에 바로크 시대부터 의문문과 자주 결부되어 사용되었다.*

제1연의 마지막 행에서는 성악과 피아노의 오른손 선율이 서로 돌림노래를 이룬다. 왼손도 셋잇단음표의 분산화음아르페지오, 제17마디을 연주하여 곡에 잔잔한 리듬감이 흐른다. 돌림노래가 잠시 물결치다가 마지막 반복 "다시 갈게요 wieder gehen"제19마디에서 다시 겹쳐진다. 피아노는 정상적인 1도 화성으로 끝나는 느낌을 주는 데 반해 성악 선율은 다시 반음 하강으로 끝나ᶠ⁻ᵉ 미련을 남긴다.

제9곡 「물방앗간 청년의 꽃」 Müllers Blumen

시냇가에 작은 꽃들 많이도 피어 ♪0:14
말가니 푸른 눈망울이네.
시냇물은 방아꾼의 친구야,
연인의 눈인 양 맑고 푸르게 비춰줬으니
이 꽃들은 이제 나의 꽃이라네

　Am Bach viel kleine Blumen stehn,

---

* Elmar Budde, 앞의 책, 2012, S.60.

Aus hellen blauen Augen sehn;
Der Bach, der ist des Müllers Freund,
Und hellblau Liebchens Auge scheint,
Drum sind es meine Blumen.

그녀 창가 아래에다 빈자리 없이 ♪1:05
이 꽃들을 심어둘 거야.
모두 잠잠해지면 그녀를 부르렴.
그녀 졸음에 겨워 고개를 숙이면 말이야.
알겠지? 너희들, 내가 뭘 말하는지.

Dicht unter ihrem Fensterlein,
Da will ich pflanzen die Blumen ein,
Da ruft ihr zu, wenn alles schweigt,
Wenn sich ihr Haupt zum Schlummer neigt,
Ihr wißt ja, was ich meine.

그녀가 그 귀여운 눈을 감고 ♪1:57
달콤하고 달콤한 안식으로 빠져들면
꿈의 얼굴로 가서 속삭여다오.
나를 잊지 말아요, 나를 잊지 말아요!
그게 내가 바라는 말이란다.

Und wenn sie tät die Äuglein zu
Und schläft in süßer, süßer Ruh,
Dann lispelt als ein Traumgesicht
Ihr zu: Vergiß, vergiß mein nicht!
Das ist es, was ich meine.

아침 일찍 그녀가 덧창을 열거든 ♪2:52
너희 눈망울 속에 이슬을 머금고는
사랑의 눈길로 그녀를 올려다보렴.

너희 그 이슬은 곧 나의 눈물,

너희 위에 뿌리고픈 나의 눈물일 테니.

> Und schließt sie früh die Laden auf,
> Dann schaut mit Liebesblick hinauf:
> Der Tau in euren Äugelein,
> Das sollen meine Tränen sein,
> Die will ich auf euch weinen.

계속 유절가곡이 이어진다. 전체 연작에서 제8곡과 제9곡은 일종의 목가적 정경을 이룬다. 이러한 정적인 가곡은 연가곡의 시간을 잠시 정지시킨다. 사건이 진행되는 서사적인 원리가 뒤로 물러나고 청년의 내면에 머물러 그의 마음을 함께 느끼는 순간이다. 제9곡은 그 가운데서도 꾸밈없고 조성 변화도 적은 가장 순수한 서정적 악곡이다. 전곡에서 유일하게 후주도 없어서 성악이 끝날 때 피아노도 함께 끝난다. 그뿐 아니라 피아노와 성악은 서로 크게 나뉘지 않고 거의 같이 진행한다. 청년이 그의 오랜 벗인 시냇물에 감정을 이입하고 속마음을 털어놓는 것과 일맥상통한다. 그들은 '같은 마음'인 것이다.

나와 다른 사람 사이의 경계가 무너질 때가 있다. 그것을 우리는 마음이 통하는 순간이라고 말한다. 그런데 사실 예술에도 그런 때가 있다. 언어와 음악, 의미와 감각, 심상과 재현이 서로 통하여 지금-여기의 현존을 복되게 채우는 순간이 그러하다.

오늘날에는 그런 단순한 아름다움을 느껴볼 기회가 너무 적다. 물에 비친 꽃으로 자기 마음을 전하겠다는 청년의 마음이 조금 바보스럽게 보이지는 않는가? 하지만 커피 쿠폰 하나에도 마음을 담을 수 있고 손글씨 하나도 기념이 될 수 있다. 추억은, 눈에 보이지 않아도 보이는 것처럼 믿을 때 생겨난다.

제10곡 「눈물비」 Tränenregen

우리는 다정히 곁에 앉았네 ♪0:12
서늘한 오리나무 지붕 아래.
우리는 다정히 함께 바라보았네
저 아래 지줄대는 시내를.

Wir saßen so traulich beisammen
Im kühlen Erlendach,
Wir schauten so traulich zusammen
Hinab in den rieselnden Bach.

달은 이미 떠올랐고 ♪0:42
별들도 뒤따라왔네.
우리는 다정히 함께 바라보았네
저 은빛 거울 비친 모습을.

Der Mond war auch gekommen,
Die Sternlein hinterdrein,
Und schauten so traulich zusammen
In den silbernen Spiegel hinein.

나는 달의 얼굴 보지 않았고 ♪1:15
별빛에게도 눈길을 주지 않았네.
나는 오로지 그녀의 모습과
그녀의 두 눈만을 바라보았다네.

Ich sah nach keinem Monde,
Nach keinem Sternenschein,
Ich schaute nach ihrem Bilde,
Nach ihren Augen allein.

저 복된 강물 속에 비친 그녀가 ♪1:48

고개 끄덕이며 올려다보고
시냇가 작고 푸른 꽃들도
그녀 따라 머리를 까딱이네.

    Und sahe sie nicken und blicken
    Herauf aus dem seligen Bach,
    Die Blümlein am Ufer, die blauen,
    Sie nickten und blickten ihr nach.

시냇물에 저 하늘이 전부 ♪2:21
들어앉은 것 같네.
나는 저 아래를 향해
깊은 곳까지 나아가고 싶네.

    Und in den Bach versunken
    Der ganze Himmel schien
    Und wollte mich mit hinunter
    In seine Tiefe ziehn.

구름과 별 위에서 ♪2:58
유쾌하게 시냇물이 재잘거리네.
노래를 부르며 소리를 울리며
이봐, 친구야, 날 따라오렴!

    Und über den Wolken und Sternen,
    Da rieselte munter der Bach
    Und rief mit Singen und Klingen:
    Geselle, Geselle, mir nach!

눈물이 앞을 가리네. ♪3:31
순간 물의 거울도 흐려지네.
그녀는 말했네, 비가 와요.

안녕, 이만 집으로 가야겠어요.

Da gingen die Augen mir über,
Da ward es im Spiegel so kraus;
Sie sprach: Es kommt ein Regen,
Ade, ich geh nach Haus.

진심이 통했는지 청년이 드디어 아가씨와 데이트를 한다! 첫 두 연에 그녀와 단둘이 있음을 알려주는 단어^{"곁에 beisammen"}, ^{"함께} zusammen"가 세 번이나 나온다. 선율도 '함께 있음'을 반영한다. 홀수 연^{제1, 3, 5연}과 다음의 짝수연^{제2, 4, 6연}이 서로 마주보듯 짝을 이뤄 한 절^{총 3절}을 구성하는 것이다.

공감의 분위기가 이 곡에서도 이어지고 자연도 그를 돕는다. 그런데 시냇물에 비친 하늘을 보는 순간^{제5연 제1-2행}, 청년은 심연의 갈망을 깨닫게 된다. 그녀와 영원히 함께하는 행복, 저 천상으로 가서 그 비현실적인 행복을 누리고 싶어 한다. 하지만 어떻게? 그에게는 날개가 없지 않은가? 밤의 적막과 시냇물에 비친 가상의 천상. 이 에로틱하고 마술적인 시공에서 시냇물의 목소리^{제6연 제4행}가 들려온다. 예전에 물길을 따라오라는 뜻^{제2곡}이었던 이 말이 지금은 물속으로 들어오라는 유혹으로 들린다.

마지막 제7연은 외따로 배치되어 있다. 그의 눈물과 함께 곡은 가단조로 바뀐다. 수면이 흐려지고 천상의 모습도 함께 스러진다. 청년은 안타까움으로 목소리가 높아진다.^{제2행 "흐려지네 kraus"} 하지만 곧바로 다시 한번 트리토누스 음정^{b-e}이 나와 그 감정마저 싸늘하게 식혀버린다. 게오르기아데스^{Thrasybulos Georgios Georgiades, 1907-77}는 이를 "죽음의 음정"이라 불렀다.* "비 Regen"^{제3행}에는 불길하고 절망

---

* Thrasybulos G. Georgiades, 앞의 책, 1967, S.310.

적인 감7화음이 걸린다. 아가씨는 여전히 명랑하게^{가장조} 작별 인사를 건네지만 남겨진 청년의 마음은 무거울 뿐이다.^{가단조의 후주}

그런데 정말로 비가 왔을까?* 아니면 아가씨가 청년의 눈물을 비로 착각한 걸까? 어느 쪽이든 아가씨는 그와 함께 비를 맞지 않았다. 제1부의 마지막 곡은 이렇게 작품의 결말을 암시한다.

제11곡 「내 거야!」 Mein!

시냇물아, 쏴아 소리를 그치거라! ♪0:11, 반복 ♪1:37
바퀴들아, 우릉우릉 구르길 그만두거라!
명랑한 산새들아 너희들도 모두
크건 작건
너희 멜로디를 끝내거라!
숲을 뚫고
밖으로 안으로
오늘은 단 하나의 소리만 울리리니.
"사랑하는 아가씨는 내 거야!"
"내 거야!"
봄아, 이게 네가 피운 꽃 전부니? ♪1:02
태양아, 더 밝은 빛은 없는 거니?
아, 그렇게 나는 아주 혼자되어 있겠네
'내 거야' 그 행복의 말을 내뱉으며
이 너른 창조물 한가운데 이해받지 못한 채!

* 실제로 비가 왔다고 해석하는 것도 가능하다.
서정시에서 화자의 마음과 자연은 연결되어 있는
경우(예를 들어 '선경후정先景後情')가 많기 때문이다.

Bächlein, laß dein Rauschen sein!
Räder, stellt euer Brausen ein!
All ihr muntern Waldvögelein,
Groß und klein,
Endet eure Melodein!
Durch den Hain
Aus und ein
Schalle heut ein Reim allein:
Die geliebte Müllerin ist mein!
Mein!
Frühling, sind das alle deine Blümelein?
Sonne, hast du keinen hellern Schein?
Ach, so muß ich ganz allein
Mit dem seligen Worte mein
Unverstanden in der weiten Schöpfung sein!

전곡에서 가장 외향적인 제2부의 첫 곡은 템포, 반주의 음형, 세부 표현 등 여러 면에서 제1부의 첫 곡인 「방랑」과 닮아 있다. 예를 들어 제11곡의 전주 제5-9마디는 제1곡의 후렴 성악부 선율과 유사하다.* 한편 곡의 첫 부분을 다시 반복하여 세 도막 형식을 만드는 구조나 두 번의 수직화음과 선적인 음형을 조합한 반주 등은 제5곡과도 유사하다.

청년은 아가씨 생각밖에 없다. "마인^{Mein}내 거야!"이라는 한마디가 전체를 지배하고 각운도 모조리 "-ein"으로 맞춰져 있다. 한편 선율은 그 자체로 훌륭한 유희다. 규칙성을 만들고 깨뜨리기를 반복하기 때문이다. 첫 3행까지는 2마디씩 진행된다. 하지만 제4행^{크건 작건} groß und klein"에서 1마디 단위가 삽입되어 규칙성이 깨진다. 다시 제

* 같은 책, S.259.

5행에서 3마디 단위^{"너희 멜로디를 끝내거라 Endet eure Melodein"}가 반복된다. 그렇게 해서 이 선율은 13마디짜리 비대칭적인 구조$^{2+2+2+1+3+3}$를 가진다. 하지만 그다음 선율은 1+1+2구조의 두 번 반복, 그 뒤 4마디 단위의 두 번 반복으로 대칭적이다. 셈여림도 여기에 다채로움을 더해준다.

"내 거야!" 하는 긴 외침^{제10행, 제38마디}의 음높이는 가만히 떨어지며 청년의 자신감 없는 속내를 드러낸다. 조바심이 느껴지는 두 번의 물음^{제11-12행} 뒤에는 단조로의 전조^{제13행, 라단조}가 일어난다. 한껏 호기를 부렸지만 실은 자기 스스로도 "내 거야"라는 말이 믿기지 않기 때문이다. 마지막의 "이해받지 못한"^{unverstanden}에서도 부정접두사 "un-^{-가 아닌}"이 반음으로 이어져 있어 불안함을 자아낸다.

하지만 불안은 역동성의 다른 이름이기도 하다. 역동적인 첫 부분이 다시 반복된다. 적어도 이 곡에서 청년은 다시금 사랑을 낙관적으로 바라보고 있는 것이다.

제12곡 「휴식」 Pause

류트를 벽에다 걸어놓고는♪0:20
초록 리본 한 매듭 둘러 달았다네.
가슴 너무 벅차서 더는 노래할 수 없어서
어떻게 운을 맞출지 생각도 안 나서.

> Meine Laute hab ich gehängt an die Wand,
> Hab sie umschlungen mit einem grünen Band-
> Ich kann nicht mehr singen, mein Herz ist zu voll,
> Weiß nicht, wie ich's in Reime zwingen soll.

내 그리움의 뜨겁디뜨거운 고통을,♪0:52
장난처럼 노래에 담아 내뱉었었지.

얼마나 곱고 순전한 한탄의 노래였는지
생각했다네. 내 고통이 작지는 않았나 보다.
아, 내 행복의 짐이 그렇게 커서
세상 어떤 울림에도 다 못 담기는 걸까?

Meiner Sehnsucht allerheißesten Schmerz
Durft ich aushauchen in Liederscherz,
Und wie ich klagte so süß und fein,
Glaubt' ich doch, mein Leiden wär' nicht klein.
Ei, wie groß ist wohl meines Glückes Last,
Daß kein Klang auf Erden es in sich faßt?

착한 류트야, 그럼 여기 못자리에 걸려 쉬려무나! ♪2:05
산들바람 가벼이 네 현 위에 불어오거든
꿀벌 한 마리 날개를 붕붕거리며 너를 쓰다듬거든
내 마음 불안할 거야. 전율이 온몸에 찌릿하겠지.

Nun, liebe Laute, ruh an dem Nagel hier!
Und weht ein Lüftchen über die Saiten dir,
Und streift eine Biene mit ihren Flügeln dich,
Da wird mir so bange, und es durchschauert mich.

저 리본은 왜 굳이 저렇게 오래 매어놨을까? ♪2:41
한숨의 울림이 문득 현 위를 스치운다.
이건 내 사랑의 고통이 주는 잔향인가?
아니면 새로운 사랑의 전주곡인가?

Warum ließ ich das Band auch hängen so lang?
Oft fliegt's um die Saiten mit seufzendem Klang.
Ist es der Nachklang meiner Liebespein?
Soll es das Vorspiel neuer Lieder sein?

청년의 가슴속에는 예술가가 살지만 생업에 집중해야 한다. 이제 그는 류트를 벽에 걸어놓는다. 그때 바람이 불어와 걸어둔 악기의 현을 건드린다. 이것이 곧 바람의 신 '아이올로스Aeolos의 하프'다. 우리가 산사山寺 처마 끝에 풍경風磬을 달아놓듯이 그들도 바람목에 현을 걸어두고 자연의 음악을 즐겼다. '사람의 손으로 하지 않은' 그 연주는 청년에게 모종의 계시처럼 느껴진다.

피아노가 연출하는 '아이올로스의 하프'가 곡의 중심이고 과감한 화성 변화를 동반한다. 노래는 "그리움의 고통"제2연 제1행, 제21-23마디에서 사단조로 어두워졌다가 이겨내려는 듯 바장조제2연 제2행, 제25마디로 밝아지고, "행복의 짐"제2연 제5행, 제35마디에서는 내림나단조와 내림라장조를 오간다. 또 제3연 제4행의 "불안"은 사단조로 "전율"은 다단조로, 제4연 첫머리제56-62마디도 내림가장조로 색채가 계속 바뀐다. '자연의 음악'이 이토록 변화무쌍한 전조라니, 뭔가 반어적인 여운이 남는다.

결정적인 장면은 제63마디의 간주다. 슈베르트는 여기서 곡을 다시 내림가단조로 어둡게 하면서 원래의 조내림나장조와는 아주 거리가 먼 내림바장조 화성을 던져놓는다. 듣는 이들은 이 화성을 통해 음악이 어딘가 길을 잃고 다른 곳으로 벗어났음을 느낀다. 반주가 지속음처럼 바뀌고 레치타티보가 이어진다. "이건 내 사랑의 고통이 주는 잔향인가?"제4연 제3행 이 '넋두리'의 마지막사랑의 고통, Liebespein에는 불협화음까지 걸린다. 이처럼 화성은 제목「휴식」이 무색하게 쉼 없이 움직인다.* 류트를 걸어놓자 청년의 마음이 더욱더 심란해진 것이다.

* Walther Dürr & Andreas Krause(Hg.), 앞의 책, 1997, S.226.

고통의 잔향? 새로운 사랑의 전주? 답은 결국 무엇일까? 슈베르트는 음악으로 답한다. 후주에 어두운 그림자[제79마디, 내림나단조]가 어리고, 고통의 잔향이 더 긴 여운을 남긴다.

제13곡 「초록색 류트 끈」 Mit dem grünen Lautenbande

"저런, 안타까워라, 참 예쁜 초록 리본인데[♪0:06]
꼼짝없이 벽에 걸려 시들겠네요.
나는 초록색이 참 좋은데!"
사랑하는 당신이 오늘 이렇게 말했지요.
곧바로 나는 그 끈을 풀어 당신께 보냅니다.
이제 나도 초록색이 좋아요!

> „Schad um das schöne grüne Band,
> Daß es verbleicht hier an der Wand,
> Ich hab das Grün so gern!"
> So sprachst du, Liebchen, heut zu mir;
> Gleich knüpf ich's ab und send es dir:
> Nun hab das Grüne gern!

그대의 온전한 연인은 피부가 희지만[♪0:55]
초록색도 나름대로 가치가 있을 거예요.
그래서 나도 초록색을 좋아해요.
왜냐하면 우리 사랑이 영영 초록일 테니.
왜냐하면 희망 저 너머도 초록으로 꽃필 테니.
그러니 우리는 함께 초록을 좋아하지요.

> Ist auch dein ganzer Liebster weiß,
> Soll Grün doch haben seinen Preis,
> Und ich auch hab es gern.
> Weil unsre Lieb ist immergrün,

> Weil grün der Hoffnung Fernen blühn,
> Drum haben wir es gern.

이제 이 초록 리본을 ♪1:44
당신의 머리카락과 함께 땋아요.
당신은 정말 초록색을 좋아하니까요.
그러면 나는 희망이 어디 사는 줄을 알고,
또 사랑이 어디서 왕좌에 앉는 줄을 알 거예요.
그래서 나도 초록을 좋아하게 되었어요.

> Nun schlinge in die Locken dein
> Das grüne Band gefällig ein,
> Du hast ja's Grün so gern.
> Dann weiß ich, wo die Hoffnung wohnt,
> Dann weiß ich, wo die Liebe thront,
> Dann hab ich's Grün erst gern.

'아이올로스의 하프'의 불길한 암시에도 불구하고 이어지는 곡은
천진하리만큼 밝다. 새로운 에피소드를 삽입해 사건을 다르게 진
행시키는 전형적인 서사 기술이 연가곡에도 적용된 것이다. 짧막한
대화와 공감이 이 에피소드의 전말이다.

처음의 가벼운 전주는 마치 무대로 날래게 올라서는 무희의 종종
걸음 같다. 선율은 매 시행의 끝 음을 문 채 이어져 마치 매기고 받
는 듯한 느낌을 준다. 징슈필 특유의 대화체 노래^{또는 교대가} Wechsellied
가 구현된 것이다. 또한 매 연의 제3행과 6행은 일종의 후렴구처럼
돌고 돌아 민요적으로 들린다. 뮐러의 원작이 리더슈필에서 나왔음
을 떠올리게 해주는 대목이다. 전체적으로는 생기 있는 도약과 발
랄한 꾸밈음이 듣는 즐거움을 준다.

청년은 아가씨가 초록을 좋아한다고 하자마자 류트에 묶어둔 초

록 리본을 풀어 그녀에게 보낸다. 슈베르트는 이 장면을 아주 인상적으로 표현했다. 제1연 제4행의 "사랑하는 당신 Lieb"제12마디에는 옥타브 도약이, 제5행의 "곧바로 나는 그 끈을 풀어 Gleich knüpf ich's ab und"제13-14마디에는 옥타브 하강 뒤 허둥지둥 서두르는 듯한 움직임이 나타난다. 이는 마치 사랑하는 그녀에게 집중옥타브 도약하고 곧바로 실행옥타브 하강 후 16분음표 연쇄하는 순박한 '돌쇠'의 모습이 아닌가.

이어지는 제6행의 후렴구에서는 피아노의 오른손 성부가 성악과 같은 선율을 한 옥타브 위에서 연주한다. 마치 아가씨가 청년과 같은 노래를 함께 흥얼거리듯이 말이다. 두 사람은 이렇게 공감대를 찾게 된 것이다. 그래서 청년은 아가씨가 좋아하는 초록을 사랑의 희망으로 해석한다.* 하지만 '징슈필 듀엣'처럼 심각할 것 없는 대화 한 토막에 꼭 그렇게 많은 의미를 부여해야 할까?

제14곡 「사냥꾼」 Der Jäger

방앗간 시내에서, 사냥꾼아, 대체 뭘 두리번대느냐?♪0:04
거만한 사냥꾼 녀석, 네 구역에나 머물러라!
여기 네 몫의 사냥감 따위는 없어,
여기 내 몫인 온순한 사슴이 살고 있을 뿐.
내 귀여운 사슴을 한번 보고 싶거든
네 엽총 따윈 숲에다 세워두고
컹컹 짖는 사냥개들은 집에다 묶어두고

---

* 슈베르트의 가곡 「방랑자」에는 "희망의 초록"(Hoffnungsgün)이라는 표현이 있다. 초록에서 희망을 읽어내는 것은 전혀 낯선 일이 아니다.

붕붕 빵빵 뿔나팔 소리도 그만두고

턱에 덥수룩한 털도 싹 밀고 와.

안 그러면 정원의 사슴이 널 피해 달아날 거야.

> Was sucht denn der Jäger am Mühlbach hier?
> Bleib, trotziger Jäger, in deinem Revier!
> Hier gibt es kein Wild zu jagen für dich,
> Hier wohnt nur ein Rehlein, ein zahmes, für mich,
> Und willst du das zärtliche Rehlein sehn,
> So laß deine Büchsen im Walde stehn,
> Und laß deine klaffenden Hunde zu Haus,
> Und laß auf dem Horne den Saus und Braus,
> Und schere vom Kinne das struppige Haar,
> Sonst scheut sich im Garten das Rehlein fürwahr.

더 나은 건 그냥 너, 숲속에 있는 거야♪0:37

물방아도 여기 일꾼도 가만 내버려 두는 거야.

물고기가 초록 가지에서 뭐에 쓸 데 있을까?

청설모가 푸른 못에서 뭘 할 수 있을까?

그러니 숲속에나 있거라, 거만한 사냥꾼아.

내버려 둬, 나와 세 개의 물레방아 바퀴를.

내 연인이 널 사랑하도록 만들 거라고?

이 친구야, 뭐가 그녀 속을 썩이는지나 알아둬.

너 때문에 밤마다 멧돼지들이 숲에서 나와

그녀의 배추밭을 망쳐놓는다고.

밟고 파헤치고 밭을 다 헤집어놓는데

그놈들이나 좀 쏴주라, 사냥꾼 나으리!

> Doch besser, du bliebest im Walde dazu
> Und ließest die Mühlen und Müller in Ruh.

Was taugen die Fischlein im grünen Gezweig?
Was will den das Eichhorn im bläulichen Teich?
Drum bleibe, du trotziger Jäger, im Hain,
Und laß mich mit meinen drei Rädern allein;
Und willst meinem Schätzchen dich machen beliebt,
So wisse, mein Freund, was ihr Herzchen betrübt:
Die Eber, die kommen zur Nacht aus dem Hain
Und brechen in ihren Kohlgarten ein
Und treten und wühlen herum in dem Feld:
Die Eber, die schieß, du Jägerheld!

청년에게 라이벌이 등장한다. 숲속의 사냥꾼이 그들 사이에 끼어든 것이다. 그간 청년이 들려준 서정적인 음조와는 상극인 '사냥나팔 소리'가 음악을 지배한다. 여기서 서로 대비되는 것은 방아꾼과 사냥꾼이라는 직업이 아니다. 오히려 방아꾼 속에 숨어 있는 예술가와 사냥꾼이 대표하는 '쓸모 있는 인간'의 대립이다. 당장 눈앞에 있는 사냥감을 쫓지 않으면 안 되는 사냥꾼은 그때그때의 효용을 최우선 가치로 삼는 현실주의자를 표상한다. 그러나 방아꾼 속에 숨어 있는 예술가는 당장의 생존과 영속의 가치를 동시에 쫓는 시민 예술가, 다시 말해 슈베르트 자신의 표상이다. 그러나 어린 아가씨의 눈에는 어떨까? 야성이 살아 있는 사냥꾼의 능력이 더 눈에 띈다. 눈에 보이지 않는 가치를 알아보기에는 그녀의 세계^{시민 사회}가 너무 범속했던 것이다. 이러한 주제 의식은 훗날 토마스 만^{Thomas Mann, 1875-1955, 『토니오 크뢰거』} 등과 헤세^{Hermann Hesse, 1877-1962, 『수레바퀴 아래서』} 등 작품의 한 축을 이루게 된다.

전주에는 스타카토^{짧게 끊어 연주하는 기법}가 붙어 있고 곡의 흐름은 급박하다. 마치 분노로 헐떡이는 듯한 짧은 숨의 연속이다. 선율은 사냥호른^{Jagdhorn} 특유의 삼화음으로 구성되어 사냥꾼의 존재를 암시한다. 곡은 크게 두 부분으로 나뉜다. 사냥꾼에게 접근 금지를 경고하는 제1-4행^{제4-13마디}까지는 성악과 피아노의 오른손 선율이 함께 움직인다. 그런데 아가씨로 화제가 전환되는 제5행 이하^{제13-28마디}에서는 피아노가 성악과 반대 방향으로 반음계를 타고 떨어진다. 이러한 진행은 음악적 긴장감을 주는 동시에 청년이 느끼는 마음의 어지러움을 나타낸다.

하지만 청년의 위협은 그리 대수롭지 않다. 반복 선율로 구성된 첫 부분도 그렇고, 너무 완만하게 고조되는 둘째 부분도 결정적인 일격과는 거리가 멀다. 그러므로 이 분노^{제27마디. 마지막 행의 최고음 g}는 폭발하지 못하고 그의 안에만 머물러 있을 뿐이다.

제15곡 「시기심과 자존심」 Eifersucht und Stolz

어디로 그리 빨리, 흙탕물로 거칠게 흘러가느냐, 내 시냇물아? ♪0:03
분한 마음 가득 차서 저 뻔뻔스러운 사냥꾼 녀석을 쫓아가느냐?
돌아와, 돌아와, 먼저 네 아가씨를 나무라야지.
좁고 경솔하고, 고삐 풀린 그녀의 변덕을 나무라야지.

> Wohin so schnell, so kraus und wild, mein lieber Bach?
> Eilst du voll Zorn dem frechen Bruder Jäger nach?
> Kehr um, kehr um, und schilt erst deine Müllerin
> Für ihren leichten, losen, kleinen Flattersinn.

너도 보지 않았니? 어제저녁 성문 앞에서 그녀를. ♪0:25
큰 거리에서 목을 빼고 기다리지 않더냐.
그 사냥꾼 놈이 기분 좋게 제 사냥감을 집으로 들여갈 때
예의바른 아가씨라면 창밖에 그렇게 머릴 내밀지 않아야지.

> Sahst du sie gestern abend nicht am Tore stehn,
> Mit langem Halse nach der großen Straße sehn?

Wenn vom den Fang der Jäger lustig zieht nach Haus,
Da steckt kein sittsam Kind den Kopf zum Fenster 'naus.

가거라, 시냇물아, 그녀에게 말해라. 아니, 말하지 마라. ♪0:50
듣고 있니? 내 슬픈 얼굴일랑 한마디도 마라.
그녀에게 이 말만 해라. 곁에서 내가 갈대피리 만들어
아이들에게 멋진 춤곡과 노래를 불러주고 있다고.

Geh, Bächlein, hin und sag ihr das; doch sag ihr nicht,
Hörst du, kein Wort von meinem traurigen Gesicht.
Sag ihr: Er schnitzt bei mir sich eine Pfeif' aus Rohr
Und bläst den Kindern schöne Tänz' und Lieder vor.

청년의 마음속에 일어난 분탕질을 피아노가 표현해준다. 물결치
는 음형의 밑바닥^{베이스}에 부딪히는 불협화가 들어 있어 분노가 넘
쳐흐르는 감정의 탁류를 재현한다. 이 베이스에 담긴 단음–장음의
리듬 구조'^{따–단} ♪–♩' 역시 중요하다. "돌아와, 돌아와 Kehr um, kehr
um"^{제1연 제3행}의 외침이 같은 리듬이다. 하지만 청년의 말은 힘없이
하강^{제12–15마디}한다.

제2연에서는 '종종거리는' 8분음표들의 연쇄로 리듬의 인상이 달
라진다. 아가씨의 장면^{제2연 제2행, 제31–32마디}에서는 "긴 lang"에 상대
적으로 긴 사분음표를 걸어놓고, "목 Halse"에서 옥타브 하강을 하
여 "목을 빼고"^{'긴 목을 하고'가 독일어 직역이다} 기다리는 모습을 음화적으
로 그려냈다. 사냥꾼 장면에서 성악은 호른 특유의 삼화음^{제2연 제3행,}
^{제37–38마디}을 흉내 내고 피아노도 '사냥꾼의 합창'을 묘사^{제39마디}하
며 합세한다.

청년의 마음은 심란하다. 말을 자르듯이 다급하게 뭔가를 말하려
다가^{제3연 제1행, 제51마디} 갑자기 사단조^{제59마디}의 어두운 목소리로 "한
마디도 마라 kein Wort" 하고 당부한다. 무엇을? 자기의 "슬픈 얼굴

traurigem Gesicht"제3연 제2행, 제61마디을. 여기서 그의 음성은 우울한 내림나단조로 변한다.

마지막 두 행에서 청년은 애써 위안거리를 찾는다. 그는 마치『하멜른의 피리 부는 사나이』*처럼 아이들을 사로잡는다. 때 묻지 않은 순수한 영혼들은 아직 그를 알아보는 것이다. 그러나 그의 마지막 자존심사장조도 "그녀에게 이 말만해라"제4연 제3행, 제74, 80마디, 음가는 '따-단 ♪-♩'고 할 때마다 사단조로 어두워진다. 그래서 맨 마지막 사장조의 외침제87마디 이하과 후주도 어딘지 모르게 씁쓸한 뒷맛을 남긴다.

제16곡 「좋아하는 색」 Die liebe Farbe

초록옷을 지어 입겠네♪0:16
초록 버들옷을 입겠네
내 사랑 초록을 좋아하니까.
측백나무 숲을 찾아가겠네
들녘으로 로즈마리 찾아가겠네
내 사랑 초록을 좋아하니까.

> In Grün will ich mich kleiden,
> In grüne Tränenweiden:
> Mein Schatz hat's Grün so gern.
> Will suchen einen Zypressenhain,
> Eine Heide von grünen Rosmarein:
> Mein Schatz hat's Grün so gern.

* 피리 부는 사나이는 피리를 불어 마을에서 쥐를 없애준다. 하지만 약속했던 보수를 받지 못하자, 다시 피리를 불어 아이들을 사라지게 한다.

자아, 신나게 사냥을 떠나겠네! ♪1:22

자아, 들판이며 수풀을 지나며!

내 사랑 사냥을 좋아하니까.

내가 사냥할 짐승은 죽음,

이 들판은 사랑의 고난이겠네.

내 사랑 사냥을 좋아하니까.

Wohlauf zum fröhlichen Jagen!

Wohlauf durch Heid' und Hagen!

Mein Schatz hat's Jagen so gern.

Das Wild, das ich jage, das ist der Tod;

Die Heide, die heiß ich die Liebesnot:

Mein Schatz hat's Jagen so gern.

들판에다 나 묻힐 무덤 하나 파서 ♪2:28

초록의 잔디로 덮어다오.

내 사랑 초록을 좋아하니까.

검은 십자가, 화사한 꽃도 없이

초록, 모두 다 초록으로 두르고 둘러!

내 사랑 초록을 좋아하니까.

Grabt mir ein Grab im Wasen,

Deckt mich mit grünem Rasen:

Mein Schatz hat's Grün so gern.

Kein Kreuzlein schwarz, kein Blümlein bunt,

Grün, alles grün so rings und rund!

Mein Schatz hat's Grün so gern.

사랑은 떠났다. 아무리 보아도 사냥꾼의 세계가 더 '초록'이었던 것이다. 당장 사냥감을 잡아오는 남자가 아직도 방랑의 여정이 까마득한 애어른보다는 확실한 신랑감이다. 그런데 이처럼 방랑이 사랑을 밀어낼 때 청년은 과연 방랑을 계속 사랑할 수 있을까. 그는 더 이상 갈 곳이 없다고 느낀다. 아가씨와 청년 사이를 이어주던 그 생명의 빛깔은 이제 죽음의 색으로 변한다.

그가 말하는 초록은 무성하게 자라오르는 무상함의 색이요, 세상을 등진 이의 색이다. 측백나무며 로즈마리는 모두 '관'을 장식하는 꽃이지만 그의 무덤은 일반적인 경우처럼 교회나 마을 안이 아니라 인적 없는 초야^{제3연 제4행 참조}에 자리하게 될 것이다. 사랑에도 일에도 그의 자리가 남아 있지 않은 까닭이다.

피아노는 f#음을 마치 편집증 환자처럼 계속 들려준다. 이 음은 장례의 조종^{弔鐘}을 떠오르게도 하지만*, 오히려 그의 주변을 온통 둘러싼 끔찍한 '초록'에 대한 상징적 표현에 가깝다. 이 곡에서만 무려 500회 이상 나오는 이 강박적인 울림은 거의 기계적이다. 다시 말해 인간성 또는 넋을 잃은 상태^{죽음}를 그리고 있는 것이다.

한편 피아노의 베이스에는 마치 성악과 듀엣을 이루는 듯한 노래 선율이 들어 있다. 첫 연과 셋째 연에서는 그리 두드러지지 않게, 그러나 제2연에서는 '사냥 나팔'을 불듯이 연주하면 멀리 있던 사냥꾼^{제1연}이 그를 지나쳐^{제2연} 다시 멀어져가는^{제3연} 심상을 살려낼 수 있다. 곧 회한이 죽음과 겹치는 장면이다.

"내 사랑 초록^{사냥}을 좋아하니까 Mein Schatz hat's Grün ^{Jagen} so gern"^{각 연 제3·6행, 일종의 후렴구}는 지극히 반어적인 청년의 구슬픈 외침이다. 이 선율은 끝에서 4도 위인 f#으로 도약한다. 그 순간 선율은 그동안 강박적으로 반복되던 피아노의 f#음과 겹쳐진다. 그렇게 그는 '초야에 묻혀' 보이지 않게 되는 것이다.

* Thrasybulos G. Georgiades, 앞의 책, 1967, S.283.

제17곡 「싫어하는 색」 Die böse Farbe

세상으로 나가고 싶네 ♪0:07
저 너른 바깥세상으로.
저 바깥 숲이며 들이며 다 초록뿐이거든
아, 초록이 아니었으면 좋겠네.

Ich möchte ziehn in die Welt hinaus,
Hinaus in die weite Welt;
Wenn's nur so grün, so grün nicht wär,
Da draußen in Wald und Feld!

초록빛 잎사귀 죄다 ♪0:23
가지가지마다 따버리고 싶네.
녹색의 잔디 죄다
내 눈물로 죽은 듯 창백케 하고 싶네.

Ich möchte die grünen Blätter all
Pflücken von jedem Zweig,
Ich möchte die grünen Gräser all
Weinen ganz totenbleich.

아, 초록아, 너 참 싫은 색깔아, ♪0:43
왜 날 그렇게 바라보는 거냐?
콧대 높고, 당돌하고, 심술 맞게
핏기 없는 이 불쌍한 남자를!

Ach Grün, du böse Farbe du,
Was siehst mich immer an
So stolz, so keck, so schadenfroh,
Mich armen weißen Mann?

그녀의 집 문 앞에 눕고 싶네 ♪1:02

폭풍과 빗줄기와 눈발 속에도.
누워선 밤낮으로 나직한 노래
노랫말 한마디는 "잘 있어!"

> Ich möchte liegen vor ihrer Tür
> Im Sturm und Regen und Schnee.
> Und singen ganz leise bei Tag und Nacht
> Das eine Wörtchen: Ade!

들어봐, 숲에서 사냥 나팔 울려오면♪1:27
그때 그녀의 창문 또한 울리겠네.
그녀가 내게로 시선을 주지 않는다 해도
나는 그녀를 바라볼 수 있겠네.

> Horch, wenn im Wald ein Jagdhorn schallt,
> Da klingt ihr Fensterlein!
> Und schaut sie auch nach mir nicht aus,
> Darf ich doch schauen hinein.

오, 네 이마에서 풀어버려라♪1:39
저 초록, 초록색 끈을.
안녕, 안녕, 네 손을 건네다오,
나한테 보내는 작별의 인사로!

> O binde von der Stirn dir ab
> Das grüne, grüne Band;
> Ade, ade! Und reiche mir
> Zum Abschied deine Hand!

장조의 시냇물 소리, 단조의 사냥 나팔 소리의 전주 후 청년은 아
가씨와의 인연을 털어버리고 작별을 고한다.

제목에서 알 수 있듯이 이 곡은 앞 곡과 짝을 이룬다. 조성은 앞

곡과 같은 으뜸음의 장조이고 제3연과 제5연의 피아노 반주부에 '한 음의 집요한 반복'제16곡의 f#음을 떠오르게 한다이 활용된다. 그러나 이 곡은 앞 곡보다 훨씬 불안정하여 행마다 장조와 단조를 넘나든다. 그 와중에 처음의 짐짓 꾸며낸 당찬 목소리는 곧 공포의 비명으로 "죽은 듯 창백케 totenbleich"제2연 제4행, 제20마디의 옥타브 도약과 반음 위 상승 되어버린다.

이어 '사냥 나팔' 소리제22마디가 들려온다. 앞 곡과 유사한 '강박적인' 동일음 연타가 위압적으로 '청년'을 쫓는 듯하다. 그 아래 베이스에서는 마치 놀리는 듯한 하행음형제23마디이 스타카토를 달고 나온다. 청년을 쏘아보는 빽빽한 초록을 그렇게 묘사한 것이 아닐까. 결국 그는 초록색에 쫓기고 사냥 나팔 소리에 쫓긴다. 그가 곧 사냥감인 것이다.

그렇게 쫓겨난 청년에게 시냇물 소리제4연 제1행, 제32마디가 들려온다. 이는 전체 연작의 결말에 대한 암시다. 그가 갈 곳은 그곳밖에 없는 것이다. 이러한 심상에 '사냥 나팔의 팡파르'제5연 제1행가 다시금 오버랩된다. 빠른 템포로 엄습하는 나팔 소리에 밀려 그는 이제 사랑의 상징이었던 초록색 끈제6연 제2행을 풀어버린다. 다시 시냇물 소리, 작별 인사"안녕, 안녕 Ade, ade", 제6연 제3행, 그리고 공포의 비명. 말 그대로 무시무시한 노래다.* 이 곡에는 공포로 물레를 놓아버리는 그레트헨의 모습과 듣는 이를 몰아대는 마왕의 말발굽이 함께 들어 있다. 휘몰아 도는 선율, 터져 나오는 격정, 장·단조 사이를 춤추는 양가적인 감정! 죽음 앞에 펄떡이는 마지막 생명은 이런 모습이다.

* 같은 책, S.293.

제18곡 「말라버린 꽃」 Trockne Blume

그녀가 내게 주었던 ♪0:06
너희 모든 꽃들아,
너희들은 이제 나와 같이
무덤에 놓이겠구나.

> Ihr Blümlein alle,
> Die sie mir gab,
> Euch soll man legen
> Mit mir ins Grab.

너희들 모두 나를 ♪0:19
어찌나 안쓰러이 바라보는지
착각이 들어. 너희는
내가 당한 일을 다 아는 것 같아.

> Wie seht ihr alle
> Mich an so weh,
> Als ob ihr wüßtet,
> Wie mir gescheh?

너희 모든 꽃들아, ♪0:34
얼마나 시들고 또 창백한지.
너희 모든 꽃들아,
뭐에 그렇게 젖었는지.

> Ihr Blümlein alle,
> Wie welk, wie blaß?
> Ihr Blümlein alle,
> Wovon so naß?

아, 눈물은 오월의 초록을 ♪0:54

만들지 못하고
죽은 사랑도 다시는
꽃피게 할 수 없단다.

    Ach, Tränen machen
    Nicht maiengrün,
    Machen tote Liebe
    Nicht wieder blühn.

봄은 다시 오겠지만♪1:08
또 겨울은 다시 가겠지만
꽃들은 잔디 위에
돋아나겠지만.

    Und Lenz wird kommen,
    Und Winter wird gehn,
    Und Blümlein werden
    Im Grase stehn.

그 꽃들만은 놓이겠네♪1:22
내 무덤 속에.
그녀가 내게 건네준
그 모든 꽃들은.

    Und Blümlein liegen
    In meinem Grab,
    Die Blümlein alle,
    Die sie mir gab.

그녀가 산책을 나와♪1:44, 반복♪2:12
무덤을 지날 때면
마음속으로 그 사람은

진실했어. 생각할 때면!

> Und wenn sie wandelt
> Am Hügel vorbei
> Und denkt im Herzen:
> Der meint' es treu!

그때, 너희 모든 꽃들아, ♪1:56, 반복 ♪2:25

밖으로, 밖으로!

바로 그게 오월이 온 거니까.

바로 그때 겨울이 끝난 거니까!

> Dann, Blümlein alle,
> Heraus, heraus!
> Der Mai ist kommen,
> Der Winter ist aus.

장송행진곡이 이어진다. 이 선율은 오래된 옛날 노래다. 곡의 첫 부분이 옛 장인가요Meistersang*에서 즐겨 사용된 바르 형식Barform이기 때문이다. 바르 형식은 전절슈톨렌 Stollen, a 두 번과 후절압게장 Abgesang, b 한 번을 붙인 단순한 3부ᵃ⁺ᵃ⁺ᵇ의 가요다. 이 곡에서는 제1−2연이 슈톨렌, 제3연이 압게장이며 제2절제6연까지도 똑같이 반복된다. 노래처럼 사랑은 다 지난 옛날 얘기다.

시든 꽃, 다 소진된 열정을 말해주듯 피아노는 쉼표로 분절되어 여백이 많고 마단조의 선율은 담담하다. 선율이 율동하기 시작하는 제11마디"너희 모든 꽃들아 ihr Blümlein alle"부터 피아노의 음형8분음표+16분

---

* 수공업 분야의 마이스터들이 중세 연가를 본따 짓고 부른 노래다. 이 가운데 뉘른베르크의 제화장인 작스(Hans Sochs, 1494−1576)의 노래가 가장 유명하다.

쉼표+16음표 조합^이 약강의 율격^{얌부스 Jambus}을 강조한다. "뭐에 그렇게 젖었는지 wovon so naß"^{제3연 제4행, 제14-15마디}에서는 거리가 먼 나장조로의 전조로 담담하던 노래가 순간 슬픔의 색채를 띤 메아리로 바뀐다.

이제 청년은 죽음 이후 변용의 미래를 노래한다. 곡의 둘째 부분^{제7연 이하, 제30마디 이하}은 마장조로 시작된다. 얌부스 율격을 여전히 강조하는 피아노의 오른손 아래서 부점을 동반한 오르내리는 베이스의 음형이 새로 등장한다. 음악적 긴장감을 내포한 이 음형은 곧 서로 반진행으로 엮인 두 가닥으로 배가^{"너희 모든 꽃들아, 밖으로, 밖으로", 제8연 제1-2행, 제35-36마디}되어 음악을 고조시키다가, 포르테로 동반상승하여 "오월이 왔다 der Mai ist kommen"^{제37마디}고 힘차게 선포한다. 곡의 마지막은 베토벤 교향곡 제7번의 제3악장 트리오*를 연상^{제48-50마디}시킬 만큼 변용^{變容, Verklärung}과 정화의 에너지로 충만하다. 신실한 그의 사랑은 이렇게 영웅적으로 표현된다. 비록 "끝"이 아닌 "겨울"에 악센트^{제51마디}를 두고, 후주에서 다시 마단조^{제54마디}로 바뀌어 어두운 여운을 남기기는 하지만 말이다.

제19곡 「물방앗간 청년과 시냇물」 Der Müller und der Bach

물방앗간 청년:
어떤 신실한 마음이 ♪0:04
사랑 속에 꺼져가는 곳,
거기서는 화단마다
백합도 시들어간다.
Der Müller:

---

* 같은 책, S.295.

212

Wo ein treues Herze
In Liebe vergeht,
Da welken die Lilien
Auf jedem Beet;

그때 저 구름 속으로 ♪0:24
만월도 제 모습 숨기고는
흐르는 눈물 사람들에게
들키지 않으려 하겠네.

Da muß in die Wolken
Der Vollmond gehn,
Damit seine Tränen
Die Menschen nicht sehn;

그때 작은 천사들이 ♪0:45
두 눈을 꼭 감은 채
흐느끼며 노래 부르겠네
그 영혼에게 안식을 노래하겠네.

Da halten die Englein
Die Augen sich zu
Und schluchzen und singen
Die Seele zu Ruh'.

시냇물:
사랑이 마침내 ♪1:08
고통의 속박에서 벗어나면
새론 별, 작은 별 하나가
하늘에 반짝일 테지요.

Der Bach:

Und wenn sich die Liebe
Dem Schmerz entringt,
Ein Sternlein, ein neues,
Am Himmel erblinkt;

그때 세 송이 장미도 피어나지요. ♪1:34
반은 빨강이고 반은 하얀데
두 번 다시 시들지 않는대요.
가시 돋힌 잔가지에서 움텄거든요.

Da springen drei Rosen,
Halb rot und halb weiß,
Die welken nicht wieder,
Aus Dornenreis.

그리고 작은 천사들도 ♪1:52
제 날개를 떼어버리고
아침이 올 때마다
이 땅으로 내려온답니다.

Und die Engelein schneiden
Die Flügel sich ab
Und gehn alle Morgen
Zur Erde herab.

물방앗간 청년:
아 시냇물아, 사랑스런 시냇물아, ♪2:23
너는 참 좋은 생각만 하는구나.
아 시냇물아, 그런데 너는 아니?
사랑은 어떻게 하는지?

Der Müller:

Ach Bächlein, liebes Bächlein,
Du meinst es so gut:
Ach Bächlein, aber weißt du,
Wie Liebe tut?

아, 아래로, 저기 아래로♪2:46
서늘한 안식을!
아 시냇물아, 사랑스런 시냇물아,
그냥 노래나 불러다오.

Ach unten, da unten
Die kühle Ruh!
Ach Bächlein, liebes Bächlein,
So singe nur zu.

전체 연작의 정황상 청년은 시냇물에 '물리적으로' 가장 가까워
져 있다. 충실한 길동무였던 시냇물의 목소리까지 직접 듣고 있는
것이다. 그래서 그는 어쩌면 이미 물에 몸을 던진 뒤 '허우적거리며'
이 노래를 부르고 있는지도 모른다. 단순한 구조에 평온한 음악^{시냇}
^물이지만 숨 쉴 곳을 찾기 어렵다. 숨이 부족한데도 평온함을 연출
해야 하는, 가수에게는 무척 반어적인 상황이다.*

청년의 노래는 사단조다. 불안감을 주는 트리토누스 음정이 두
번^{제1연 제2행 "사랑 Liebe"의 f#-c, 제5마디, 제2연 제2행 "만월 Vollmond"의 a-e♭, 제}
^{13마디 등} 사용된다. 단순한 세 도막 형식이지만 뻔하게 들리지 않는
이유다. 피아노는 제3음이 빠져 있는 '보르둔^{Bordun} 화음'을 연주한
다. 장·단조를 결정하는 제3음을 빠뜨려 조성을 은폐하고 공허한
느낌을 주는 것이다.

* Gerald Moore, 앞의 책, 1975, pp.96-97.

반면 시냇물의 노래는 사장조다. 물결 음형이 나타나고 선율도 움직임이 많다. 제10곡에서 암시된 것처럼 시냇물의 노래는 저 하늘별, 천사을 이야기한다. 이때마다 선율은 인상적인 도약^{"새로운 neues"}, ^{제34·38마디}이나 꾸밈^{"하늘 Himmel", 제35·39마디}을 선보인다. 그가 말하는 세 송이 장미는 완전함^{셋은 완전수}을 뜻하고 반은 빨강, 반은 하양이 라는 것은 정열^{빨간 장미의 꽃말}과 순수^{하얀 장미의 꽃말}를 모두 가졌음을 뜻한다. 하지만 이런 완전한 사랑에 인간이 다다를 수 있을까? 이 대목^{제41-60마디}은 선율적으로 아름답지만 숨 쉴 곳이 전혀 없다.

청년은 피곤하다. 그는 묻는다. "너는 아니? 사랑은 어떻게 하는 지?"^{제7연 제3-4행, 제65-68마디} 긴 여운이 남는 이 질문 뒤에 그는 내림 나장조 "서늘한 안식"^{제8연 제2행, 제73-74마디}을 구하고, 이윽고 체념 의 사장조로 자장가를 청한다. 이 쓸쓸한 장조의 울림이 말로는 못 한 위로를 조금이나마 대신해준다.

제20곡 「시냇물의 자장가」 Des Bächleins Wiegenlied

잘 자라, 잘 자라. ♪0:13
두 눈은 감고!
방랑자야, 피곤한 이야, 이제 집에 왔다.
이곳에는 신실함이 있으니
내 곁에 누워도 좋다.
바다가 시냇물을 다 마실 때까지.

    Gute Ruh, gute Ruh!
    Tu die Augen zu!
    Wandrer, du müder, du bist zu Haus.
    Die Treu' ist hier,
    Sollst liegen bei mir,

하며 이 연작을 "노래로 된 작고 단순한 소설"로 요약했다. 미묘한 시상은 사라지고 오직 작곡을 위한 재료쯤에 그치는 민요일 뿐이라는 것이었다. 이러한 평은 음악가 사이에서 뮐러의 시가 신망을 잃는 계기가 되었다. 또 한슬리크는 슈베르트가 시 선택에 세심한 주의를 기울이지 않았으며 그의 음악적 영감이 시 자체의 심상을 뛰어넘어, 마치 편자를 단 말발굽처럼 마구 달음박질한다고 평했다.*

하지만 슈톡하우젠은 멈추지 않았다. 연작으로 연주할 때만 비로소 전달되는 이 작품의 메시지가 그를 자꾸 끌어당긴 것이다. 그는 1861년 4월 19일과 24일 함부르크 공연에서 이 연가곡을 다시 무대에 올렸다. 이때의 피아니스트가 바로 스물네 살의 브람스였다. 2,000여 명의 관객이 모인 1862년 쾰른 공연 때는 훔멜의 제자 힐러Ferdinand Hiller, 1811-85**가 반주를 맡았고 1866년 러시아 상트페테르부르크 공연에서는 작곡가 루빈스타인Anton Rubinstein, 1829-94이 함께했다. 작품의 진정성은 점점 더 사람들을 사로잡았다.

먹고사는 것이 너무나 큰 문제인 보통 사람들의 삶. 슈베르트가 이 곡을 써내기 전만 해도 이런 '평범한' 이야기는 감히 예술의 주제가 되지 못했다. 예술은 궁정이나 신화 같은 별천지에 따로 존재한다고 생각했다. 하지만 슈베르트는 귀족이나 엘리트가 아니라 매일 밀가루를 뒤집어쓰는 '노동자'의 삶을 음악으로 그렸다. 이로써 슈베르트는 사회는 예술적으로, 예술은 사회적으로 되어야 한다는 낭만주의의 정신을 실행에 옮긴 것이다.

* Susan Youens, *Schubert: Die schöne Müllerin*, Cambridge, 1992, p.26.
** 힐러는 슈베르트와 포글이 『겨울 나그네』를 연주할 때도 함께 있었다. 그에 따르면 훔멜은 『겨울 나그네』를 들으며 눈물을 흘렸다고 한다.

작자미상의 사진, 「요하네스 브람스와 율리우스
슈톡하우젠」(1865).
작곡가 브람스는 뛰어난 피아니스트이자
탁월한 가곡 해석자였다.

삶을 노래에 담는다. 『아름다운 물방앗간 아가씨』는 이 정신에 투철한 선구적 작품이다. 여기에는 차별이 없다. 나는 오늘날의 가요를 듣다가도 때때로 슈베르트의 음악과 같은 울림을 감지한다.

잊어야 한다면 잊혀지면 좋겠어
부질없는 아픔과 이별할 수 있도록
-김광석, 「그날들」

어떤 노래가 내 삶을 말해준다고 느껴본 이가 있다면 슈베르트를 기억하라. 김광석의 「그날들」이나 퀸의 「보헤미안 랩소디」나 자이언티의 「양화대교」도 실은 같은 정신을 공유하고 있는지도 모른다. 슈베르트야말로 보통 사람의 삶과 가까운 모든 노래의 첫 스승이다.

나뭇가지 속의 어두운 숨결,
파란 꽃 조각들이, 고독자의 얼굴과
황금의 발자국들을 떠돈다.
감람수 밑에서 죽어가면서
취한 날갯짓을 푸드덕거리는 밤
그토록 조용히 겸허는 피 흘린다.
꽃피는 가시관으로 천천히 이슬 떨어지고,
광채 뿜는 팔의 긍휼
이제 부서지는 가슴을 껴안는다.

  — 트라클Georg Trakl, 1887-1914,
    「사로잡힌 지빠귀의 노래」

6 아는 얼굴의 낯선 방랑자

『겨울 나그네』D.911

- **시** 빌헬름 뮐러, 『우라니아(*Urania*, 1823)』 · 『방랑하는 숲
  나팔수의 일흔일곱 개의 유고 시편 제2권』(*77 Gedichte aus den
  hinterlassenen Papieren eines reisenden Waldhornisten, zweites Bändchen*,
  1824) 중에서

- **작곡** 1827년, 빈(D.911)

- **헌정** 없음

- **초판** 1828년 2월 24일 제1부, 12월 31일 제2부, 하슬링거, 빈
  (Op.89)

- **초연** 1828년 1월 10일, 테너, 율리우스 티체(제1곡), 1829년 1월
  22일, 베이스, 카를 쇼버레히너(제5곡, 제17곡). 전곡 초연은
  알려진 바 없음

- **연주 시간** 약 75분

- **개별 악곡** 총 24곡
  제1부
  제1곡「잘 있어」, 2/4박자, 라단조, 보통 빠르게(걷는 듯한
      움직임으로)
  제2곡「풍신기」, 6/8박자, 가단조, 아주 빠르게(불안정하게)
  제3곡「얼어붙은 눈물」, 2/2박자, 바단조, 너무 느리지 않게
  제4곡「응결」, 4/4박자, 다단조, 아주 빠르게(또는 너무
      빠르지 않게)
  제5곡「보리수」, 3/4박자, 마장조, 보통 빠르게(또는 조금
      느리게)
  제6곡「넘쳐흐르는 눈물」, 3/4박자, 내림바단조(또는
      마단조), 느리게.
  제7곡「강 위에서」, 2/4박자, 마단조, 느리게(또는 보통
      빠르게)
  제8곡「돌아보는 시선」, 3/4박자, 사단조, 너무 빠르지 않게

제9곡 「도깨비불」, 2/4박자, 나단조, 느리게

제10곡 「쉼」, 2/4박자, 라단조(또는 다단조), 보통 빠르기로

제11곡 「봄의 꿈」, 6/8박자, 가장조, 약간 움직임을
가지고(또는 조금 빠르게)

제12곡 「고독」, 2/4박자, 나단조, 느리게

제2부

제13곡 「우편」, 6/8박자, 내림마장조, 조금 빠르게

제14곡 「허옇게 센 머리」, 3/4박자, 다단조, 조금 느리게

제15곡 「까마귀」, 2/4박자, 다단조, 조금 느리게

제16곡 「마지막 희망」, 3/4박자, 내림마장조, 너무 빠르지
않게

제17곡 「마을에서」, 12/8박자, 라장조, 조금 느리게

제18곡 「폭풍우 아침」, 4/4박자, 라단조, 아주 빠르게
동시에 힘차게

제19곡 「착각」, 6/8박자, 가장조, 조금 빠르게

제20곡 「이정표」, 2/4박자, 사단조, 보통 빠르게

제21곡 「여인숙」, 4/4박자, 바장조, 아주 느리게

제22곡 「용기」, 2/4박자, 가단조(또는 사단조), 아주 빠르게,
힘차게

제23곡 「허깨비 태양」, 3/4박자, 가장조, 너무 느리지 않게

제24곡 「회전수금 악사」, 3/4박자, 나단조, 조금 느리게

나의 기도

병마는 슈베르트의 온 존재를 할퀴어 아물 수 없는 깊은 자상을
남겼다. 사랑을 잃고 고독에 시달리다 당한 일격이었다. 고꾸라진
슈베르트는 일기장에 「나의 기도」^{Mein Gebet}라는 글을 남겼다.

깊은 그리움의 거룩한 불안이

더 나은 세상을 갈급히 바라니
원컨대 어둑한 나의 공허
전능자의 사랑의 꿈으로 채워지기를.

크신 아버지시여, 이제 아들의
깊은 고통을 갚아주시사
제 구원의 양식으로 주의
영원한 사랑의 빛을 허락하소서.

보소서, 사라진 듯 먼지를 덮은 채
응답받지 못한 회한의 노략물이 되어
제 인생의 순례의 길이
저 영원한 멸망에 다가가오니

그 회한을 죽이려 저 스스로를 죽이고
이제 전부를 레테의 강에 던져
정결하고 강건한 존재로 거듭나도록
오, 크신 주여, 함께해주소서.

탕자 슈베르트가 이제 '하늘 아버지'께 매달린다. 비록 서툴게 지은 시지만 그의 간구는 고통 너머 더 나은 세상을 향한다. 슈베르트에게 더 나은 세상은 늘 음악이 열매 맺는 곳 아니었던가.

자유창작 예술가의 방랑과 시민사회의 사랑은 양립하기 어려웠다. 그러니 물방앗간 이야기는 곧 그의 이야기와 마찬가지였다. 그러나 직인 청년의 비극을 직접 뒤따르기에는 음악이 너무나 좋았다. 그래서 『아름다운 물방앗간 아가씨』는 어쩌면 슈베르트판 '하일리겐슈타트의 유서'다. 베토벤이 유서를 쓰다가 예술로의 헌신을 결단했듯이 슈베르트 또한 이 곡으로 자기 소명을 재확인했다. 유서 이후 베토벤이 '새로운 길'을 모색했듯이 슈베르트도 이제 그의 회한이며 성취를 '망각의 강레테'에 던져넣고* 새로 태어나는 각오를 다졌다.**

1824년 3월 31일, 친구 쿠펠비저에게 보낸 편지는 이런 각오를 분명하게 보여준다. 편지의 첫머리는 고통을 토로한다.

한마디로 나는 내가 세상에서 제일 불행하고 비참한 인간처럼 느껴져. 한번 생각해봐. 영영 회복할 수 없게 된 건강에 대한 절망으로, 점점 잘 해나가기보다는 일을 그르치고 있는 사람을 말이야. 그 빛나던 희망이 허무로 돌아가고, 사랑의 행복과 우정마저도 극도의 고통 외에는 아무것도 줄 수 없다면, 아름다움에 대한 열광이 모두 사라질 위기에 처해 있다면, 한번 스스로에게 물어봐. 그게 비참하고 불행한 인간이 아닌지를.

병이 주는 신체적 고통보다 희망, 우정, 아름다움 같은 눈에 보이지 않는 소중함을 잃는 게 더 뼈아프다. 그 한순간의 방종이 얼마나 허망하고 애석했을까. 슈베르트는 계속 이어간다.

---

* 이 시기 슈베르트는 지금까지의 자기 작품을 전면적으로 재평가했다. 슈파운에 따르면, 슈베르트는 그의 전체 가곡 가운데 1/3가량만 출판할 가치가 있다고 생각했고, 오케스트라 곡은 출판사에 보낼 만한 것이 없다고 여겼다. (Christoph H. Gibbs, *The life of Schubert*, Cambridge, 2000, p.65.)
** 사도 바울은 「고린도전서」 제15장 31절에서 이렇게 말한다. "나는 날마다 죽노라." 현재의 삶을 부인하는 것은 곧 더 나은 영생을 바라는 믿음의 표현이다.

"내 안식은 저 멀리, 마음은 무거워. 그 평안 나 더는 찾을 길 없네." 나는 매일 이렇게 노래 불러야 할 거야. 어제의 비통함이 매일 아침마다 내게 되돌아와. 슈빈트가 여러 번 찾아와서 저 오랜 달콤한 나날들의 빛을 비춰주지 않았더라면 나는 그렇게, 기쁜 일 없이 친구도 없이 보내야 했을 거야.

슈베르트는 무의식중에 10년 전 그려놓은 그레트헨^{1814년}의 모습을 현재 자기의 삶과 오버랩시킨다. 물레질하던 그레트헨이 부르짖은 두려운 외마디 비명^{"아, 그의 입맞춤! Und ach, sein Kuß!"}은 이제 그의 작품에 선명하게 흔적을 남기기 시작했다. 고통과 동반^{同伴}된 두려운 방랑의 이야기야말로 그가 진실하게 그려낼 음악의 내용이 된 것이다.

그러나 절망의 틈에서도 슈베르트는 여전히 '스승' 베토벤의 길로 정진하고 있었다. 슈베르트는 예감했다. 천재 소년의 열렬한 판타지만으로는 베토벤 같은 음악의 마이스터가 될 수 없었다. 그것은 죽음의 골짜기를 통과하는 심연의 깊이를 요구했다. 그는 새로운 실내악*으로 처절하게 고통의 길을 가기 시작했다.

나는 바이올린, 비올라, 첼로를 위한 사중주 두 곡^{제13번 「로자문데」} D.804, 제14번 「죽음과 소녀」 D.810</sup>을 썼고, 팔중주^{D.803}도 하나 썼어. 사중주는 하나 더 쓰려고 해. 어쨌거나 이런 식으로 나는 대교향곡

* 슈판치히의 귀환은 결정적인 계기가 되었다.
그는 1812년 라주모프스키와 함께 러시아에
갔다가 1823년 귀환했다. 그가 조직한
실내악 연주회는 베토벤과 슈베르트
실내악의 중요한 무대가 되었다.

으로 가는 길을 개척할 거야. 최근 빈에는 베토벤의 연주회 소식이 있어. 신작 교향곡, 신작 미사곡에서 발췌한 세 곡과 신작 서곡을 발표한다는 거야. 하나님이 허락하신다면 나도 내년쯤 이런 연주회를 열어보고 싶다.

베토벤은 그러한 음악의 심연을 몸소 보여주었다. 슈베르트가 언급한 베토벤의 공연은 1824년 5월 7일 「합창」 교향곡 초연 무대였다. 자기 부정의 고통과 아름다움을 인류애로 승화시키는 위대한 작품 앞에서 슈베르트는 자기의 온 존재가 요동치는 것을 느꼈을 것이다.* 슈베르트는 이에 용기를 얻어 자신도 삶의 두려운 진실을 음악으로 마주하리라고 결심했을 것이다.

서정성에서 방랑으로
고통 앞에서 슈베르트 음악의 본래적 성격인 서정성은 이제 새로운 차원을 얻게 되었다. 본래 음악에서 서정성이란 단순히 감성의 풍부함을 뜻하지 않는다. 이는 외향적인 움직임보다 내면으로의 몰입이 더 강할 때나 음악적 구조의 확장·발전보다는 반복과 재현이 보다 두드러질 때, 그리하여 듣는 이가 회상적 감정을 느끼게 될 때 생겨나는 효과다.

슈베르트 음악의 뿌리인 가곡은 대표적 서정적 장르였다. 헤겔의 설명대로, 노래에는 자아에서 나왔다가 다시 자아로 회귀하는 인식의 순환이 상징적으로 드러나 있기 때문이다.** 선율이 절마

---

* 나성인, 『베토벤 아홉 개의 교향곡』, 한길사, 2019, 329-330쪽 참조.
** Georg Wilhelm Friedrich Hegel, "Das lyrische Gedicht," in: Walter Müller-Seidel(Hrsg.),

다 '되돌아오는' 유절가곡이나 다시 첫 부분으로 '돌아가는' 세도막 형식^A-B-A^ 등은 외부 세계^타자^의 경험을 자아의 내부로 들이는^즉 성찰^ 과정을 형상화한 양식이었다.

하지만 고통으로 자아의 일부가 깨지자 슈베르트의 서정 또한 순수한 모습으로 머무를 수 없게 되었다. 세계를 온전히 자기 것으로 소화시킬 수 없는 자아는 중심이 쉬이 흔들리고 불안정하다. 그의 성찰은 혼란에 빠져 방향성이 불분명해진 까닭에 '무한한 진보'보다는 '무한한 떠돌기'처럼 바뀐다. 바로 이것이 그의 가곡과 기악 음악의 핵심적인 이미지가 되기 시작했다.

'깨어진 자아'의 '불완전한 서정'은 잦은 전조, 특히 삼화음 가운데 '제3음의 불안정성'을 이용한 화성의 변화로 구체화된다. 예를 들어 다장조의 으뜸화음은 '도-미-솔'이고 제3음은 '미'다. 그런데 이때 제3음이 불안정하여 언제든지 반음 아래의 '미♭'으로 떨어질 수 있다면 그것만으로 장조-단조가 요동치게 된다. 곧 '도-미♭-솔'은 반음의 이동만으로 다장조와 같은 으뜸음조인 다단조가 되는 것이다. 이처럼 반음을 이용한 화성적 '변성'은 슈베르트 음악에서 다양한 방식으로 나타난다. 예를 들어 피아노소나타 제21번^D.960^ 제1악장에서는 라단조의 화성 '레-파-라'에서 가장 윗음 '라'를 '내림나'로 반음 올려 내림나장조^내림나-레-파^로 순간적인 전조를 이루기도 한다.*

이러한 전조는 으뜸화음^I^과 딸림화음^V^ 사이의 긴장 관계를 활용하는 전통적인 전조와는 전혀 다르다. 전통적인 온음계 시스템에서

Balladenforschung. Königstein, 1980, S.9.
* Rita Steblin, "Schubert's Pepi. His Love Affair with a Chambermaid Josefa Pöcklhofer and her surprising fate," in: *The Musical Times*, 2008, p.53.

는 으뜸음^{제1도, 제8도}으로 돌아가려는 제7음^{이끔음, 다장조의 '시'}의 성질을 이용하여 전조하는 것이 보통이었다. 예를 들어 다장조에서 으뜸음 '도'와 거리가 가장 먼 '솔'^{제5음}을 가상의 새로운 으뜸음으로 삼으려면^{전조} 바로 아래의 '파'^{제4음}를 반음 올려[#] 으뜸음으로 돌아가려는 성질을 부여하면 된다. 그러면 듣는 이들은 곡의 으뜸음이 '도'에서 '솔'로 변했음^{곧 곡이 사장조로 전조되었음}을 느끼게 되는 것이다. 이러한 전조는 으뜸음과 제5음의 관계를 이용하므로 흔히 '5도권 전조'라고 부르며 전조를 거듭할 때마다 조성이 5도 간격으로 규칙적인 순환^{예를 들어 C→G→D→A 등}을 하게 된다.

하지만 슈베르트가 자주 활용한 '3도권 전조'는 삼화음들이 맺는 관계를 유연하게 이용하는 새로운 방식이었다. 이러한 전조는 으뜸음과 관련된 것이 아니기에 기존 조성의 맥락을 벗어나 의외성을 부여하거나, 5도권 순환의 순서를 단번에 뛰어넘어 예상치 못한 방향으로 곡을 전환시키는 데 효과적이었다.

다시 서정성 이야기로 돌아가자. 우리는 흔히 으뜸음이 곧 자아의 상징으로 받아들여졌음을 기억할 필요가 있다. 그렇다면 전통적인 전조는 으뜸음의 위치를 바꿀 뿐 으뜸음으로 회귀한다는^{즉 어디까지나 으뜸음이 중심이라는} 규칙을 바꾸는 것은 아니다. 그러나 슈베르트의 3도권 전조는 으뜸음의 위치뿐 아니라 성격^{가장 단순한 예가 장조와 단조}을 바꾸며 으뜸음으로 회귀하려는 음계의 성질을 순간적으로 은폐한다. 그러니까 전조의 순간은 기존 음계의 질서에서 벗어나는 순간이며, 자아가 길을 '잃는' 순간이다. 이 순간, 으뜸음으로 표상된 자아는 더 이상 예전의 자아가 아니다. '낭만화된' 자아, 바꿔 말하면 '낯설게 된' 자아인 것이다.

결국 슈베르트가 표현한 '불안정한 서정'은 곧 방랑자의 자아와 이미지가 같다. 그는 인식의 차원에서나 현실의 차원에서나 돌아갈 곳이 없다. 고향도 없지만 깨지기 전의 자신으로도 돌아갈 수 없는 것이다. 그 같은 막막함과 아픔을 음악으로 그려낸 것이 슈베르트였다. 그래서 그의 음악은 우리의 이야기가 된다. 이 세상 한 번 살아가면서 한 번도 깨져보지 않는 사람은 없기 때문이다. 다들 멀쩡한 것 같지만 실은 누구나 금이 가고 이가 나가고 바람이 새는 영혼의 구멍을 가진 채 살아가기 때문이다.

이것은 아주 독특한 모델이었다. 하이든과 모차르트의 소나타는 주제를 합리적으로 발전시키는 질서와 균형의 작품이었다. 뒤를 이은 베토벤은 고전주의적 틀을 벗어나 격렬한 대립과 긴장, 거침없는 추동력과 확장력을 소나타에 덧입혔다. 결국 슈베르트 이전의 소나타는 조화와 대립의 원리를 통해 발전과 확장을 들려주는 장르로 요약될 수 있었다.

반면 슈베르트의 음악은 이미 고전적 균형을 벗어나 있으면서도 베토벤처럼 그 불안정함을 격렬한 에너지로 바꿔놓지는 않는다. 그 대신 끝없이 모습을 바꾸며 율동하기를 반복한다. 마치 원운동을 하며 천천히 나아가는 무희처럼, 미련을 완전히 놓지 못한 방랑자처럼, 나아가되 주저하고 되돌아오되 움직이기를 멈추지 않는다. 이것이 바로 슈베르트 음악의 독특한 어조다. 목표 의식이 뚜렷한 베토벤은 결코 보여줄 수는 없는 세계다.

이러한 음악은 슈베르트의 실제 삶과도 닮아 있었다. 슈베르트의 삶은 '방랑' 그 자체가 아니었던가. 아버지 집을 떠난 뒤 늘 친구 집을 전전하며 '방랑'했던 개인사도 그러하거니와 귀족들의 후원 없이 자립해야 했던 당대 시민 예술가들의 처지 또한 방랑과 크게 다르지 않았다. 더욱이 예술가로서의 환상과 사회인으로서의 현실 사이를 오가는 것도 방랑이요, 마음속에 품은 사랑과 체념 사이를 오가는 것도 방랑이며, 삶에 대한 집착과 죽음에 대한 수용 사이를 오

빈 슈피겔가세 쇼버의 집.
슈베르트는 이곳에서 「미완성」 교향곡을 완성했다.
이 그림의 현판은 빈 슈베르트협회가
작곡가 사후 100주년을 기념하여 제작했다.

가는 것 또한 방랑이었다. 이것이 말년의 슈베르트가 방랑의 이미지에 더 절절하게 몰입하게 된 이유일 것이다. 슈베르트는 이런 식으로 그가 존경하는 마이스터 베토벤의 뒤를 온전히 좇고 있었다. 작품과 그 창조자가 서로 닮았을 때 나오는 진정성의 힘에서라면 슈베르트도 스승 베토벤에 결코 뒤지지 않았다.

죽음의 얼굴

마음에 차오른 것을 쓴다. 우러나오는 것을 쓴다. 비록 두려울지라도 말이다. 우리도 알고 있지 않은가. 진실은 자기 확신을 가지지 않는다는 것을. 슈베르트는 자신의 자아가 깨어졌음을, 자신이 방랑의 숙명을 짊어졌음을 받아들였다. 그리고 그 방랑의 와중에 죽음의 민낯을 보게 되었음을 인정했다. 이때부터 슈베르트의 음악에는 죽음이 모습을 드러내기 시작했다. 그레트헨의 비명이 멜로디를 가차 없이 끊어놓고, 심연에 똬리를 틀고 있던 마왕의 광기가 고삐 풀린 움직임으로 폭주한다.

이 모든 것은 결국 다 같은 이야기다. 현악사중주건, 피아노소나타건, 듀엣이건 트리오건 등장인물은 늘 방랑하는 젊은이와 가면을 쓴 파트너다. 같은 이야기의 변주이지만 심상은 자꾸 달라진다. 방랑자의 행색과 파트너의 가면이 자꾸 바뀌기 때문이다. 젊은이가 그의 파트너와 추는 가면무도회는 섬뜩할 만큼 다채롭다. 여전히 천진한 그의 서정과 오스트리아인 특유의 유희적 기질이 이 상상의 무도회에도 멋지게 흐른다. 방랑자의 발걸음과 가슴 찡한 노래와 흥겨운 춤사위! 그러나 마지막 순간 결코 길들여지지 않는 그의 파트너가 가면을 벗어던진다. 그는 죽음이다. 공포의 비명! 끊어지는 음악. 침묵 또 창백한 침묵!

현악사중주 제14번 「죽음과 소녀」[1824년]는 가장 압도적인 죽음의

실레(Egon Schiele), 「죽음과 소녀」(1915).
세기말의 화가 실레 또한 슈베르트만큼이나 젊었다. 여기서
소녀는 죽음을 연인처럼 포옹한다. 제1차 세계대전의 포화
속에서 미래를 살아갈 희망을 가지기 어려웠던 것일까.

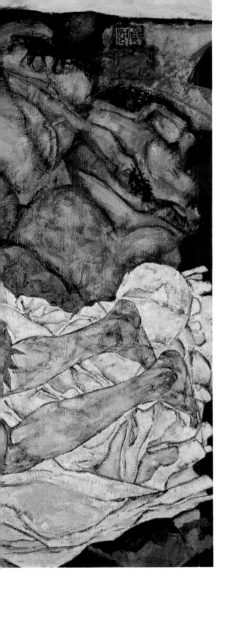

드라마다. 슈베르트는 1817년 이미 클라우디우스의 시를 짤막한 가곡으로 옮겨놓았다.

소녀:
그냥 가, 제발, 지나가라고!
가버려, 이 야수 같은 백골아!
나는 아직 젊으니, 부탁이야, 제발 가!
내 몸에 손대지 마!

죽음:
손을 다오, 너 예쁘고 보드라운 이여.
나는 너의 친구, 벌주러 온 것이 아니니
기분 좋게 있거라. 나는 거칠지 않아.
내 품에서 얌전히 잠들려무나.

하지만 이제 슈베르트는 음산하고 정적인 '죽음'의 주제를 현악 사중주의 제2악장 변주곡의 주제로 사용한다. '죽음'의 주제가 정적인 것은 죽음이 곧 생명력이 없는 상태를 표상하기 때문이다. 그런데 죽음이 소녀를 덮치자 주제가 율동^{변주}하기 시작한다. 그 둘은 이제 서로 반죽음-반생명의 상태를 공유한다. 소녀는 죽어가지만 죽음은 소녀로 인해 잠시간의 생동감을 얻는 것이다. 아니 죽음이라는 투명한 뱀에게 먹힌 소녀가 죽음의 껍질을 뒤집어쓴 채 아직 남은 생명의 춤을 마저 추고 있다고 해야 할까? 음악을 듣는 이들은 곧 죽음의 투명한 비늘 안에서 꿈틀대는 그녀의 마지막 호흡과 몸부림을 보고 있는 것이다! 이 변주 속에서 소녀의 슬픔과 아름다웠던 옛 추억과 처절한 고통의 몸부림이 차례로 지나간다. 그러나 익숙한 얼굴의 그녀는 이제 더 이상 내가 알던 그녀가 아니다. 죽음이 씐 그녀의 모습은 낯설고 무섭게 아름답다. 마침내 생명이 소진되자 죽음만 남아 이 고통의 의식을 끝낸다.

현악사중주 「죽음과 소녀」가 한 생명이 꺼져가는 과정을 시적 상상력으로 극화한 것이라면 죽음의 여러 파편적인 이미지는 슈베르트 후기 작품에 흩어져 다채롭게 등장한다.

방랑자가 소스라치는 공포의 순간을 맞닥뜨리는 장면은 너무나 다양해서 어쩌면 이런 무시무시함을 그토록 되풀이하여 상상했을까 가슴이 아플 정도다. 피아노소나타 제20번$^{D.959}$ 제2악장에서는 방랑자가 쓸쓸하고 고독한 반면, 죽음은 예고 없는 무서운 타격으로 그 불행한 사람을 엄습한다. 현악오중주 다장조의 제2악장$^{D.956*}$에서는 이미 저 하늘에 닿은 듯한 방랑자의 '천상의' 황홀경을 무섭게 으르렁거리는 현악이 깨뜨려놓는다. 교향곡 제9번 「그레이트」$^{D.944}$ 제2악장에서도 오보에의 고상한 슬픔을 포효하는 금관의 불협화가 윽박지른다.**

젊음이 죽음에서 멀지 않듯이 기쁨도 슬픔에서 멀지 않다. 슬프게 들리는 쓸쓸한 장조나 공격적인 단조$^{전도된\ 감정}$ 또한 죽음의 인상이다. 이전부터 슈베르트가 즐겨 사용한 수법이지만 장조와 단조의 경계는 한층 더 모호해지고 반음 간격의 아슬아슬한 유희***가 서

* 이 악장의 첫 부분에서 가곡 「멤논」의 메아리를 들을 수 있다.
** 깁스는 이와 같이 서정적 순간이 중단되는 장면을 "동요와 폭력이 개입되는 장면"이라고 불렀다. (Christoph H. Gibbs, 앞의 책, 2000, p.106.)
*** 제3음의 위치에 따라 조성은 같은 으뜸음을 가지는 장조와 단조로 나뉘게 된다. 제3음이 장음이면 장조, 단음이면 단조가 되는 것이다.

슬 퍼런 긴장감 속에 펼쳐진다. 다장조와 가단조가 붙어 있는 교향곡 제9번 제1악장의 첫 선율도-레미 라-시도이 대표적인 예이지만, 현악사중주 제15번^{D.887}은 "장조의 소외 효과"*가 가장 잘 표현된 탁월한 작품이다. 첫머리부터 원 조성 사장조는 사단조로 흐려지고 줄곧 밝음과 어두움을 쉴 새 없이 오간다. 그러다 장조의 밝음이나 단조의 어두움이 희석되어 잿빛이 되어버린다.

타란텔라^{Tarantella}** 악장 또한 죽음에 대한 선명한 상징이다. 피아노소나타 제19번^{D.958} 제4악장, 현악사중주 제14번과 제15번, 현악오중주의 피날레 악장 등에서는 미친 듯이 빠른 템포로 휘몰아치는 춤곡이 섬뜩한 인상을 남긴다. 놀이 같은 가벼움 이면에 날선 망나니의 광기가 숨겨져 있지만, 이 죽음의 무도에는 거부할 수 없는 매혹이 들어 있어 알면서도 그저 휩쓸려간다. 여기에서 우리는 「마왕」이 선사하는 유혹의 선율을 다시금 떠올리게 된다.

한편 어두운 음악적 심상을 지니는 개별 표현들도 인상적이다. 광기 어린 트레몰로는 스산한 안개나 영혼의 검은 그을음을 떠오르게 하는데 특히 현악사중주 제15번의 제1악장과 제2악장에서 그 효과는 실로 무시무시하다. 한편 선율의 끝을 흐리는 체념의 어조도 자주 나타난다. 피아노소나타 제20번 제4악장, 제21번^{D.960} 제1악장 등에서 노래는 자꾸 말문을 잃은 듯 먹먹하게 끊긴다. 그것은 미련일까 아니면 자기를 상실해가는 음악가를 담담하게 그려내는

---

* 한스-요아힘 힌리히센, 홍은정 옮김, 『프란츠 슈베르트』, 프란츠, 2019, 116쪽.
** 탬버린과 캐스터네츠 반주에 맞춘 6/8박자의 이탈리아 민속춤으로 이탈리아 남부에 서식하는 독거미 타란튤라에게 물린 사람이 아픔에 못 이겨 추는 춤에서 기원했다고 한다. 격렬하고 빠른 움직임이 특징적이다.

음악적 이미지일까.

이처럼 낯선 죽음의 인상은 슈베르트 본연의 순수한 서정에 기이하고 마술적인 아름다움을 던져준다. 세 개의 마지막 현악사중주, 세 개의 마지막 피아노소나타, 두 개의 피아노트리오, 현악오중주와 피아노듀오 등 거의 모든 최후의 작품에서 슈베르트다운 아름다운 선율이 빠져 있는 경우는 없다. 그런데 그토록 사랑스러운 그의 멜로디에 결코 가까이 할 수 없는 죽음의 그림자가 함께 있다. 사랑하는 파우스트 곁에서 죽음 그 자체인 메피스토펠레스를 발견한 그레트헨의 심정이 그런 것이었을까.

우리는 보고 듣는다. 그 착한 사람의 눈망울에 광기가 어리는 장면을. 그 아이 같던 목소리가 마성의 날카로움으로 변성되는 것을. 죽음의 균에 감염된 그는 그렇게 슬픈 미소와 사신死神의 엄숙함을 번갈아 입가에 띄우며 주위를 떠돈다. 미련을 버리지 못했다는 듯이 이미 왔던 걸음을 계속 반복한다. 그래서 우리는 그의 음악에서 말할 수 없이 아픈 상실감을 경험한다. 아름다움에는 이제 독이 들었다. 우리는 그를 그리워하지만 선뜻 그를 끌어안을 수 없다. 어느 누구도 죽음을 삶과 함께 나눌 수 없는 까닭이다.

카롤리네 그리고 미뇽

1824년 5월에서 10월, 젤리즈성에 두 번째 체류하면서 슈베르트는 그만 카롤리네를 사랑하게 되었다. 애초에 높았던 신분의 벽, 거기에 죽음의 병까지 얻은 그가 무슨 고백을 할 수 있었겠는가. 사랑은 그 자체로 고통이 되었다. 『아름다운 물방앗간 아가씨』를 헌정받은 쇤슈타인 남작은 훗날 이런 일화를 전했다.

한번은 카롤리네 백작부인이 반쯤 놀리는 투로 슈베르트에게 자기에게는 왜 작품을 헌정해주지 않느냐고 채근해댔다. 그러자 슈베르트는 "모든 것이 당신에게 바친 건데 헌정이 무슨 필요가 있나요?"라고 대답했다.

하지만 슈베르트는 피아노듀오를 위한 최후의 걸작 「환상곡」 D.940을 카롤리네에게 헌정했다. 그녀와 함께 연주할 수 있는 곡을 남기는 것만이 그가 할 수 있는 유일한 사랑의 표현이었을 것이다. 하지만 그녀를 향한 터질 것 같은 격정은 갈 곳이 없다. 음악이 원래 도달했어야 할 절정에 이르려는 순간, 중간을 잘라낸 듯 가혹하게 끊겨버린다. 그리고 영원히 목적지에 다다르지 못할 저 유령 같은 걸음걸이만 쓸쓸한 여운으로 사라져간다.

이후 슈베르트는 아프다가 괜찮다가를 반복했고, 여행을 떠났다 돌아오기를 반복했다.* 출판과 공연이 반복되었고,** 지원과 낙방도, 두둑한 지갑과 탕진도***, 괴테와 출판사들의 거절도,**** 친구 집을

---

* 슈베르트는 1822년과 1825년, 1827년과 1828년에 걸쳐 포글 등 몇몇 친구와 함께 슈타이어(Steyr)와 린츠, 그라츠(Graz) 등지를 여행했다.
** 1821년 『마왕』 출간 이후 출판번호가 빠르게 늘어나 1824년 말까지 27번, 1825년 말까지 48번, 1826년 말까지 65번, 1827년 말까지 90번, 그리고 1828년 서거 당시에는 106번까지 출판되었다.
*** 하지만 출판의 성공이 경제적 안정으로 연결되지는 못했다. 슈베르트의 경제관념은 어린아이 수준이었다. 목돈이 들어오면 늘 물주 행세를 했고 마치 사회주의자처럼 친구들과 지갑을 공유했는데, 이것이 나중에 그의 어려움을 가중시켰다. (Christopher H. Gibbs, 앞의 책, 2000, pp.100-102.)
**** 슈베르트는 1825년 6월 「줄라이카」 등이 포함된 『서동시집』가곡(Op.19)을 괴테에게 보냈지만 이번에도 답장을 받지 못했다.

작자미상, 「카롤리네 에스터하지 백작부인」, 연도미상.
그녀는 슈베르트보다 여덟 살 연하였고 훌륭한
음악성을 지니고 있었다. 그녀가 슈베르트의 연정을
알고 있었는지는 확실하지 않다.

호 100번을 채웠다. 슈베르트는 이 곡을 아무에게도 헌정하지 않고 "이 작품을 기뻐하는 이들을 위해 남겨두겠다"고 적었다. 헌정이 작곡가의 중요한 부수입원^{헌정이라는 명예에 대한 반대급부}이었음을 감안하면 이러한 글은 의미심장하다. 곧 특정 후원자에게 기대지 않고 음악대중의 사랑만으로 살아갈 수 있다는 자신감이 드러난 것이기 때문이다. 그렇다면 그는 마이스터가 된 걸까? 아니면 베토벤처럼 자유창작 예술가의 반열에 들어선 걸까?

『겨울 나그네』 깊이 읽기

• 디트리히 피셔
  -디스카우
• 제랄드 무어
• 도이치그라모폰
  | 1971-72

방랑이 일종의 교육이자 통과의례라면, 모든 방랑은 귀향을 전제하는 것이 당연하다. 따라서 당시 방랑의 작품들은 귀향을 결말로 삼았다. 뮐러에게 많은 영향을 미친 울란트의 「방랑가」*도 그런 전형을 따른다. 마지막 곡 「귀향」^{Heimkehr}에는 연인과의 재회를 바라는 주인공의 들뜬 마음이 그려진다. 방랑이 혹독할수록 더 깊이 성숙한다는 것이 이 연작의 교훈이다. 슈베르트는 이 연작을 잘 알고 있었고, 크로이처가 1818년에 작곡한 연가곡^{Op.34} 또한 높이 평가했다.

그러나 뮐러의 질문은 달랐다. 만일 방랑을 떠난 '꼬마 한스'가

---

* 겨울에 여행을 떠난다는 설정이나 봄날의 꽃을 꿈꾸는 대목(제3곡 「먼 곳에서」→제11곡 「봄의 꿈」), 낙엽이 모두 떨어지자 그의 사랑이 죽었다고 말하는 장면(제5곡 「밤 여행」→제16곡 「마지막 희망」), 밤을 틈타서 도시를 떠나는 모습(제7곡 「떠남」→제1곡 「잘 있어」) 등은 『겨울 나그네』와 긴밀히 연결된다.

집에 돌아오지 않는다면? 그 어머니의 심정을 떠올려보라. 억장이 무너지고 사회의 지축이 흔들린다. 방랑이 실종으로 이어지는 사회를 누가 더 이상 믿을 수 있겠는가.『아름다운 물방앗간 아가씨』는 이처럼 길 잃은 방랑자의 문제를 예리하게 다뤘다.

『겨울 나그네』에서는 방랑의 차원이 또 한번 달라진다. 물방앗간 청년이 일과 사랑의 갈림길에서 '사고'를 당하여 귀향을 못한 것이라면, 이번에는 돌아갈 고향이 아예 없는, 또는 귀향 자체가 무의미해진 사람의 이야기를 다루고자 한 것이다.

> 붉게 번개 치는 저 너머 고향 땅,
> 그곳 구름들 이리 마중 나와도
> 아버지 어머니 진즉에 여의었으니
> 거기서는 아무도 더는 날 모르리

아이헨도르프Joseph von Eichendorff, 1788-1857의 시에서 느껴지는 철저한 소외는 출생과 존재라는 엄연한 사실마저 빛바래게 한다. 아무도 기억하지 못할 때 그의 존재는 없는 것이나 같으며 그것이 바로 인간의 소외다. 그런데 이런 일은 이미 많은 사람에게 일어나고 있었다. 자고 일어나니 익숙하던 풍경이 사라졌다. 알던 사람들도 더는 거기 없었다. 그들은 도시 외곽의 삯일꾼이 되어 떠도는 신세가 되었다. 이처럼 갑작스러운 산업화·도시화로 인해 슈베르트의 세대는 뿌리 뽑힘Entwurzelung과 낯섦Verfremdung의 감정을 처음으로 맞닥뜨리게 되었다. 방랑을 떠나지 않아도 방랑자가 되고, "고향에 돌아와도 그리던 고향이 아니"게 된 시대였던 것이다.

그러므로『겨울 나그네』는 전작보다 훨씬 심원한 문제의식을 내포한다. 고향이 사라진다는 것은 얼굴을 아는 관계보다 얼굴을 모

프리드리히, 「교회가 보이는 겨울 풍경」(1811).
근경에 겨울나무가, 원경에 교회가 보인다. 자연물인 나무의 우듬지와 건축물인 교회의
첨탑이 마치 실체와 그림자인 것처럼 연출되었다. 앞의 것이 생명이라면 뒤의 것은
죽음을 상징한다. 살아 있으나 죽음을 기억하는 것이야말로 모든 것이 죽은 듯한 겨울이
인간에게 주는 고전적인 메시지다.

르는 관계가 많아지고, 서로의 이야기를 기억하는 대신 서로의 이야기에 관심이 없다는 의미다. 사회는 인간다움보다 기능을 앞세웠고, 점차 사람을 몇 가지 역할과 쓰임새에 구겨 넣기 시작했다. 이런 상황에서 협소하고 비인격적인 기준들이 각종 실패자, 낙오자, 열외자를 양산해냈다.

『겨울 나그네』의 주인공에게는 이미 역할이 없다. 이는 그가 낙오자요 그의 방랑이 사회와 무관함을 시사한다. 그는 이미 사회가 배제시킨 사람, 추방한 사람, 돌아오기를 바라지 않는 사람이다. 대체 무슨 이유인지는 알 수 없다. 그에 대해 얻을 수 있는 정보는 거의 없다. 한때 사랑하는 이가 있었다는 것뿐, 일이며 고향이며 과거 같은 신상명세는 전혀 주어져 있지 않다. 우리는 이 낯선 사람의 철저한 모놀로그Monologue를 엿들을 뿐이다. 하지만 중요한 것은 그가 없어도 사회는 아무 일이 없다는 사실이다. 어쨌거나 그는 사회가 요구하는 바에 자신을 맞추는 데 실패했으리라. 그는 어쩌면 퇴학생인지도 모른다. 여성일 수도 있다. 가자 지구의 팔레스타인, 반공 시대에 빨갱이로 몰린 자, 어눌하게 우리말을 쓰는 조선족, 아버지의 기대에 부응하지 못한 큰아들, 밥을 쫄쫄 굶으면서도 시만 읽는 멍청이, 아직도 취직을 못 한 대학원생 등 스스로 자신을 사회의 짐짝 같다고 여겨본 적이 있는 사람이 이 이야기의 주인공이다.

여기에서 기묘한 서정이 생겨난다. 이미 사회와 연이 끊어진 그는 타인을 의식하지 않고 오직 자기 내면에만 몰입한다. 본래 완전한 몰입은 순수한 공감을 불러일으키지만, 이미 자아가 깨진 그는 연민 대신 공포를 불러일으킨다. 듣는 이들은 기이한 힘에 이끌리면서도 그를 따라 현실에서 이탈할 수는 없기에 갈등을 느끼게 된다. 우리는 그와 우리를 동일시해야 할까, 아웃사이더 대하듯 멀리해야 할까? 우리는 그 순간 말할 수 없는 민망함을 느낀다. 여전히 공감할 수 없는 우리의 한계를, 내 안전을 포기할 수 없는 약함을 느끼게 된다. 그러나 그를 통해 우리는 내 안에도 정상성의 자아와 아웃사이더로서의 자아가 공존하고 있음을 깨닫게 된다. 그래서 이 이야기는 스스로를 이방인이라고 느꼈거나 소통 불능의 감정을 느껴본 이에게 보편적인 공감을 얻는다. 그런데 소외감, 소통 불능의 무력감은 모든 현대인의 병증이 아니던가.

이 작품은 철저한 모놀로그다. 『아름다운 물방앗간 아가씨』가 등장인물을 생략하고 만든 피아노와 성악의 2인극이라면 『겨울 나그네』는 자연^{세계}마저 등 돌린, 다시 말해 피아노마저도 성악과 대립하는 고독의 드라마다. 그에게 등을 돌리지 않는 유일한 존재는 오로지 그의 환상뿐이다. 그래서 이 이야기는 방랑자가 차가운 현실에 고통받는 제1부와 방랑자가 마침내 자아를 상실하고 광기에 사로잡히는 제2부[*]로 나뉜다.

제1곡 「잘 있어」 Gute Nacht!

낯선 이로 왔다가 ♪ 0:16
낯설어 도로 나간다.
오월은 가지가지 꽃다발로
다정히 맞아주었는데

---

* 뮐러는 1823년 잡지 『우라니아』에 제1부 12편을,
『브레슬라우 문학연감』에 제2부 10편을 따로
발표했고 1824년 두 편을 더 추가하여 전체 24편을
완성했다. 이때 뮐러는 시의 순서를 재조정(1·2·3·4·
5·13·6·7·8·14·15·16·17·18·19·20·21·9·10
·23·11·12·22·24)했다. 이미 제1부를 모두 작곡한
뒤 이 사실을 안 슈베르트는 제2부만을 나름대로
배치하여 현재의 순서를 확정했다.

소녀는 사랑을, 심지어
어머니는 백년가약을 말했지만
이제 세상은 그토록 침울해
눈 속에 길도 뒤덮였구나.

Fremd bin ich eingezogen,
Fremd zieh' ich wieder aus.
Der Mai war mir gewogen
Mit manchem Blumenstrauß.
Das Mädchen sprach von Liebe,
Die Mutter gar von Eh', –
Nun ist die Welt so trübe,
Der Weg gehüllt in Schnee.

어디로 떠나야 하나 ♪1:29
때때로 나는 택할 수 없다.
내 스스로 내게 길을 보여줘야 하나
이 어둑어둑한 데서
달그림자 하나
길동무인 양 날 따라나서고
하얀 설원 그 위로
숲 짐승 발자국 나는 뒤적인다.

Ich kann zu meiner Reisen
Nicht wählen mit der Zeit,
Muß selbst den Weg mir weisen
In dieser Dunkelheit.
Es zieht ein Mondenschatten
Als mein Gefährte mit,
Und auf den weißen Matten
Such' ich des Wildes Tritt.

내 더 머무를 것이 또 뭐 있나♪2:43
내어쫓길지도 모르는데.
길 잃은 개들일랑 그냥 놔두자
그 주인 집 앞에서 실컷 짖도록.
사랑은 방랑하길 좋아해
하나님이 그렇게 만드셨구나.
하나에게서 또 다른 이에게
아름다운 연인이여, 잘 자라!

> Was soll ich länger weilen,
> Daß man mich trieb hinaus?
> Laß irre Hunde heulen
> Vor ihres Herren Haus;
> Die Liebe liebt das Wandern
> Gott hat sie so gemacht –
> Von einem zu dem andern.
> Fein Liebchen, gute Nacht!

꿈속에 있는 널 괴롭히지 않겠다♪3:55
네 안식에 해가 될지도 모르니까.
내 걸음 소리 안 들리는 게 나으니
살며시 살며시 문들아, 닫히거라.
지나가면서 남기는 말
문에다 너에게, 잘 있어
이로써 너는 보게 되겠지,
너를 내가 그리도 생각했음을.

> Will dich im Traum nicht stören,
> Wär schad' um deine Ruh',

Sollst meinen Tritt nicht hören
Sacht, sacht die Türe zu!
Schreib' im Vorübergehen
An's Tor dir: Gute Nacht
Damit du mögest sehen,
An dich hab' ich gedacht.

『겨울 나그네』*는 방랑자가 도시를 떠나는 것으로 시작된다. "낯선 fremd"^{제1연 제1-2행}이라는 형용사가 그의 처지를 요약해준다. 들어올 때도 나갈 때도 똑같이 낯선 존재라는 것은 그가 철저히 소외되었음을 말한다. 아무도—심지어 그의 연인마저도!—그와 진정한 관계를 맺지 않았던 것이다. 겨울은 인간에게 적대적인 자연의 대유^{代喩}다. 온 세상이 그를 반대하니 그는 혼자다.

터벅이는 방랑자의 발걸음과 어두운 단조로 음악이 시작된다. 율격은 약강격이다. 그런데 시 전체의 핵심어라고 할 수 있는 "낯선"이 못갖춘마디의 첫 약음에 나온다. 이 중요한 단어를 그저 약음으로 지나쳐버릴 수 없었던 슈베르트는 음높이를 올려 음악적으로 이 단어를 도드라지게 만들었다.

그에게도 사랑의 기억^{제1연 제5-6행}이 있었다. 여기서 곡은 바장조와 내림나장조로 밝아지지만, 악센트 기호가 붙은 불협화음^{제24마디} 간주에 방랑자는 "침울"^{제27마디}한 현실과 불안한 앞날을 깨닫는다. 한

---

* 독일어 "빈터라이제"(Winterreise)의 직역은 "겨울여행"이지만, 우리말 "여행"은 휴식과 견문을 위한유람을 뜻하므로 맞지 않다. 반면 독일어의 "라이제"(Reise)는 유람·통근·방랑·피난 등을 모두 포함한다.혹독한 겨울에 굳이 '움직여야 하는' 것은 그 자체로그의 처지가 팍팍함을 느끼게 해준다.

편 방랑자의 회한이 좀더 격하게 드러나는 제3연은 평론가들의 비판을 받았다. 사랑은 여러 사람 사이를 방랑하길 좋아하며 하나님이 그렇게 만들었다는 표현^{제5-7행}이 신실함의 미덕에 반한다는 것이었다.*

마지막 연은 꿈결에 잠긴 듯 라장조로 표현된다. 제4연 첫머리 선율^{제71마디}은 특히 오음음계^{pentatonisch}로 되어 있어 선명한 감정적 전환을 이룬다. 몽환적인 상념 속에서 그는 그의 사랑을 회상하지만, 그 기억은 마지막^{제96-98마디}에 다시 원조 라단조로 바뀌며 어둠 속으로 씁쓸하게 묻혀버린다.

제2곡 「풍신기」 Die Wetterfahne

바람, 풍향 깃발과 노니며 나부낀다. ♪0:10
아름다운 내 연인 집 바로 위로구나.
그 모습에 나는 벌써 공상에 잠기고
저 휘휘 소리, 불행한 떠돌이 놀리는구나.

    Der Wind spielt mit der Wetterfahne
    Auf meines schönen Liebchens Haus.
    Da dacht ich schon in meinem Wahne,
    Sie pfiff den armen Flüchtling aus.

녀석아, 진즉에 알아챘어야지! ♪0:28
그 집에 무슨 명패가 붙어 있는지를.
그 집에선 자꾸 얻으려 하지 말았어야지,
신실한 마음 가진 여인 따위는!

---

* Walther Dürr & Andreas Krause(Hg.), *Schubert-Handbuch*, Kassel, 1997, S.241.

Er hätt' es eher bemerken sollen,
Des Hauses aufgestecktes Schild,
So hätt' er nimmer suchen wollen
Im Haus ein treues Frauenbild.

바람은 내 안에서도 마음을 가지고 논다. ♪0:46
저 지붕과 똑같이, 그저 소리만 없을 뿐.
깃발아, 내 고통을 뭘 그리 캐묻느냐?
그 집 아가씨는 이제 넉넉한 집 신부인걸.

Der Wind spielt drinnen mit den Herzen
Wie auf dem Dach, nur nicht so laut.
Was fragen sie nach meinen Schmerzen?
Ihr Kind ist eine reiche Braut.

두 번째 곡에서는 '백년가약'을 말했던 연인의 마음이 바람과도
같이 바뀌었음이 드러난다. 그가 겪었을 반목과 다툼, 상심과 회한
이 저 까불 듯 펄럭대는 깃발 이미지 속에 겹쳐져 있다.
그의 이별은 서로의 축복을 빌어주는 고상한 헤어짐이 아니었다.
그는 그보다 신분이 높은^{깃발, 명패(문장) Schild} 그녀의 가족에게 심한
모욕을 당하고 억지로 쫓겨났을 것이다. 보스트리지^{Ian Bostridge, 1964-}
는 풍신기의 요란한 소리를 중세의 샤리바리^{Charivari} 풍속과 연결하
여 설명했다. 시끄러운 소리와 야유로 죄인에게 수치심을 가하는
'조리돌림'과 곡의 이미지가 닮았다는 것이다.* 하지만 그가 뭘 그리
잘못했을까. 잘못이 있다면 그녀를 감당할 만큼 넉넉하지 못했던
것^{제3연 제4행}이었다.

* 이언 보스트리지, 장호연 옮김, 『슈베르트의 겨울
나그네』, 바다출판사, 2016, 61쪽.

피아노는 어지럽게 뒤엉키는 바람^{꾸밈음과 트릴}과 깃발을 훌륭하게 묘사한다. 특징적인 것은 성악에서도 바람의 이미지가 재현된다는 점이다. "저 휘휘소리 pfi-iff", "불행한 a-armen"^{제1연 제4행}, "알아챘어야지 me-erken"^{제2연 제1행} 등에서 단음절 모음 하나에 굴곡진 선율을 배치하고 피아노로 강조한다.* 그래서 노래는 보통의 낭송과 달리 갑자기 불어오는 '잔바람을 타고' 상승하는 듯하다. 참으로 창의적이고 뛰어난 음화기법이다.

시적 화자는 이제 저 깃발^{선경}을 자기 내면^{후정}과 연결시킨다. 곡에는 반어적인 뉘앙스가 묻어난다. 깃발에게 나직이^{leise}던지는 물음^{제3연 제3행}은 원래의 가단조 대신 바장조가 되고 그녀의 변심을 크게^{laut} 폭로하는 마지막 행에서는 가장조가 된다. 그는 그의 '실패'^{단조}보다 그녀 입장에서의 '성공'을 진술함^{장조}으로써 쓸쓸한 여운을 남긴다. 마지막 행에서 화려하게 도약하는 옥타브^{"넉넉한 집 신부"reiche Braut, 제43마디 이하}와 어지러운 깃발의 후주는 그의 복잡한 심경을 대신 말해준다.

제3곡 「얼어붙은 눈물」 Gefrorne Tränen

얼음진 방울들 굴러♪0:17
내 볼에서 떨어진다.
내가 울었던 것마저
깜박한 모양이다.

---

*피프(pfiff) 대신 피이프(pfi-iff), 아르멘(armen) 대신 아아르멘(a-armen), 메르켄(merken) 대신 메에르켄(me-erken)이라고 쓴 것은 음절을 늘인 뒤 두 번째 박절을 강조하여 소리가 바람에 떠밀려 오르는 듯한 효과를 표현하기 위함이다.

Gefrorne Tropfen fallen
Von meinen Wangen ab:
Ob es mir denn entgangen,
Daß ich geweinet hab'?

그래, 눈물들아, 내 눈물들아, ♪0:50
너희들 정말로 미적지근하구나.
그러니 얼음으로 딱딱 굳어버리지
싸늘한 아침 이슬 마냥.

　　Ei Tränen, meine Tränen,
　　Und seid ihr gar so lau,
　　Daß ihr erstarrt zu Eise
　　Wie kühler Morgentau?

그러고도 터뜨리고 나온 거냐? ♪1:11
그리도 이글이글 뜨거운 가슴 샘물에서.
저 겨울 얼음 전부를
너희가 다 녹여버리겠다는 듯!

　　Und dringt doch aus der Quelle
　　Der Brust so glühend heiß,
　　Als wolltet ihr zerschmelzen
　　Des ganzen Winters Eis!

　겨울의 추위는 감각을 무디게 한다. 전주에서 방랑자는 비척거린다. 불안한 스타카토는 최대한 힘을 빼고 걷는 그의 걸음을, 두 번째 박절의 악센트를 붙인 당김음은 얼음 위에서 중심을 잡으려는 방랑자의 모습을 떠오르게 한다. 이 같은 셈여림의 인위적인 변화는 그의 걸음이 도무지 편안하지 않음을 표현한 것이다.
　그는 자신이 울었는지도 모른다. 이를 깨닫고 놀라는 화자의 진

술을 표현하기 위해 원래 약강격의 율격을 순간 강약격^{제1연 제3행, 제}

^{12마디}으로 바꾸어 리듬에 의외성을 부여한다.

그는 이제 자기 눈물에게 나직이 묻는다. 바깥 추위에 한껏 얼어붙은 낮은 음높이와 잦아든 움직임이 인상적이다. 마치 작은 레치타티보 같은 제2연을 지나 크레셴도^{Crescendo, 점점 세계}와 함께 그의 환상이 시작^{제28마디}되는데 다른 많은 지점에서 처럼 슈베르트는 '환상' 부분을 장조로 묘사한다. 이때부터 피아노의 오른손 화음은 원래의 셈여림대로 첫 박에 악센트를 준다. 이로써 첫 박^{오른손}과 둘째 박^{왼손} 모두에 악센트가 있어 리듬이 훨씬 안정된다.

성악도 더 자연스러운 레가토^{Legato} 스타일*로 바뀐다. 그는 환상 속에서 잠시 현실의 추위를 잊은 것이다. 이런 내림가장조의 밝음 속에 방랑의 발걸음이 회복된다. 피아노도 성악 선율을 함께 연주하여 몰입을 돕는다. 한편 베이스에서는 스포르찬도^{Sforzando**}로 악상에 에너지를 부여한다. 그러나 이게 다 무슨 소용인가. 환상이 끝나면 모든 것이 사그라지는 것을. 곡은 가장 격정적인 마지막 순간^제 ^{47마디 이하} 다시 바단조로 어두워지고 갑작스러운 당김음의 악센트가 모든 환상을 깨뜨린다. 환상만으로 얼음장 같은 현실을 바꿀 수 있다면 얼마나 좋았을까!

제4곡 「응결」 Erstarrung

눈 속을 뒤적인다 헛되이. ♩0:10

그녀 발자국 그 자취를.

---

* 음들을 부드럽게 이어 연주하는 것을 말한다.
** 스포르찬도는 특정 음에 갑작스럽게 악센트를 부여하는 셈여림 지시다.

그녀 내 팔을 끼고 거닐던
그 푸르던 들판을.

Ich such' im Schnee vergebens
Nach ihrer Tritte Spur,
Wo sie an meinem Arme
Durchstrich die grüne Flur.

나는 땅에다 입맞추겠다. ♪0:36
얼음과 눈을 다 꿰뚫어버리겠다.
내 뜨거운 눈물로
저 마른 땅바닥 보일 때까지

Ich will den Boden küssen,
Durchdringen Eis und Schnee
Mit meinen heißen Tränen,
Bis ich die Erde seh'.

어디서 꽃을 보려나. ♪1:12
어디서 푸른 풀 보려나.
꽃들은 다 스러지고
잔디 그리 희끄무레 한데.

Wo find' ich eine Blüte,
Wo find' ich grünes Gras?
Die Blumen sind erstorben
Der Rasen sieht so blaß.

여기서 그 어떤 추억도 ♪1:40
담아가면 안 되는 걸까?
내 고통이 끝내 침묵하거든
그땐 누가 그녀 이야길 말해주려나?

Soll denn kein Angedenken
Ich nehmen mit von hier?
Wenn meine Schmerzen schweigen,
Wer sagt mir dann von ihr?

내 마음도 얼어 죽은 것 같아. ♪2:06
그 속에 그녀 모습 응결되어 있네.
내 마음 다시 녹아들 때에야
그녀 모습 또한 다시 흘러가겠네!

Mein Herz ist wie erstorben,
Kalt starrt ihr Bild darin;
Schmilzt je das Herz mir wieder,
Fließt auch ihr Bild dahin!

「응결」이라는 제목은 정적인 인상인 데 반해 음악은 급박하게 흐른다. 과거의 흔적을 찾으려는 주인공의 초조한 행동이 두드러지는 까닭이다. 그는 여전히 가려진 현실 이면을 뒤집으면 변치 않는 사랑이 남아 있으리라 기대하는 것이다.

숨 가쁜 셋잇단음표는 시종일관 반주부에서 사라지지 않는다. 두텁게 쌓아올린 화음도 없다. 베이스에서는 마지막 박절의 악센트를 통해 끊임없이 추동력을 부여한다. 이 음형이 성악부 악절의 끝부분과 맞물리면서 곡은 쉼 없이 움직이는 인상을 준다.

제2연부터 피아노는 성악부와 서로 엮인다. 특히 "얼음과 눈을 다 꿰뚫어버리겠다/내 뜨거운 눈물로"제2연 제2-3행, 제26-30마디에서는 성악부의 쉼표를 메우는 상승음형 이후에 교차진행과 병진행이 크레센도와 맞물리면서 극적 효과를 자아낸다. 이때 성악은 "내 mei-nen"에서 최고음교차진행에, "눈물 Trä-nen"에서 포르테병진행에 이르러 격정적 순간을 두 번 맞이한다.

제3연에서는 초조함이 애절하게 표현된다. 5도권의 바단조 선율은 불안감을 자아내는 음정들로 해소되지 않는 갈망을 나타낸다. 처음에는 완만하게^{제1행, c-d♭, 제47-48마디}, 그 뒤 점점 더 간격이 벌어지는^{제2행, c-f, 제51-52마디, 제3행, c-g♭, 제55-56마디} 모양이지만, 음악적 긴장감은 해소되지 않는다. 원하는 것을 결국 찾지 못한 것이다.

헛된 일이다. 이제 바라던 것은 그의 마음속에만 "응결"된 채 남아 있다. 그것은 현실이 아니다. 과거의 이미지에서 벗어나려면 마음속 겨울이 지나고 얼어붙은 것이 흘러가야 하지만, 그는 어쩌면 그 이미지를 놓기 싫어 스스로 겨울에 '머물러' 있는지도 모른다. 그래서 뮐러가 "얼어붙었다"고 한 것을 슈베르트는 "얼어죽었다"^{제5연 제1행}고 고쳤는지도 모른다. 이로써 방랑자의 마음속 겨울은 영속화된다. 그는 늘 구하지만 영원히 찾지 못하는 자가 된다.

제5곡 「보리수」 Der Lindenbaum

우물가 성문 그 앞이었네.♪0:25
거기 보리수 한 그루 서 있었네.
꿈꾸었네 그 드리운 그늘에서
그리도 많은 감미로운 꿈을.

    Am Brunnen vor dem Tore
    Da steht ein Lindenbaum;
    Ich träumt in seinem Schatten
    So manchen süßen Traum.

새겨 넣었네 그 껍질에♪0:52
그리도 많은 사랑의 말을.
기쁠 때나 슬플 때나
그 말들 그리로 날 데려갔다네.

Ich schnitt in seine Rinde
So manches liebe Wort;
Es zog in Freud' und Leide
Zu ihm mich immer fort.

나는 오늘도 방랑하겠네.♪1:35
이 깊은 밤을 지나
거기 여전한 어두움 속에
나는 눈을 감았네.

Ich mußt' auch heute wandern
Vorbei in tiefer Nacht,
Da hab' ich noch im Dunkel
Die Augen zugemacht.

보리수 가지 술렁이어♪2:01
날 불러 말을 거는 듯하네.
어서 내게 오렴, 젊은 친구야
여기서 네 안식을 찾게 되리니.

Und seine Zweige rauschten,
Als riefen sie mir zu:
Komm her zu mir, Geselle,
Hier find'st du deine Ruh'!

칼날 바람이 불어왔다.♪2:33
곧바로 얼굴을 때렸다.
모자가 머리에서 날아갔으나
나는 돌아보지 않았다.

Die kalten Winde bliesen
Mir grad ins Angesicht;
Der Hut flog mir vom Kopfe,

카울바흐(Wilhelm von Kaulbach),
「발터 폰 데어 포겔바이데의
'보리수 아래서'」(1871).
그늘이 넓은 보리수는 중세 이래로
연인들이 사랑을 나누는 장소였다.
발터는 이 유명한 시에서 궁정의 관념적
사랑 대신 보통 사람들의 진짜 사랑을
읊어 서정시의 역사를 바꿔놓았다.

작별 인사조차 없구나!

> Der du so lustig rauschtest,
> Du heller, wilder Fluß,
> Wie still bist du geworden,
> Gibst keinen Scheidegruß.

딱딱하고 꿈쩍 않는 껍데기로 ♪0:34
너 스스로를 덮어 가렸구나.
누워 있구나 차갑게, 미동도 없이
모래 속에 몸을 늘어뜨린 채.

> Mit harter, starrer Rinde
> Hast du dich überdeckt,
> Liegst kalt und unbeweglich
> Im Sande ausgestreckt.

네 이불에다 그어 넣는다. ♪0:59
모서리 선 조각돌 잡아
내 사랑의 이름을
한 시간이고 하루 온종일이고.

> In deine Decke grab' ich
> Mit einem spitzen Stein
> Den Namen meiner Liebsten
> Und Stund' und Tag hinein:

처음 인사했던 날짜를, ♪1:20
내가 떠났던 날짜를,
이름과 숫자를 둘러싸고
깨진 조각 반지 하나 휘감겨 돈다.

> Den Tag des ersten Grußes,

Den Tag, an dem ich ging;
Um Nam' und Zahlen windet
Sich ein zerbroch'ner Ring.

내 마음아, 이 시냇물 속에서 ♪1:51
이제야 네 모습을 알아보느냐?
시냇물 단단한 그 껍질 밑에서도
너 그렇게 격랑하며 솟아오를 테냐?

Mein Herz, in diesem Bache
Erkennst du nun dein Bild?
Ob's unter seiner Rinde
Wohl auch so reißend schwillt?

얼음 위에 조심스러운^{스타카토} 걸음 소리가 다시 들려온다. 강이 얼어붙은 것이다. 피아노 반주는 샤콘느^{Chaconne*}를 연상시키는 베이스로, 좀처럼 나아가지 못하는 '제자리걸음'을 표현하고 있다. 한편 스타카토가 붙은 16분음표의 간주^{제12-13마디}는 다음 부분의 변화를 암시한다.

방랑자는 얼음 위에 글씨를 쓴다. 이는 "흘러가버릴 것을 얼림으로써 망각과 이별을 미루겠다"**는 의미다. 그런데 이 기억을 보존하려면 그는 영영 겨울에 머물러 있어야 한다. 반어적인 상황이 아닐 수 없다. 그녀의 이름^{제3연 제3행, 제28-30마디}을 쓸 때는 잠시 화사한 라장조 화성과 생기 있는 선율로 나타나고 그 뒤^{제4연 이하} 반주는 셋잇단음표로 바뀌어^{제31마디 이하} 고조된다. 얼어 있던 방랑자가 환상으

▌ * 샤콘느는 베이스에서 동일한 진행이 반복되는
바로크 시대의 비장하고 슬픈 춤곡이다. (Elmar
Budde, 앞의 책, 2012, S.85.)
** 이언 보스트리지, 앞의 책, 2016, p.187.

로 생기를 얻은 것이다.

하지만 마지막 연에서 방랑자는 다시 차가운 현실^{마단조로의 전조}을 인식한다. 마치 시냇물이 얼음 밑에서 방랑자의 노래를 되울려주듯이, 피아노가 처음의 성악 선율을 노래한다. 성악은 마치 대사를 읊듯이 "내 마음아, 이 시냇물 속에서/이제야 네 모습을 알아보느냐?"고 묻는데, 이 물음이 다시 그의 격정을 일깨운다.

마지막은 너무나 탁월하다. 격랑의 물결처럼 갑자기 솟아오르는 음형^{제4연 제3행 바로 앞, 제47마디} 이후 피아노는 얼음 아래에서 격하게 두들기는 물결^{오른손}과 끊임없이 움직이는 심연의 으르렁대는 트릴^{왼손}로 바뀐다. 성악 또한 마단조와 사단조를 오가는 불안한 목소리^{제63마디 이하}로 절규한다. 멈춤과 흐름, 차가움과 뜨거움. 이 음악은 단순한 묘사를 넘어 화자 내면의 모순적인 심리 상태까지 옮겨놓는 놀라운 경지를 들려준다.

제8곡 「돌아보는 시선」 Rückblick

발바닥 두 쪽이 불붙는구나.♪0:15
분명 얼음과 눈 위를 디디는데도
숨을 되쉬지 않고 가고 싶다
저 탑들 더는 보이지 않을 때까지

　　Es brennt mir unter beiden Sohlen,
　　Tret' ich auch schon auf Eis und Schnee,
　　Ich möcht' nicht wieder Atem holen,
　　Bis ich nicht mehr die Türme seh'.

돌마다 나는 부딪혀 가며♪0:25
그렇게 급히 도시를 향해 나간다.
지붕마다 앉은 저 까마귀들은

얼음과 우박 알맹이를 내 모자 위로 뿌려댄다.

Hab' mich an jeden Stein gestoßen,
So eilt' ich zu der Stadt hinaus;
Die Krähen warfen Bäll' und Schloßen
Auf meinen Hut von jedem Haus.

맞이하는 게 어찌 그리 다르더냐 ♪0:45
너 변덕스러운 도시야.
번쩍번쩍한 네 창문들에 대고
종다리, 꾀꼬리 싸우듯 우짖는구나.

Wie anders hast du mich empfangen,
Du Stadt der Unbeständigkeit!
An deinen blanken Fenstern sangen
Die Lerch' und Nachtigall im Streit.

아름드리 보리수가 꽃피웠었다. ♪1:02
낭랑한 도랑물 맑게 졸졸거렸다.
아, 소녀의 두 눈 뜨겁게 반짝였다.
그땐 네 주위도 그랬었구나, 젊은이야!

Die runden Lindenbäume blühten,
Die klaren Rinnen rauschten hell,
Und ach, zwei Mädchenaugen glühten. –
Da war's gescheh'n um dich, Gesell!

그날이 기억 속 내게로 다시 와준다면 ♪1:29
다시 한번 뒤를 바라보고 싶다.
다시 한번 비틀비틀 뒤로 물러가
그녀의 집 앞에 가만히 서고 싶다.

Kommt mir der Tag in die Gedanken,

Möcht' ich noch einmal rückwärts seh'n,
Möcht' ich zurücke wieder wanken,
Vor ihrem Hause stille steh'n.

『겨울 나그네』의 여덟 번째 곡은 과거의 사랑과 현재의 비참이 비교되는 마지막 작품이다. 제4곡 「응결」과 유사하게 방랑자의 발걸음은 다시금 쫓기는 도망자의 숨가쁜 움직임이 된다. 피아노의 오른손은 쉼표로 앞을 비워둔 16분음표들의 연쇄다. 그러나 전주에는 쫓기는 움직임에 제동을 거는 옥타브 음형^{제2마디, 움직임은 남아 있지만 모두 같은 음 d에 걸려 막히는 느낌}도 들어 있어, 도망치는 그가 자꾸 무엇에 부딪히는 듯하다.

3/4박자지만 슈베르트는 약강격 율격의 급박한 흐름을 살려 마치 짝수박인 것처럼 작곡했다. 그 결과 선율은 삼박자 특유의 불안정함과 휘달리는 흐름을 동시에 가지게 된다.* "까마귀 Krähen"^{제2연 제3행}에 걸리는 악센트는 그 자체로도 인상적이지만, 쉼표로 앞을 비워둔 피아노가 성악 선율을 모방하면서 둘 사이에 묘한 시차^{16분음표 간격}가 발생하는 것이 더 중요한 효과를 낸다. 이는 뒤에서 시적 의미를 표현하는 데 탁월하게 활용된다.

과거를 회상하는 사장조의 두 번째 부분^{제3-4연}은 매기고 받는 자연스러운 노래로 급박한 흐름이 누그러져 있다. 놀랍게도 전주에 나왔던 옥타브 음형이 여기서는 마치 하늘거리는 꽃처럼 가볍게 재현된다. 피아노의 베이스도 마치 성악과 듀엣을 노래하듯이 유려하다. 그러나 "소녀의 두 눈"^{제4연 제3행}이 언급되자 다시 음형은 처음의 쉼표 딸린 16분음표들로 바뀐다.

* Walther Dürr & Andreas Krause(Hg.), 앞의 책, 1997, S.245.

"뒤를 바라보고 싶다 rückwärts seh'n"^{제4연 제2행} 또는 "뒤로 물러가 zurücke"^{제4연 제3행}가 핵심임을 슈베르트는 알아보았다. 마지막 부분에서 그는 피아노가 성악보다 반의반 박자 늦게 따라오는 모습을 사장조로 묘사한다. 몸보다 '반의반 걸음' 늦게 따라오는 마음, 여전히 뒤에 남아 있고 싶은 미련을 그렇게 그린다. 마치 노래의 잔향처럼, 길고 어두운 그림자처럼 말이다.

제9곡 「도깨비불」 Irrlicht

저 깊은 낭떠러지 바다으로 ♪0:13
도깨비불 날 끌어 유혹한다.
어떻게 나가는 길을 찾을지
내 느낌으론 그리 어렵진 않다.

> In die tiefsten Felsengründe
> Lockte mich ein Irrlicht hin:
> Wie ich einen Ausgang finde,
> Liegt nicht schwer mir in dem Sinn.

갈지자걸음에 나는 익숙하니 ♪0:48
아무 길로나 가면 그게 바로 목적지.
우리의 기쁨, 우리의 고뇌
모두 다 도깨비불 장난질이지.

> Bin gewohnt das Irregehen,
> 's führt ja jeder Weg zum Ziel:
> Uns're Freuden, uns're Leiden,
> Alles eines Irrlichts Spiel!

산물길 가물어 버린 도랑을 따라 ♪1:22
굽이굽이 내려간다, 평온히.

강물마다 흘러가 바다 품에 안기듯
고통마다 또한 자기 무덤을 얻으리.

> Durch des Bergstroms trock'ne Rinnen
> Wind' ich ruhig mich hinab,
> Jeder Strom wird's Meer gewinnen,
> Jedes Leiden auch sein Grab.

이제 방랑자는 칠흑 속에 반짝이는 도깨비불을 마주한다. 괴테의
『파우스트』에는 도깨비불이 메피스토펠레스의 명으로 길을 밝히는
장면이 나온다. 똑바로 안내를 해야겠지만 "발걸음이 원래 갈지자"
여서 쉽지 않다고 하자, 메피스토펠레스가 이렇게 덧붙인다.

"아니, 이 녀석이 인간의 흉내를 낼 참이구먼."*

가라앉는 분위기의 전주는 '갈지자' 움직임을 미리 들려준다. 당
김음과 셋잇단음표, 부점의 도약 등 이미 여러 상이한 리듬 요소가
들어 있다. 서로 어긋나다가^{제7마디, 성악=부점, 피아노=셋잇단음표} 불쑥 성
악을 따라하는 피아노의 음형^{제9마디}도 그렇고, 정적인 듯하다가도^레
^{치타티보 느낌의 제1연 제3행} 많은 변화를 보이는 성악^{제9-14마디}도 '어디로
튈지' 모르게 다채롭다.
　방랑자는 기꺼이 도깨비불의 유혹에 자신을 맡긴다. 이와 걸맞게
성악은 피아노 간주가 미리 들려준 음형^{제15-16마디}을 따라하듯 급한
상승음형^{제17-18마디}으로 노래하기 시작한다. 하지만 "우리의 기쁨,
우리의 고뇌/모두 도깨비불 장난질이지"^{제2연 제3-4행} 부분은 다시 짤

* 요한 볼프강 폰 괴테, 정서웅 옮김, 『파우스트 1』,
민음사, 1999, 207쪽, 3860-3863행 참조.

막한 레치타티보 같은 진술이다. 고요한 중에 곡의 핵심 내용을 분명하게 전달하는 것이다.

마지막 부분은 앞에 제시된 부점의 상승음형^{제4마디}이 전체를 이끈다. 포르테로 시작되어 악센트의 수직화음이 되는 이 짤막한 악구^{제29마디}는 방랑자의 발걸음에 지속적인 에너지를 부여한다. 도깨비불을 따라 방랑하는 모습이 그려진 것이다. 마지막 선율^{제32-40마디}은 가장 화려한 유희^{낮은 b에서 높은 g의 음역, 꾸밈음과 도약의 다양한 리듬}다. 마치 방랑자 자신이 도깨비불이 된 것처럼. 방랑자가 보는 도깨비불은 어쩌면 그의 마음속에 있다. 사람은 자신의 마음에게 가장 쉽게 미혹된다.

제10곡 「쉼」 Rast

이제 와서야 느끼다, ♪0:15
쉬려 누울 때 되려 어찌 고단한지
방랑이 나를 데려 이리 끌어왔으니
인심 야박한 이 길 위에 유쾌히 오다.
휴식을 찾지 않다, 두 발로.
서 있기에는 너무 추웠으니.
등도 아무 짐을 느끼지 못하다
폭풍우 내 가는 걸음 잘도 도와주니

    Nun merk' ich erst, wie müd' ich bin,
    Da ich zur Ruh' mich lege:
    Das Wandern hielt mich munter hin
    Auf unwirtbarem Wege.
    Die Füße frugen nicht nach Rast,
    Es war zu kalt zum Stehen;
    Der Rücken fühlte keine Last,

Der Sturm half fort mich wehen.

숯장이는 조막집 속에서 ♪ 1:28
처마 지붕 자리 발견하다.
내 사지는 그래도 쉬지 못하여
그렇게 곳곳 상처가 불붙는다.
너 또한, 내 마음아, 악천과 고투에
그리도 과격하고, 그토록 거칠다가
고요 속 이제야 네 안의 벌레 하나 느껴지느냐?
따갑게 쏘아대며 네 마음속 꼬물대는.

> In eines Köhlers engem Haus
> Hab' Obdach ich gefunden;
> Doch meine Glieder ruh'n nicht aus:
> So brennen ihre Wunden.
> Auch du, mein Herz, in Kampf und Sturm
> So wild und so verwegen,
> Fühlst in der Still' erst deinen Wurm
> Mit heißem Stich sich regen!

슈베르트는 『겨울 나그네』 전곡에서 제목이나 시적 상황과는 모순되는 음악적 심상을 간혹 활용^{제4곡 「응결」 등}한다. 이 곡 또한 제목은 「쉼」이지만 걸음은 멈추지 않는다. 피아노는 왼손과 오른손을 번갈아가며 당김음형 ♪♩ 을 연주한다. 이때 원래 셈여림상 약박인 둘째 박을 악센트^{오른손}와 스타카토^{왼손}로 강조하여 쉼 없이 계속 나아가는 발소리를 들려준다. 성악은 군데군데 쉬지만, 거의 '기계적인' _{앞과 같이 연주하라는 지시어 시밀레simile, 제9마디} 피아노의 반복에 떠밀리듯 계속 노래한다.

슈베르트는 제1연 제5행^{"휴식을 찾지 않는다. 두 발로"}에서 음가를 줄여 선율과 호흡을 짧게 한 뒤, 아주 색채적이고 우아한 도약을 제1연 제7행 "등도 아무 짐을 느끼지 못하다"에서 가볍게 '나직이 leise' 선보인다. 하지만 방랑자는 정말로 아무런 짐이 없는 게 아니라 폭풍 더 큰 고통 때문에 상대적으로 무게를 덜 느끼는 것일 따름이다. 그래서 이 선율에는 묘한 긴장감이 흐르고, 피아노의 크레셴도를 타고 제23-24마디 축적된 에너지를 쏟아놓는 감정의 토로 제23마디 '세게 stark', 제24마디 포르테가 이어진다. 짐짓 '거짓 여유'를 부린 이면의 고통이 드러난 것이다.

낭송의 운율에 따라 약간의 변화가 있기는 하지만 후반부에서도 음침한 선율이 거의 유사하게 계속된다. 방랑자는 숯장이*의 좁은 간이 거처 조막집에서 잠깐 쉰다. 겨울에 숯을 만드는 사람은 없으므로 마주칠 일이 없기 때문이다. 사람 없는 곳에서만 쉴 수 있는 그의 처지는 그간 잊고 있던 영혼의 상태를 드러낸다. 바깥 폭풍에서 벗어나자 마음의 폭풍 같은 아픔이 똑같은 선율을 타고 흘러나온다. "폭풍 Sturm"과 "벌레 Wurm"는 운이 맞는다. 폭풍에 시달린 그의 마음은 너무 상하여 마치 벌레 먹은 것처럼 고통스럽다. 모르고 있던 견딜 수 없는 아픔이 한꺼번에 몰려온다.

제11곡 「봄의 꿈」 Frühlingstraum

색색의 꽃들이 꿈속에 ♪0:09
피어나는 오월의 모습으로
녹색 푸른 초원도 꿈속에

* 보스트리지는 이 '숯장이'가 이탈리아의 혁명당 '카르보나리(숯꾼)'에 대한 뮐러의 공감을 드러낸다고 지적했다. (이언 보스트리지, 앞의 책, 2016, 235쪽 참조.)

첫 부분의 선율은 모두 f#으로 시작하여 f#으로 끝난다. 꽤 움직이지만 제자리다. 화성도 거의 제자리에 머물러 있다. 중음을 비워놓은 공허함이 더해져 음악은 기운 없이 떠도는 인상을 남긴다. "맥없는 바람만 불어"[제1연 제4행]드는 모습인 것이다. 제2연에서는 좀더 기운을 내어[악센트] 상승하고자 하지만 선율은 역시 다시 f#으로 돌아오고 만다.

이윽고 '맥없는' 음악에 모종의 변화가 일어나기 시작한다. "인사도 않고"[제2연 제4행, 제21마디 이하]부터 반음계로, 또 가장조의 분산화음으로 상승하는 피아노가 긴장감[크레센도]을 불어넣는다. 베이스의 트레몰로 또한 이를 증폭시킨다. 하지만 성악은 이런 모든 기대를 저버리고 a#으로 시작하여 다시 a#으로 돌아오는 선율을 노래한다. 악센트가 달려 있지만 이는 그저 제스처일 뿐 음악에 결코 지속적인 생기를 주지 못한다.

"폭풍우 여전히 미쳐 날뛰던 때에도"[제3연 제3행]는 전곡에서 가장 강렬한 부분이다. 셋잇단음표의 꽉찬 화음이 크레센도로 커지는 데다 마지막 두 음[날뛰었다 tobten]에서는 가차 없는 스타카티시모가 갑자기 정적을 연출하기 때문이다. 하지만 이렇게 강렬한데도 선율은 여전히 b로 시작[다장조, 제31마디]해서 b로 끝날[나단조, 제33마디] 뿐이다.

시작 음으로 자꾸 돌아오는 선율과 방랑하지만 나아가지 못하는 모양은 화자의 모순적인 감정을 상징적으로 들려준다. 세상이 찬란할 때 그는 비참하다. 세상의 즐거움에 동참하지 못하는 그는 이미 세상을 등진 자, 세상과의 끈이 희미해져버린 자다.

제13곡 「우편」 Die Post

거리에서 들려온다, 우편 나팔 소리 ♪0:11

뭘 그렇게 설레 하는 거니,
내 마음아?

Von der Straße her ein Posthorn klingt.
Was hat es, daß es so hoch aufspringt,
Mein Herz?

집배원은 너한테 배달할 게 없다는데 ♪0:37
뭘 그리 이상하게 두근대는 거니,
내 마음아?

Die Post bringt keinen Brief für dich.
Was drängst du denn so wunderlich,
Mein Herz?

그렇구나, 편지가 그 도시에서 왔단 말이지, ♪1:15
언젠가 네 사랑이 있던 그곳에서.
내 마음아!

Nun ja, die Post kommt aus der Stadt,
Wo ich ein liebes Liebchen hatt',
Mein Herz!

그렇게도 한 번 엿보고 싶은 거니. ♪1:41
물어보고 싶은 거니. 거기서 그녀 잘 지내느냐고.
내 마음아?

Willst wohl einmal hinüberseh'n
Und fragen, wie es dort mag geh'n,
Mein Herz?

『겨울 나그네』 제2부의 첫 곡은 경쾌한 우편 마차 소리로 시작된다. 스타카토를 달고 하행하는 분산화음^{아르페지오}이 페달의 지속적인 움직임이고 오른손 부점의 오르내림이 나팔 신호다. 조성 내림마장조는 일차적으로 나팔 소리와 긴밀하게 연결되어 있다. 그러나 동시에 이 조성은 베토벤의 피아노소나타 제26번 「고별」$^{Op.81a}$에서처럼 '작별'의 느낌 또한 지니고 있다. 전곡에서 이 곡은 곧 그녀와의 마지막 접점이다. 그래서 무어는 이 곡에 대해 "경쾌하지만 유쾌하지는 않다"고 말했다.*

사실 방랑자가 우편 마차의 나팔 소리를 듣고 설레 하는 것은 조금 이상한 반응이다. 방랑자에게는 주소가 없으므로 길 위에서 편지를 받을 리 만무하다. 그렇다면 우편 마차의 나팔 소리는 편지의 도착을 알리는 것이 아니라 위험하니 옆으로 비켜나라는 일종의 경적 소리다. 그것은 방랑자의 상상 속에서처럼 인간적으로 안부를 묻는 친근한 사환이 아니라 표준화된 시간 속에서 배달 스케줄을 빡빡하게 지켜야 하는 속달 우편이었다.** 말하자면 소외된 그는 바삐 돌아가는 세상의 시계과도 별 관련이 없다.

짐짓 밝게 들리지만 이 곡에는 방랑자의 병증이 엿보인다. "내 마음아!"^{제15마디} 하고 부를 때의 거리가 먼 전조^{내림라장조}나 자기 내면에 침잠$^{제3연 제1행, 제27마디 이하}$하자 우편 마차의 반주^{현실}가 아예 지워져 버리는 것이 그러하다. 또 "이상하게 두근대는 거니"$^{제42-43마디}$라고 할 때의 초조하고 거친 반복의 움직임이나 자주 등장하는 2도 간격의 음정$^{특히 제3-4연의 "내 마음아"}$ 등에서도 엿볼 수 있다. 꾸며낸 밝음 속에 은폐된 불안함. 『겨울 나그네』 제2부는 뒤틀어진 방랑자의

* Gerald Moore, *Schuberts Liederzyklen, aus dem Englischen Else Winter*, Tübingen, 1975, S.162.
** 1820년대에 독일과 오스트리아에서 우편 마차는 향수와 낭만을 자극하는 존재가 아니었다. 시적이기보다 실용적인 존재에 가까웠다. (이언 보스트리지, 앞의 책, 2016, 306쪽.)

내면을 하나하나 그려내기 시작한다.

제14곡 「허옇게 센 머리」 Der greise Kopf

서리 내리는 계절 하이얀 표시 ♪0:16
내 머리칼 위로 흩뿌렸다.
그때 난 벌써 백발이 된 것 같아
정말 기쁘기 그지없었다.

> Der Reif hatt' einen weißen Schein
> Mir übers Haar gestreuet;
> Da glaubt' ich schon ein Greis zu sein
> Und hab' mich sehr gefreut.

그러나 벌써 녹아 스러져 ♪1:01
도로 검은 머리 되었으니
나는 내 젊음이 무서워 몸서리친다.
관까지는 아직도 너무 많이 남았는데!

> Doch bald ist er hinweggetaut,
> Hab' wieder schwarze Haare,
> Daß mir's vor meiner Jugend graut –
> Wie weit noch bis zur Bahre!

어스름에서 새벽 노을 사이에도 ♪1:48
하얗게 머리 세는 사람들 많다더니,
그걸 누가 믿겠는가? 내 머리는
이 온 노정에서도 그리 되지 않았는데.

> Vom Abendrot zum Morgenlicht
> Ward mancher Kopf zum Greise.
> Wer glaubt's? und meiner ward es nicht

Auf dieser ganzen Reise!

이제 방랑자는 죽음을 동경한다. 제1부에서는 고통스러울지언정 현실을 똑똑히 인식했던 그의 감각이 점점 뒤틀어진다. 망상과 피해의식, 그리고 인간다운 습기의 기갈로 인해 그가 인지하는 모든 이미지가 죽음으로 해석되기 시작한다.

겨울에 나그네가 되었으니 눈발을 만나는 것은 당연하다. 그러나 그는 백발이 되었다고, 죽을 날이 머지않았다고 기뻐한다. 느린 템포로 도약했다가 정점을 찍고 하염없이 떨어지는 구불구불한 선율은 제6곡「넘쳐흐르는 눈물」처럼 침울하다. 마치 노인이 기운이 달려 긴 호흡을 이겨내지 못하고 목소리가 꺾이는 듯^{제7마디의 꾸밈음과} ^{셋잇단음표}하다. 한편 이때의 도약^{b-f, 제6-7마디의 "mir ü-ber"}은 '트리토누스' 음정, 즉 공포감을 주는 '악마의 음정'으로 되어 있어 어딘지 모르게 섬뜩하게 들린다. 머리 위의 눈을 보고 '늙음'을 반기는 장면^{제1연 제3행, 제10마디 이하}은 사장조로 밝아지고, 오히려 눈이 녹아 여전히 '젊음'이 드러날 때는 다시 원래의 다단조^{제17마디, 피아노의 아르페지오}가 된다. 긍정적 느낌의 장조는 '늙음'과, 부정적 느낌의 단조는 '젊음'과 연결된다. 가치의 전도, 곧 방랑자의 광기가 드러나는 대목이다. 방랑자는 공포로 몸서리친다. 반음계를 타고 상승하는 선율^{제2연 제3행*}은 점점 강해져서 하나의 절규로 바뀌고, 이후 선율은 에너지를 거의 잃고 침잠하는 웅얼거림^{"관까지는 아직도 너무 많이 남았는데, 제2연 제4행"}이 된다.

* 반음계를 이용한 고조는 슈베르트 음악에서 흔히 '경악'을 나타낸다. (Walther Dürr & Andreas Krause(Hg.), 앞의 책, 1997, S.248.)

마지막 두 줄에서 곡은 잠시 다장조의 화성^{제35마디}을 입지만, 이제 그 밝음은 순수한 즐거움을 뜻하지 않는다. 그것은 광기 어린 상상력, 독기가 섞인 재치, 스스로를 속이려 위장한 쓴웃음일 뿐이다. 회한에 찬 다단조의 선율이 고통스럽게 노래를 닫는다.

제15곡 「까마귀」 Die Krähe

까마귀 한 마리 날 따라 ♪0:13
도시 바깥으로 날아 나왔지
오늘까지 계속 또 계속
내 주위 빙빙 날아다녔지

> Eine Krähe war mit mir
> Aus der Stadt gezogen,
> Ist bis heute für und für
> Um mein Haupt geflogen.

까마귀야, 기묘한 짐승아, ♪0:39
날 떠나지 않을 모양이지?
여기서 곧 내 몸을
네 먹잇감 삼을 생각이지?

> Krähe, wunderliches Tier,
> Willst mich nicht verlassen?
> Meinst wohl, bald als Beute hier
> Meinen Leib zu fassen?

이제 더는 갈 길이 멀잖다 ♪1:03
이 방랑의 지팡이 짚고
까마귀야, 네 충직함을 보여다오
나 무덤에 마침내 누울 때까지

Nun, es wird nicht weit mehr geh'n
An dem Wanderstabe.
Krähe, laß mich endlich seh'n,
Treue bis zum Grabe!

까마귀는 독일을 비롯한 중부 유럽 지역에서 흔히 볼 수 있는 텃새다. 방랑자의 머리 위로 까마귀가 날아다니는 것은 이상할 게 없다. 하지만 방랑자의 상상력은 이 새를 죽음의 사신으로 둔갑시킨다. 그가 죽기를 기다려 시체를 먹으려는 존재, 즉 그의 죽음이 임박했음을 알려주는 존재인 것이다. 하지만 그는 죽음을 동경하기에 이 '불길한' 새를 오히려 '충직'하다고 한다.

까마귀를 그려내는 슈베르트의 음악적 상상력은 오싹하다. 처음에 전주는 그저 선율을 미리 일러주는 것같이 들리지만, 성악의 노래가 시작되면서 그 의도가 분명해진다. 성악 선율과 거의 똑같이 움직이는 피아노 왼손의 선율은 곧 방랑자를 '그림자'처럼 따르는 까마귀의 몸통을 나타낸다. 쉼표로 앞을 비워둔 오른손의 셋잇단음표는 까마귀의 날갯짓이다. 까마귀의 움직임은 성악이 멈춰 있을 때 더욱 인상적이다. 성악이 멈춘 자리를 계속 맴돌기 때문이다. 방랑자가 잠시 걸음을 멈추고 까마귀에게 직접 말을 건넬 때"까마귀야, 기묘한 짐승아 Krähe, wunderliches Tier", 레치타티보풍, 제16마디 이하 피아노의 베이스 또한 그저 반음 간격e♭-d, e-f의 움직임을 반복하며 머물러 있다.

그렇지만 음악적 긴장감은 팽팽하다. 반음이 만들어내는 불협화와 으뜸화성으로 해결되지 않는 진행 때문이다. 여기에 성악이 내림마장조의 감정 없는 낭송으로 "여기서 곧 내 몸을 / 네 먹잇감 삼을 생각이지?"제2연 제3-4행라고 아무렇잖게 읊조리지만 그래서 우리는 더 무섭다. 제1부제8곡 「뒤돌아보는 시선」에서 적대적인 자연의 비유우

실레, 「늦가을의 작은 나무」(1911).
실레의 그림에서는 이 작은 나무 한 그루가
마치 마지막 보루인 듯 그려져 있다. 황량한 민둥산에
서 있는 앙상한 나무는 마치 벌을 받고 있는 듯하다.
한 발은 든 채로 우중충한 하늘을 가냘픈 팔로
떠받치고 있어 마치 아틀라스를 연상케 한다.

박을 던지는 방해자로 등장했던 까마귀를 이제 방랑자는 오히려 반긴다. 곡의 마지막 부분에서 성악이 마침내 으뜸음낮은 a음, 제38마디에 이른다. 뒤따라 후주의 '까마귀'도 같은 자리a, 제42마디에 착지한다. 그리고 마지막 마디에서는 날갯짓마저 사라진다. 까마귀가 주인공을 덮친 것이다.

제16곡 「마지막 희망」 Letzte Hoffnung

여기 또 저기 나무들 아직도 ♪0:10
이파리 몇몇, 색색으로 달고 섰구나
나는 나무들 앞에 멈춰 서서
생각에 잠기고 또 잠긴다.

> Hie und da ist an den Bäumen
> Manches bunte Blatt zu seh'n,
> Und ich bleibe vor den Bäumen
> Oftmals in Gedanken steh'n.

보아라, 저기 달랑달랑 이파리 하나, ♪0:31
거기 내 희망을 걸어보자꾸나.
바람 와서 내 이파리 팔락팔락 가지고 놀면
내 더 떨 수 없게 나는 파르르 떨어.

> Schaue nach dem einen Blatte,
> Hänge meine Hoffnung dran;
> Spielt der Wind mit meinem Blatte,
> Zitt'r' ich, was ich zittern kann.

아, 그 이파리 땅바닥에 떨어지면 ♪0:53
그와 함께 희망도 떨어지리.
나 또한 함께 바닥에 떨어지리니

내 희망의 무덤 위에 나 눈물 뿌리리.

Ach, und fällt das Blatt zu Boden,
Fällt mit ihm die Hoffnung ab;
Fall' ich selber mit zu Boden,
Wein' auf meiner Hoffnung Grab.

이것은 하나의 음악적 회화다. 음을 이용한 점묘點描다. 외따로 있는 음들을 콕콕 찍어 묘사한 잎새의 모습이다. 훗날 실레가 그린 늦가을 나무의 앙상한 이미지나 시인 기형도의 다음 구절은 이 특이한 작품에 대한 좋은 주석이 될 것이다.

내 얼굴이 한 폭 낯선 풍경화로 보이기
시작한 이후, 나는 주어主語를 잃고 헤매이는
가지 잘린 늙은 나무가 되었다.
–기형도,「병」

뮐러와 슈베르트의 노래도 같은 상상력에서 나왔다. 작품 속의 마지막 잎새는 이제 뿌리를 잃어버리기 직전이다. 뮐러의 언어는 지극히 단순하다. 단지 각운만을 맞춘 것이 아니라 핵심 심상이 반복된다. 각 연 제1, 3행의 마지막은 각각 "나무 Bäumen"제1연, "이파리 Blatte"제2연, "바닥 Boden"제3연으로 맞춰져 있는데, 이 세 단어만으로 시는 완전히 요약된다.

곡도 '주어'를 잃었다. 내림마장조이지만, 원 조성을 느끼기 어렵고, 박자와 선율 등도 그러하다. 잎이 나무로부터 소외되었듯이 곡도 전통적인 '노래' 관념으로부터 소외되어 있다. "이파리 몇몇, 색색으로 달고 섰구나"제1연 제2행에서만 언뜻 들리는 내림마장조의 조성, "생각에 잠기고 또 잠긴다"제1연 제4행의 장·단조를 알 수 없는 미해결의 화성, 제2연 내내 해소되지 않는 긴장감과 불안스러운 낭송 "떤다 zitt'r, zittern"의 반복 등 곡은 말 그대로 중심 없이 흩날린다. 하지만 옥타브 하강의 반주를 타고 마침내 잎이 떨어진 이후제26-34마디에야 제대로 된 내림마장조의 선율제3연 제4행, 제35마디 이하이 들려온다. 희망을 포기해야만 불안에서 벗어나는 방랑자의 절망적인 처지마지막 잎새와 동일시된다가 마지막 선율에 뭉클하게 실려 온다.

제17곡 「마을에서」 Im Dorfe

컹컹 짖는 개 소리, 쩔렁쩔렁 사슬 소리, ♪0:23
사람들은 침상에서 잠을 자는데
못 가진 것 많이도 꿈속에 다 가지고,
좋고 궂은 일 해보다 도로 기운 차리지

　　Es bellen die Hunde, es rascheln die Ketten;
　　Die Menschen schnarchen in ihren Betten,
　　Träumen sich manches, was sie nicht haben,
　　Tun sich im Guten und Argen erlaben;

이른 아침 그 모든 것 산산이 흘러가지만 ♪1:05
지금은 저마다 자기 몫을 누리고
꿈속에 두고 온 그 여남은 것들
머리맡에서 다시 찾길 바라지.

　　Und morgen früh ist alles zerflossen.
　　Je nun, sie haben ihr Teil genossen
　　Und hoffen, was sie noch übrig ließen,
　　Doch wieder zu finden auf ihren Kissen.

계속 짖거라 너희 보초병 개들아, ♪2:07
이 졸음의 시간에도 날 쉬게 말거라.

모든 꿈들일랑 나는 끝장을 보았으니
자는 이들 틈에서 더 꾸물댈 것이 무어랴?

> Bellt mich nur fort, ihr wachen Hunde,
> Laßt mich nicht ruh'n in der Schlummerstunde!
> Ich bin zu Ende mit allen Träumen.
> Was will ich unter den Schläfern säumen?

방랑자는 밤에 마을을 지나치고 개들이 으르렁거린다. 당연한 일이지만 방랑자는 여기서 다시 소외를 경험한다. 소속이 분명한 개들은 마을 사람과 바깥사람을 구분 짓는 존재이기 때문이다. 아웃사이더를 배제함으로써 자신의 작은 행복을 빼앗기지 않으려는 소시민 근성에 대한 비판이 암시적으로 드러난다.

슈베르트는 이 곡을 비대칭적인 세 부분^{5행-3행-4행}으로 작곡했다. 피아노 전주는 개들의 으르렁거리는 소리^{제1마디}를 묘사하고 성악의 선율은 노래답지 않다. 그저 걷는 템포로 저음과 고음을 단조롭게 오갈 뿐이다. 성악과 피아노는 서로를 신경 쓰지 않는다. 개들^{피아노}은 묶여 있어 제자리를 크게 벗어나지 않고, 방랑자^{성악}도 그저 자기 패턴을 조심스레 지킬 뿐이다.

가운데 부분^{제2연 제2-4행, 사장조}은 자는 이들의 꿈에 대한 방랑자의 논평이지만, 슈베르트는 이를 그가 깬 상태에서 꾸는 백일몽처럼 그린다. 또렷한 스타카토가 으르렁거리는 소리를 대체^{제18-19마디}하고 그동안 외따로 존재하던 피아노와 성악이 하나로 엮이며^{돌림노래식으로} 감정이입을 일으킨다. 이 꿈은 "그들 sie"의 것이지만, 방랑자 역시 과거에는 그런 꿈을 공유했던 까닭이다. 그러나 일견 노래다운 이 부분^{제19-26마디}또한 형식적인 비대칭성^{2+2+3마디}과 근음⁸이 별 역할을 하지 않는 불안정성*을 통해 방랑자의 몰입이 헛된 공상에 불과함을 드러낸다.

"아, 나만큼이나 비참한 이 또 있거든"^{제2연 제1행, 제22마디}에서 곡은 가단조로 바뀌며 방랑자의 애환을 나타내지만, "얼음과 밤과 공포 그 뒤에"^{제2연 제3행, 제28-31마디}에서는 흔히 무서움의 표현으로 자주 사용되는 반음계 상승음형이 나타난다. 기대감과 긴장감이 동시에 조성되지만, 곡이 다시 가장조^{제32마디}의 첫 선율을 반복하면서 다소 맥이 풀린다. 곡은 석연치 않은 결말로 끝난다. 앞의 여러 요소를 몽타주처럼 조합해서 만든 마지막 부분은 처음^{4행짜리}과 달리 3행만에 갑자기 끝나버린다. 짝이 맞지 않는 느낌, 노래다움을 깨뜨리는 비대칭성에 속았다는 기분^{Täuschung}을 전해준다.

제20곡 「이정표」 Der Wegweiser

나는 왜 꺼리는 걸까? ♪0:13
다른 방랑자 다닐 만한 길을
뵈지 않는 오솔길 찾고
눈 쌓인 절벽, 가파른 데 지나

> Was vermeid' ich denn die Wege,
> Wo die ander'n Wand'rer gehn,
> Suche mir versteckte Stege
> Durch verschneite Felsenhöh'n?

별일 저지른 것도 아닌데 ♪0:54
사람 피해 다닐 이유도 없는데
아, 이 얼마나 어리석은 충동인가
나 스스로 나를 적막 광야에 내쫓으니!

> Habe ja doch nichts begangen,
> Daß ich Menschen sollte scheu'n, –
> Welch ein törichtes Verlangen

Treibt mich in die Wüstenei'n?

이정표는 길 위에 서 있다. ♪1:46
이정표는 도시 쪽을 가리킨다
한계를 모른 채 나는 방랑한다.
쉼 없이 쉬기를 구하며.

> Weiser stehen auf den Wegen,
> Weisen auf die Städte zu,
> Und ich wand're sonder Maßen
> Ohne Ruh' und suche Ruh'.

이정표 하나 서 있는 게 보인다. ♪2:27
흔들림 없이 내 시야에 똑똑하다.
하나의 길을 나는 가야만 한다.
아무도 돌아온 일 없는 그 길을!

> Einen Weiser seh' ich stehen
> Unverrückt vor meinem Blick;
> Eine Straße muß ich gehen,
> Die noch keiner ging zurück.

방랑을 '재촉'하는 피아노가 성악이 쉬는 곳을 계속 메운다. 슈베르트는 처음에는 의도를 숨긴 채 스타카토 붙은 8분음표의 규칙적인 반복 리듬^{제1마디}을 청자의 귀에 각인시킨다.

사장조 부분^{제2연, 제22마디 이하}에서는 성악과 피아노가 서로 협응되고 따뜻한 화음이 밑을 받쳐 이 리듬이 다소 감춰진다. 인상적인 도약과 호소력을 주는 셈여림 기호들^{제2연 3-4행}로 방랑자의 심경 토로에 감정 이입이 일어난다. 그러나 제3연 앞의 간주^{제34-28마디}에서 8분음표의 연쇄는 이제 선율의 일부가 아니라 강렬한 심리적 효과를 지니는 모종의 '신호'가 된다.

한편 "쉽 없이 쉬기를 구하며"^{제3연 제4행}는 처음에는 나단조로 색채를 바꾸는 '고통스러운 절규'로, 나중에는 핵심어 "쉽 Ruh"보다 약박의 접속사 "또 und"를 높은 음고에 놓는 파격을 통해 강조된다. 그러나 아직까지 방랑자는 여전히 선율을 노래한다.

마지막 연에서 슈베르트는 그동안 준비해온 오싹한 악상을 완전히 드러낸다. 방랑자는 이제 마치 최면에 걸린 듯 제 마음속에만 있는 "이정표"^{제4연 제1행, 제55-60마디}를 오로지 g음 하나에 고정된 8분음표로 노래한다. 방랑자가 멜로디를 잃어버린 것이다. 이때 피아노의 베이스에서는 공포를 상징하는 반음계 상승^{c#→d→eb→e→f 등}이 나타난다. 반복 시^{제69마디}에는 피아노의 오른손에서 죽음을 상징하는 반음계 하강^{f→e→eb→d→db→c}이 나타나 베이스의 반음계 상승^{b→c→c#→d→eb→e}과 겹쳐진다. 이렇게 화음층을 점점 좁히는^{방랑자의 시야가 좁아지는 심상} 두 가닥의 반음계 진행은 "시야 Blick"^{제72마디}에서 d음으로 겹쳐진다. 이때 성악은 여전히 g음을 노래하므로 곡은 불순하게 부딪히는 소리가 깨끗이 사라지는 동시에^{흔들림 없이} 전체적으로는 중음이 빠진 공허한 느낌을 조성한다. 편집증적인 광기에 빠져 자기 자신을 잃어버리는 방랑자의 모습. 무서운 곡이다!

제21곡 「여인숙」 Das Wirtshaus

묘지 위로 내 길이 나를 데려왔다. ♪0:39
여기 찾아오고 싶다, 스스로 생각했었지.
녹색 장례 화환은 무슨 표시일 게다.
피곤한 방랑자를 싸늘한 여관으로 초대한다는.

 Auf einen Totenacker hat mich mein Weg gebracht;
 Allhier will ich einkehren, hab' ich bei mir gedacht.
 Ihr grünen Totenkränze könnt wohl die Zeichen sein,

Die müde Wand'rer laden ins kühle Wirtshaus ein.

대체 이 집 방들은 죄다 들어찬 거요?♪2:12
나는 쓰러지도록 기진맥진, 죽도록 상처 입었는데,
오, 매정한 주인 양반, 딴 데로 가라는 거요?
그럼 가자, 계속 가자, 내 충실한 방랑의 지팡이야!

Sind denn in diesem Hause die Kammern all' besetzt?
Bin matt zum Niedersinken, bin tödlich schwer verletzt.
O unbarmherz'ge Schenke, doch weisest du mich ab?
Nun weiter denn, nur weiter, mein treuer Wanderstab!

방랑자는 전체 연작에서 처음으로 직접적인 죽음의 장소^{묘지}와 맞닥뜨린다. 느린 템포와 리듬♩ ♪♪은 장송행진곡을 떠오르게 하고, 코랄풍의 화음이 종교적인 느낌을 준다. 호흡이 긴 파반느^{pavane} 리듬의 관악음악이 그 전체적인 인상*이다. 게오르기아데스는 이러한 연상에 의거하여 슈베르트의 선율과 그레고리안 「진혼 미사곡^레 ^{퀴엠}」의 입례송^{Kyrie, 우리를 불쌍히 여기소서}과의 유사성을 지적하기도 했다.**

성악의 선율은 첫 소절^{제1연 제1행}에서 으뜸음^f을 거치지 않는데다 라단조의 인상을 남기기 때문에 두 번째 소절에서 으뜸음이 제시^{"여기 찾아오고 싶다"}, ^{제8마디}되어도 안정된 느낌을 주지 않는다. 한편 피아

---

* 파반느는 2박 또는 4박 계열의 장중하고 느린 궁정 무곡을 말한다. 한편 '호흡이 긴 관악음악'이라는 표현에서 슈베르트가 베토벤의 장례식 때 들었던 트롬본을 위한 「에크발레」도 연상된다.
** Thrasybulos G. Georgiades, *Schubert, Musik und Lyrik*, Göttingen, 1967, S.379.

노의 화음에는 성악의 선율이 숨어 있다. 처음에는 가장 높은 성부에 들어 있던 것이 "녹색 장례 화환은 무슨 표시일 게다"제1연 제3행, 제12마디에서 가운데 성부로 옮겨오고, 높은 성부는 인상적인 e♭ 음을 통해 잠시 화성적 색채에 변화사단조의 인상를 준다. 이렇게 피아노의 성부가 늘어나면서 다음 간주는 처음보다 한 옥타브 위로 재현제16마디되어 무거운 무덤의 심상 대신 고요한 천상을 그리는 듯하다.

하지만 방랑자는 여기서도 거절당한다. 서양의 묘지는 마을 안에 있고, 장지는 이미 임자가 있다. 묵어 갈 곳 없는 그는 묻힐 곳도 없다. 그래서 그는 묘지를 죽은 자를 위한 여관에 비유한 것이다. 애절한 선율에는 소외감이 드러난다. "죽도록 상처 입었는데 bin tödlich"제2연 제2행, 제21마디는 바장조 음계에서 아주 낯선 느낌을 주는 d♭ 음이다. 죽을 때에도 소외되는 그의 어두운 노래제2연 제3행, 제22마디, 바단조는 처절하기만 하다.

제22곡 「용기」 Mut!

눈발 얼굴로 날아들면♪0:05
휘휘 흔들어 떨어뜨리지
마음이 가슴속에서 말하면
밝게 낭랑하게 노래 부르지

> Fliegt der Schnee mir ins Gesicht,
> Schüttl' ich ihn herunter.
> Wenn mein Herz im Busen spricht,
> Sing' ich hell und munter.

듣지 마, 마음이 뭐라는지♪0:28
귀를 꽉 막아버려
느끼지도 마, 네 마음 하소연일랑

하소연은 바보들이나 하는 거야

Höre nicht, was es mir sagt,
Habe keine Ohren;
Fühle nicht, was es mir klagt,
Klagen ist für Toren.

즐거움게 세상에 들어가 ♪0:45
바람과 날씨에 맞선다
이 땅에 신이 없거들랑
우리들 스스로가 신일 테니!

Lustig in die Welt hinein
Gegen Wind und Wetter!
Will kein Gott auf Erden sein,
Sind wir selber Götter!

격렬하고 짤막한 이 노래는 거의 광기에 빠진 방랑자의 호기 어
린 외침이다. 슈베르트 후기 음악에서 자주 나타나는 장·단조의 뒤
섞임이 『겨울 나그네』 가운데 가장 선명하게 드러난 작품이다. 그는
이제 자기 마음에 대해 아예 눈과 귀를 막기로 한다. 제20곡 「이정
표」에서 표현된 자기 상실이 선언적으로 드러난 것이다.

강한 셈여림^{포르테}, 목적음에 붙은 악센트, 짧게 끊는 스타카토^{전주,}
^{제1-4마디} 등이 공격성을 나타내지만, 이상하게도 성악과 피아노는
앞서거니 뒤서거니 하며 한데 어우러진다. 적대적 공존이지만, 모
든 것을 아무렇게나 버려두자는 무심함이 느껴진다. 눈발을 무시하
고, 마음의 괴로움을 '낭랑한 노래'^{제15-16마디}로 틀어막는다. 사단조
로 시작했지만 사장조로 끝난다. 말하자면 장·단조가 서로 엎치락
뒤치락하는 모양새다.

두 번째 부분^{제3연}은 사장조로 시작된다. 긴 음가는 깊은 소리 '우

u'를 충분히 강조할 수 있게 해주어 "즐거웁게 lustig"제37마디라는 단어에 반어적 뉘앙스를 부여한다. 첫 번째 부분보다 더 움직임이 많은 '과장된' 선율이다. 한편 짤막한 간주 또한 팡파레제41마디, 포르테처럼 거창하게 울린다. 두 번째 반복에서 선율은 사단조로 시작되지만 곧 내림나장조로 빠졌다가 다시 사장조로 돌아온다. 여기서의 단조는 깊은 내면의 표현이 아니라 자기를 잃은 방랑자의 '정신을 놓은' 유희다. 방랑자의 신성모독에 가까운 참언僭言이 광대 같은 목소리에 실려 나온다. 그는 광대다. 사실은 신을 사랑했었을 광대다. 신이 정말로 있다면 그는 이 참언을 기도로 알아들었으리라.

제23곡 「허깨비 태양」 Die Nebensonnen

세 개의 태양 하늘에 걸려 ♪0:18
오래도록 뚫어지게 바라보았다
그것들은 거기에 멍하니 있어
나한테서 떨어지지 않으려는 것 같다.

> Drei Sonnen sah ich am Himmel steh'n,
> Hab' lang und fest sie angeseh'n;
> Und sie auch standen da so stier,
> Als wollten sie nicht weg von mir.

아, 너희들은 나의 태양이 아니야! ♪1:10
그저 다른 이들 얼굴이나 비추려무나!
그래, 얼마 전엔 내 태양도 세 개였는데,
지금은 제일 좋은 두 개가 저버렸단다.

> Ach, meine Sonnen seid ihr nicht!
> Schaut Andern doch ins Angesicht!
> Ja, neulich hatt' ich auch wohl drei;

Nun sind hinab die besten zwei.

세 번째마저 얼른 뒤따라가 버려서♪1:57
어두운 데 있으면 좀더 나을 것 같구나.
Ging nur die dritt' erst hinterdrein!
Im Dunkeln wird mir wohler sein.

방랑자가 마주하는 "세 개의 태양"은 『겨울 나그네』에서 가장 마술적인 심상이다. 이에 대한 해석도 분분하다. 단순히 이례적인 대기 현상일 뿐이라거나 사회존재론적 해석에 입각한 믿음, 소망, 사랑을 뜻한다는 해석이 있다. 또 불행을 가져오는 불길한 존재라거나 사랑하는 이의 두 눈망울을 태양과 합쳐 세 개로 부른 말이라는 등의 해석도 있으나 완전한 결론에는 이르지 못했다.* 그러나 슈베르트는 이 '태양들'을 환영Illusion, 幻影으로 보고 계속 변모하는 화성과 모티프의 조합을 곡의 중심 아이디어로 삼았다.

첫 선율은 두 개의 작은 모티프의 조합으로 되어 있다. 첫 행의 전절"세 개의 태양"과 후절"하늘에 걸려"이 각각 모티프 'a'와 그 변형 'a1'으로, 둘째 행이 각각 모티프 'b'의 반복으로 구성되어 있다. 이 같은 'a-a1-b-b'의 구조를 제3-4행에서 한 번 더 반복한다. 단조로운 조합이지만 화성진행이 이례적I-IV-V-I, 즉 일반적인 경우와 가운데 부분의 순서가 다르다이어서 묘한 긴장감이 흐르게 된다. 특히 4도IV 화성은 반복되는 성악 선율"그것들은 거기에 멍하니 있어", 제1연 제3행을 낯설게 들리도록 하여, 마치 방랑자가 본 '태양'이 순간 변모한 듯한 인상을

* Walther Dürr & Andreas Krause(Hg.), 앞의 책,
  1997, S.255.

306

준다.

　가운데 부분^{제2연}에서는 다장조로의 전조와 함께 음고가 높아져 ^{최고음 d→f} 방랑자의 격앙된 마음^{"그래, 얼마 전엔 내 태양도 세 개였는데", 제2연 제3행}이 표현되지만, 이 선율의 끝은 금세 힘을 잃고 의기소침한 가장조^{"제일 좋은 두 개가 저버렸단다", 제2연 제4행}로 떨어진다.

　마지막 두 줄은 제19곡에서처럼 비대칭의 갑작스러운 결말이다. 제5-6마디와 제12-13마디를 그대로 붙여 만든 선율은 기존의 화성 진행을 억지로 압축한 듯 부자연스럽다. 더 나와야 할 노래가 중간에 뚝 끊겨버린 듯 휑한 기분이 씁쓸하게 남는다.

제24곡 「회전수금 악사」 Der Leiermann

마을 뒤 저편에 ♪0:25
악사 하나 서 있네
굳어버린 손가락
할 수 있는 대로 돌리네

　　Drüben hinterm Dorfe
　　Steht ein Leiermann
　　Und mit starren Fingern
　　Dreht er, was er kann.

빙판 위에 맨발로 ♪0:50
이리저리 비틀거리네
그의 작은 구걸용 접시는
언제나 비어 있는데.

　　Barfuß auf dem Eise
　　Wankt er hin und her
　　Und sein kleiner Teller

Bleibt ihm immer leer.

아무도 그의 연주 들으려 않네 ♪1:36
아무도 그의 모습 보지도 않네
그 늙은 할배 주위를 둘러
개들만 으르렁거리네.

Keiner mag ihn hören,
Keiner sieht ihn an,
Und die Hunde knurren
Um den alten Mann.

그는 그저 내버려두네 ♪2:01
모든 게 그럭저럭 흘러가도록
돌리네, 그의 회전수금일랑
잠잠할 날이 없네

Und er läßt es gehen
Alles, wie es will,
Dreht und seine Leier
Steht ihm nimmer still.

기이한 노인이여, ♪2:49
당신과 함께 가도 괜찮겠소?
내 노래들에 맞추어
수금 바퀴를 돌려보시겠소?

Wunderlicher Alter,
Soll ich mit dir geh'n?
Willst zu meinen Liedern
Deine Leier dreh'n?

방랑자는 마침내 '죽음'을 만난다. 한때 보리수에 이는 바람으로,

연되지 못했으며 대부분의 사람들은 쇼버처럼 「보리수」 같은 작품만을 좋아했다. 그러다가 사람들은 '잃어버린 젊은이의 영혼'이라는 작품의 핵심을 놓치기 시작했다. 간편한 센티멘털리즘에 빠져든 것이다.

1846년 「로렐라이」의 작곡가이자 음악교육가인 질허^{Friedrich Silcher, 1789-1860}는 슈베르트의 「보리수」를 남성 아카펠라 합창곡으로 편곡했다. 4행 단위로 진행되는 민요 스타일에 맞게 고치면서 여러 사람이 함께 부르기 쉽도록 몇 군데 리듬도 쉽게 바꾸었다. 질허의 편곡 버전은 비더마이어 시대*에 보편화된 남성합창단의 붐을 타고 널리 사랑받았다. 『겨울 나그네』의 전체 맥락에서 벗어나면서 이 곡은 떠나온 고향의 추억을 상기시켜주는 민요로 변모되어 다시 독일의 민중에게 수용되었다. 그러나 질허의 노래까지는 그래도 미덕이 살아 있었다.

수십 년이 지나자 이 노래는 합창단뿐 아니라 축음기로 보급되었고 건실한 독일 정신의 상징으로 여겨지게 되었다. 그러나 민주적 혁명이라는 지향점을 오래 전에 잃어버린 예술은 점점 현실 도피를 위한 마취제가 되거나 국수주의의 선전도구로 전락하기 시작했다.

---

* 비더마이어(Biedermeier) 시대는 1815년의 왕정복고 이후 1848년 혁명 이전까지의 시기를 말한다. 역사가 슐체는 이 시기를 이렇게 표현한다. "검열과 국가의 억압조치로 인해 정치논쟁은 수면 밑으로 사라지고 그 대신 굽어볼 수 있을 정도로 규모가 작고 참한 것, 모든 것을 아끼고 절약하는 생활태도, 가정적 안락함에 가치를 두는 정신풍조가 만연하면서 목가적 삶이 득세한 것처럼 보였다. (⋯) 동시에 이 시대는 그 어느 때보다 음악이 사랑받던 시대이기도 했다." (하겐 슐체, 반성완 옮김, 『새로 쓴 독일 역사』, 지와사랑, 2000. 125-126쪽.)

비스마르크$^{Otto\ von\ Bismarck,\ 1815-98}$는 한 연설에서 이렇게 말했다.

독일의 통일은 독일의 예술, 독일의 학문, 독일의 음악, 특히 독일 가곡이 없이는 불가능했을 것입니다.

하지만 그의 말은 가곡이 지닌 성찰과 반성의 정신을 두고 한 것이 아니라 가곡이 민족주의와 애국심을 고취하여 전쟁을 승리로 이끄는 도구였음을 강조하고 있을 뿐이다. 토마스 만은 『마의 산』에서 이 점을 비판한다. 마지막 장면에서 주인공 한스 카스토르프는 제1차 세계대전 중 한 전장에서 놀랍게도 「보리수」를 흥얼거린다. 총 알받이로 덧없는 죽음을 당하기 직전에 말이다.

그런데 대체 웬일일까, 그가 노래를 부르고 있지 않은가! 멍하니 아무 생각 없이 흥분한 가운데, 자신도 모르게 혼자 중얼거리듯, 가쁘게 숨을 몰아쉬며 조그마한 소리로 노래를 흥얼거리고 있다. "가지에 새겨 놓았노라./수많은 사랑의 말을."*

「보리수」를 부르는 카스토르프의 모습을 "독일의 문화유산을 포기하지 않으면서도 동시에 그 유산의 정치적 왜곡과는 거리를 취하는"** 긍정적 자세로 받아들여야 할까? 아니면 음악과 예술에 정신

---

* 토마스 만, 홍성광 옮김, 『마의 산』 하, 을유문화사, 2008, 724-725쪽.
** 국수주의를 찬양하는 「모든 것, 모든 것 위의 독일」(Deutschland, Deutschland über alles) 대신 내면적인 노래를 부르고 있다는 점을 긍정적으로 해석한 경우다. (김창준, 「토마스 만의 『마의 산』의 음악」, 『브레히트와 현대연극』 제33권,

베르너(Amton von Werner), 「파리 교외의 숙사」(1894).
파리 외곽의 한 아파트를 점거한 프로이센 병사들이
슈베르트의 가곡을 부르고 있다. 피아노에 놓인 악보는
『백조의 노래』의 제12곡 「바닷가에서」다. 가곡은 독일인들의
애국심과 문화적 자긍심을 고취시키는 수단으로 활용되었다.
시가 가장 시적이지 않은 방식으로 이용될 때
시심이 온전히 살아남을 수 있을까.

이 마비된 채 진정한 인간성을 잃어버린 독일 시민 문화의 최후가 상징적으로 담겨 있다고 보는 게 좋을까? 어떤 쪽이든 「보리수」와 『겨울 나그네』는 젊은이의 죽음, 즉 한 사회의 미래와 맞물려 있다. 『겨울 나그네』를 다 듣고 난 뒤에 느껴지는 민망함이 『마의 산』의 주인공 카스토르프의 마지막 장면에도 반어적으로 실려 나온다. 그에게 작별을 고하는 서술자는 작품예술을 위해 그를 일부러 버렸으며 그는 인간의 교양 과정을 살펴보기 위한 교육적 대상이었을 뿐이라고 스스럼없이 말한다.*

잘 가게나. 한스 카스토르프. 인생의 진실한 걱정거리 녀석이여! 너의 이야기가 다 끝났어. 우리는 너의 이야기를 끝마친 셈이야. 짧지도 길지도 않은 연금술적인 이야기였지. 우리는 이야기 자체를 위해 너의 이야기를 한 것이지, 너를 위해 이야기를 한 것은 아니었어. 너는 평범한 청년이기 때문이야. 그러나 결국 이건 너의 이야기였어. 이런 이야기가 너에게 일어난 걸 보면 보기와는 달리 네가 보통내기가 아닌 게 분명해. (…) 네가 살아 돌아오리라고는 크게 기대하지 않겠네. 솔직히 말하면, 우리는 별로 걱정하지 않고 이 질문을 해결하지 않은 상태로 놓아둘 거야. (…) 온 세상을 뒤덮는 죽음의 축제에서도, 사방에서 비 내리는 저녁 하늘을 불태우는 열병과도 같은 사악한 불길 속에서도, 언젠가 사랑이 샘솟는 날이 올 것인가?**

한국브레히트학회, 2015, 119쪽.)

* 송민정, 「자의식적 서술자와 능동적 독자」, 안삼환 엮음, 『토마스 만』, 서울대학교출판부, 2011, 127-128쪽 참조.

** 토마스 만, 앞의 책, 2008, 726-727쪽.

이러한 서술을 통해 토마스 만은 문화와 예술로 젊은이를 마취시켜 전장에 내보내는 고차원적인 야만을 고발하고자 했다. 이러한 마취 행위는 다시 발발한 제2차 세계대전에서도 계속되었다. 1942년 11월 전설적인 가수 호터$^{Hans\ Hotter,\ 1909-2003}$의 『겨울 나그네』가 전파를 타고 스탈린그라드의 참호로까지 전달되었다. 추위에 떨고 있는 독일군 병사들이 그들의 원정과 방랑자의 겨울 여행을 동일시하게끔 하려는 것이었다. 지젝$^{Slavoj\ Zizek,\ 1949-}$은 이 상황에 숨어 있는 왜곡을 명쾌하게 설명한다. 독일 병사는 자신이 처한 상황에 대한 구체적인 사유—이를테면 대체 누구 때문에 우리가 이 고생이지?—대신에 "자신의 비참한 운명에 대한 낭만적인 한탄"*에 빠져들게 된다. 그리고 이것이 심화되면 "자신의 고통과 절망에만 자기도취적으로 초점을 맞추어 그것을 왜곡된 쾌락의 원천으로 끌어올리게"**된다. 그런데 그러한 낭만 비극의 영웅은 현실에서는 아무런 힘을 발휘하지 못하는 가짜에 불과하다.

그러나 유대인인 말러$^{Gustav\ Mahler,\ 1860-1911}$는 이방인이 지닌 날카로운 시선 덕에 전쟁을 직접 겪지 않고도 「보리수」의 문제를 꿰뚫어보았다. 직접 가사를 쓴 「방랑하는 젊은 직인의 노래」의 마지막 곡에서 말러는 뮐러와 슈베르트에 대한 독일 시민 문화의 왜곡을 일거에 뒤집는다. 그의 방랑자는 보리수에 기대어 한숨 푹 잔다.

길가엔 보리수 한 그루
거기 기대어 처음으로 단잠을 잤다네.

* 슬라보예 지젝, 정영목 옮김, 『레닌의 유산: 진리로
나아갈 권리』, 상상의 힘, 2017, 97쪽.
** 같은 책, 98쪽.

오를리크(Emil Orlik), 「구스타프 말러」(1902).
빈 필하모니의 전설적인 지휘자요, 거대한 교향곡 작곡가인
말러는 유대인이자 보헤미아인이며 오스트리아인인 자신을
'삼중의 이방인'이라 불렀다. 그의 「방랑하는 젊은 직공의
노래」는 독일적인 방랑의 주제 의식을 계승하면서도 결말과
해석을 달리한다. 현실의 모순을 꿰뚫어보는 이방인다운
날카로운 현실 인식이 돋보이는 작품이다.

보리수 그늘 아래서
그 꽃 내 위에 눈발처럼 날리우던
그때 나는 몰랐었네, 삶이 움직이는 방식을.
모두가, 모두가 다시 괜찮아지더라는걸.
모두가, 모두가, 사랑이든 아픔이든
세상이든 꿈이든 다 그렇다는걸!

그토록 광포한 고통을 겪었는데도 말러의 방랑자는 회복되어 삶을 긍정한다. 보리수는 굳이 죽음과 연결되지 않는다. 상징도 만들어내기 나름이기 때문이다.* 말러가 우리에게 주는 교훈은 본래 낭만주의의 지향점이었던 민중의 삶과 현실을 결코 잊지 말라는 것이다. 그렇게 본다면 슈베르트와 말러의 작품은 서로 결말이 다른데도 같은 정신을 공유하고 있는 것이다.

젊은이가 실종되는 사회, 실패가 끝을 의미하는 사회, 눈에 보이는 성취나 집단의 이익 따위를 앞세워 눈에 보이지 않는다는 이유로 그보다 더 귀한 미래를 짓밟는 사회가 있다면 그곳이 바로 '겨울 나그네의 세계'다. 거기서는 모든 것이 혹한의 겨울이다.

이러한 깨달음 앞에서 어떻게 가벼운 박수를 칠 수 있단 말인가. 『겨울 나그네』는 묵직한 침묵이 있어야 완결되는 음악이다. 침묵의 어두움에서 죽음을 경험하고 그 죽음에서 다시 출발하는 음악. 그것이 진정한 『겨울 나그네』다.

* 중세 때부터 보리수가 사랑의 상징(발터 폰
데어 포겔바이데의 「보리수 아래서」)이었던 것도
사실이지만, 같은 시기의 『카르미나 부라나』에서는
보리수가 기만과 폭력의 장소가 된다.

나그네는 가만히 들어선다.
고통으로 문턱은 돌이 되었었다.
거기 순수가 환하게 빛을 뿜는다.
식탁 위엔, 빵과 포도주!

– 트라클, 「어느 겨울 저녁」

7 홀로 된 마이스터

『백조의 노래』 D.957

- **시** 루트비히 렐슈타프, 『시집』(*Gedichte*, 1827)·하인리히 하이네,
  『노래의 책』(*Buch der Lieder*, 1827)·요한 가브리엘 자이들,
  「우편 비둘기」
- **작곡** 1828년, 빈(D.957 / D.965A)
- **헌정** 없음
- **초판** 1829년 3월. 하슬링거, 빈(유작이므로 출판번호 없음)
- **초연** 전곡 초연은 알려진 바 없음
- **연주 시간** 약 50분
- **개별 악곡** 총 14곡
  제1부 렐슈타프 연작
  제1곡 「사랑의 소식」, 2/4박자, 사장조, 아주 느리게
  제2곡 「전사의 예감」, 3/4박자, 다단조, 너무 느리지 않게
  제3곡 「봄의 그리움」, 2/4박자, 내림나장조, 빠르게
  제4곡 「세레나데」, 3/4박자, 라단조, 보통 빠르게
  제5곡 「체류지」, 2/4박자, 마단조, 너무 빠르지 않게 동시에
  　　　 힘차게
  제6곡 「먼 곳에서」, 3/4박자, 나단조, 아주 느리게
  제7곡 「작별」, 4/4박자, 내림마장조, 약간 빠르게

  제2부 하이네 연작
  제8곡 「아틀라스」, 3/4박자, 사단조, 조금 빠르게
  제9곡 「그녀의 모습」, 2/2박자, 내림나단조, 느리게
  제10곡 「어부 아가씨」, 3/8박자, 내림가장조, 조금 빠르게
  제11곡 「도시」, 3/4박자, 다단조, 약간 빠르게
  제12곡 「바닷가에서」, 2/2박자, 다장조, 아주 느리게
  제13곡 「도플갱어」, 3/4박자, 나단조, 아주 느리게
  제14곡 「우편 비둘기」, 2/2박자, 사장조, 아주 느리게

베토벤의 곁에 서다

1828년 3월 26일, 1년 전 베토벤이 영면했던 바로 그날, 슈베르트는 처음으로 자기 작품으로만 이뤄진 연주회를 열었다. 4년 전 털어놓았던 계획을 성공적으로 실행에 옮긴 것이다.

초대의 글

베토벤 서거 1주년을 기리는 프란츠 슈베르트의 연주회가 3월 26일 저녁 7시 정각에 투흘라우벤 558번지 오스트리아 음악협회*에서 열립니다.
곡목은 다음과 같습니다.

1. 신작 현악사중주 제1악장 (연주: 뷤, 홀츠, 바이스, 링케)**
2. 가곡 (노래: 전직 궁정 오페라 전속 가수 포글
    반주: 프란츠 슈베르트)
   a.「십자군 행군」(시: 라이트너)
   b.「별」(시: 라이트너)
   c.「방랑자가 달에게」(시: 자이들)
   d.「아이스킬로스의 단편」 중에서 (시: 마이어호퍼)
3. 세레나데 (시: 그릴파르처
    노래: 요제피네 프뢸리히 양과 음악원 학생들)***
4. 피아노포르테와 바이올린, 첼로를 위한 신작 트리오

---

* 빈 악우협회를 오기함.
** 아마도 현악사중주 제15번 사장조 D.887일
가능성이 높다.
*** 알토와 합창단을 위한 앙상블 가곡 D.920을 말한다.

5. 호른과 피아노 반주가 붙은 가곡 「강 위에서」

   (시: 렐슈타프, 연주: 티체, 레비)

6. 전능자 (시: 퓌르커, 노래: 포글)

7. 전쟁의 노래 (시: 클롭슈토크, 노래: 두 그룹의 남성 합창단)

모든 연주곡은 본 공연 주최자의 작품입니다. 티켓은 3플로린 (빈 통화)이며 하슬링거, 디아벨리, 라이데스도르프 씨에게 문의하시기 바랍니다.

공연은 모든 면에서 빛나는 성공을 거두었다. 3일 뒤 열린 파가니니의 빈 데뷔 무대로 언론의 관심이 분산되었음을 감안하면 조금 과장해서 '대승리'라고 부를 만했다. 이미 슈베르트의 이름은 음악 신문 비평란에서 베토벤과 함께 묶여 언급되기 시작했다.** 슈베르트를 가곡과 춤곡의 작곡가로만 여기던 평단의 시선은 빠르게 달라졌다. 처음에는 형식을 다루는 기술이 약하다고 오해하던 비평가들은 서서히 그의 작품 속에 베토벤의 대안적 모델이 숨어 있음을 인식하기 시작했다.

---

* 피아노트리오 제2번 D.929, Op.100을 말한다. 전 악장을 연주한 유일한 기악곡으로 이 공연의 메인 작품이었다.

** 베토벤의 음악은 슈베르트의 작품에 실제로 모습을 드러내기도 한다. 예를 들어 베토벤 서거 1주년 기념 음악회 때 연주된 「강 위에서」에는 베토벤 교향곡 제3번 「에로이카」의 제2악장 '장송행진곡'을 참조한 흔적이 엿보이고, 교향곡 제9번 「그레이트」의 피날레 악장에서는 베토벤 교향곡 제9번 「합창」의 피날레 악장을 인용(제386마디 이하)하기도 한다.

슈베르트의 개인 연주회 프로그램.
베토벤 사후 1주년이 되는 이날 공연에서는
오로지 슈베르트의 작품만 연주되었다.

숨을 거두기 마지막 3년 동안 슈베르트의 음악은 베토벤의 작품보다 더 자주 빈의 음악회 프로그램에 등장했다. 공연과 출판 수입을 합치면 그는 대략 연간 1,800굴덴의 수입을 올렸는데, 이는 1816년 지원했다가 낙방한 류블랴나의 음악교사직보다 600굴덴 이상 높은 액수였다.* 이 정도면 서른한 살의 슈베르트는 성공한 작곡가가 되었다고 할 수 있다. 그런데도 슈베르트의 생활은 어려웠다. 이 시기 슈베르트는 이미 가산을 탕진한 쇼버에게 돈을 빌려주고 있었다. 친구들은 쇼버가 슈베르트를 이용하고 있다고 수군댔지만,** 슈베르트는 아랑곳하지 않았다. 이제야 그를 향해 성공이 미소 짓고 있었지만 누릴 시간은 얼마 남아 있지 않았다.

『백조의 노래』 깊이 읽기

• 페터 슈라이어
• 안드라시 쉬프
• 데카 | 1994

'백조의 노래'는 흔히 어떤 예술가가 남긴 최후의 걸작을 지칭하는 말로 사용된다. 죽음을 앞둔 백조가 구슬프고도 아름다운 음조로 최후의 노래를 부른다는 전설 때문이다. 하지만 시인 하이네는 이 소재를 조금 뒤틀어 다음과 같은 시를 남겼다.***

---

* Ernst Hilmar, *Franz Schubert*, Hamburg, 1997, S.120.
** Christopher H. Gibbs, *The life of Schubert*, Cambrige, 2000, p.100.
*** 파니 멘델스존(Op.1 Nr.1)과 피츠너(Op.4 Nr.3) 등이 하이네의 「백조의 노래」(Schwanlied)에 곡을 붙였다.

아이블(Franz von Eybl), 「프란츠 슈베르트」(1827).
베토벤이 죽은 1827년, 슈베르트의 건강은
돌이킬 수 없이 나빠진 상태였다.

별 하나 아래로 지네.
그 섬광의 하늘에서
저기 눈앞에 떨어지는
그건 사랑의 별이라네.

저 사과나무 떨구네
흰 빛깔 잎새 많이도.
바람이 놀리듯 불어와
거기서 함께 춤을 추고,

연못의 백조는 노래하네.
이리저리 수면을 가르며
소리는 점점 나직해지고
물길 무덤으로 몸을 담근다네.

그리도 고요하고 그리도 어둑하다.
이파리도 꽃잎도 사라져버렸네.
바작바작 별이 재로 흩어지고
그 소리 먹혀버리네, 저 백조의 노래는.

사랑의 별이 지고 사과나무의 잎새가 지고 백조도 물속으로 수장
된다. 낭만적으로 치장되었던 모든 것이 사라져버린다. 백조가 불렀
다는 아름다운 노래마저 물속에 잠겨 들리지 않는다. 이처럼 하이
네는 낭만적 죽음이라는 시적 포장을 발가벗겨 죽음의 진면목을 보
여주고자 했다. 그런 점에서 하이네의 시는 민중의 현실에 천착한

쿠펠비저, 「프란츠 폰 쇼버」(1821).
슈파운은 한때 쇼버에 대해 이렇게 말했다.
"예술에 열정을 가진 세련된 교양인이자 시인이었던 쇼버가
주변에 있다는 사실은 슈베르트를 자극하여 좋은 영향을
미쳤다." 그러나 쇼버는 이기적인 친구였다.
경제적 궁지에 몰린 그는 슈베르트를 이용했고
슈베르트의 임종 때도 오지 않았다.
병이 옮을까봐 두려웠기 때문이었다.

뮐러의 시와 깊은 친화성을 가진다.* 슈베르트는 1828년 1월 쇼버가 이끄는 독서 모임에서 하이네의 신간 『노래의 책』을 처음 알게 되었다. 그는 뮐러와 하이네 사이의 유사성을 충분히 감지했을 것이다. 앞선 두 연가곡과 최후의 연가곡 사이에 이렇게 끈 한 가닥이 이어진다.

하지만 그것이 다가 아니다. 『백조의 노래』의 또 다른 시인 렐슈타프 또한 뮐러와 연결되어 있었다. 그는 베를린의 슈태게만 살롱에서 뮐러와 함께했던 일원이다. 비록 상징적인 의미일 뿐이지만 렐슈타프는 베토벤과 슈베르트 사이의 끈이기도 했다. 1825년 연초에 빈을 방문한 렐슈타프는 베토벤이 속해 있는 "루들람의 굴혈" Ludlamshöhle 이라는 서클에서 활동하며 빈의 인사들과 사귀었다.** 그는 베토벤이 작곡해줄 것을 기대하며 자필로 적은 시 몇 편을 보냈는데, 베토벤은 몇몇 군데 밑줄을 그었을 뿐 작곡을 하지는 않았다. 슈베르트는 그 뒤 렐슈타프의 원고를 베토벤에게 직접 받았거나 베토벤 사후에 조수 신들러에게 건네받았을 것이다. 만일 휘텐브레너의 기록대로 슈베르트가 베토벤 임종 여드레 전에 그를 방문했고, 슈파운의 회상대로 베토벤이 슈베르트의 가곡을 살펴보며 그와 다정하게 담소한 것이 사실이라면, 렐슈타프 원고는 슈베르

---

* 하이네는 1826년 6월 7일, 뮐러에게 다음과 편지한다. "당신의 노래는 너무나도 순수하고 맑아서 모두 민요라 할 수 있습니다. 이와 달리 나의 시는 형식만이 어느 정도 민요풍일 뿐 내용은 인습적인 사회에 어울리는 것들입니다." (오한진, 『하이네 연구』, 문학과지성사, 1977, 52쪽 참조.)
** 보스트리지는 슈베르트도 이 서클에 가입했다고 주장했지만(이언 보스트리지, 장호연 옮김, 『슈베르트의 겨울 나그네』, 바다출판사, 2016, 225쪽 참조), 실은 가입하려고 하다 흐지부지된 것 같다.

에밀(Ludwig Emil), 「하인리히 하이네」(1827).
슈베르트와 동년배인 하이네는 괴테 이후
독일 최대의 노래시인이다. 그의 『노래의 책』은
베스트셀러로서 가장 많은 독일 가곡의
재료가 된 시집이다.

트와 베토벤 사이의 인간적 관계가 짧게나마 실재했음을 일러주는 증거가 된다.*

『백조의 노래』는 결코 완결된 연가곡이 아니다. 슈베르트가 렐슈타프와 하이네 시에 의한 각각의 모음집을 의도했는지 아니면 하나의 연가곡을 의도했는지는 분명하지 않다. 먼저 렐슈타프 연작은 『백조의 노래』에 포함되지 않은 「가을」D.945과 미처 완성시키지 못한 또 한 편의 시 「인생의 용기」Lebensmuth를 포함하는 아홉 곡으로 기획된 미완성 작품이다.** 하이네 연작은 슈베르트가 1828년 10월 2일에 출판업자 프롭스트Probst에게 보낸 편지에서 "하이네 가곡들을 한 작품으로 출판하고 싶다"고 언급한 것으로 보아 완성작으로 볼 여지가 있으나 그가 죽지 않았다면 새로운 작품을 추가했을 가능성도 있기에 작품의 규모나 외연을 정확하게 알기 어렵다.*** 하지만 굳이 연작의 의미가 성립되지 않더라도 『백조의 노래』는 앞선 두 연작과 필적하는 슈베르트 가곡 예술의 최고봉에 해당된다.

* Elmar Budde, *Schuberts Liederzyklen*, München, 2012, S.97-98.
** 부데는 각 곡들의 조성 관계를 분석하여 작곡되지 못한 「인생의 용기」가 첫 곡, 「사랑의 소식」이 두 번째 곡, 「가을」이 세 번째 곡이며 그 뒤 나머지 여섯 곡을 현재의 순서대로 배열하면 하나의 연가곡으로서 조성적인 일관성이 생겨난다고 주장했다. (같은 책, S.101.)
*** 슈베르트가 다른 하이네 시를 더 작곡할 계획이 있었는지에 따라 현재 버전이 완성작인지 아닌지를 알 수 있다. 부데는 현재의 여섯 곡을 완성작으로 볼 경우 10·11·12·13·9·8의 순서로 배열하는 것이 논리적이라고 지적했다. (같은 책, S.108.)

제1곡「사랑의 소식」Liebesbotschaft

졸졸거리는 시냇물아, ♪0:10
은빛 맑기도 맑아
사랑하는 이에게로
명랑하게 재빨리 달음질하니?
아, 다정한 너 시냇물아,
내 심부름꾼이 되어줄래, ♪0:25
내 인사를 실어다
멀리 그녀에게 전해줄래?

    Rauschendes Bächlein,
    So silbern und hell,
    Eilst zur Geliebten
    So munter und schnell?
    Ach, trautes Bächlein,
    Mein Bote sei du;
    Bringe die Grüße
    Des Fernen ihr zu.

그녀가 정원에서 기르는 ♪0:34
그 모든 꽃은
그녀의 가슴에서
그토록 사랑스럽고
그녀의 장미는
진홍빛으로 이글거리지.
시냇물아 그 꽃에 생기를,
네 시원한 물결로 말이야!

    All ihre Blumen,

Im Garten gepflegt,
Die sie so lieblich
Am Busen trägt,
Und ihre Rosen
In purpurner Glut,
Bächlein, erquicke
Mit kühlender Flut.

그녀가 물가로 나와♪1:02
꿈속에 잠겨들 때면,
나를 생각하느라
할 말조차 잃거든.
사랑스런 그녀를 위로해다오,
친절한 눈빛을 보내며.
그녀의 사랑이 곧
돌아올 테니까.

Wenn sie am Ufer,
In Träume versenkt,
Meiner gedenkend
Das Köpfchen hängt,
Tröste die Süße
Mit freundlichem Blick,
Denn der Geliebte
Kehrt bald zurück.

해가 저물어가고♪1:42
붉은 석양이 비추면
내 사랑을 요람에 태워
잘 재워주고,

졸졸거리며 그녀를
달콤한 안식으로 데려가서는,
그녀의 꿈속에다
사랑을 속삭여다오.

Neigt sich die Sonne
Mit rötlichem Schein,
Wiege das Liebchen
In Schlummer ein.
Rausche sie murmelnd
In süße Ruh,
Flüstre ihr Träume
Der Liebe zu.

『백조의 노래』 첫 곡은 시냇물에게 하는 말이다. 지줄대는 시냇물은 『아름다운 물방앗간 아가씨』에도 등장했다. 시종일관 끊기지 않는 32분음표는 마음의 설렘과도 통한다. 전주에서 아직 보르둔 5도*에 머물러 있는 피아노의 베이스는 이 시냇물이 깊고 충만한 물길임을 나타내준다. 성악의 선율이 시작되자 이 깊은 베이스는 마치 시적 화자의 마음을 투영하듯 노래하기 시작한다.

　잔잔한 시냇물에도 잔물결의 미세한 움직임이 있듯이 시적 화자의 달콤한 그리움 속에도 다채로운 감성이 녹아 있다. 시냇물에게 심부름꾼이 되어주기를 청하는 그의 음성"내 인사를 실어다/멀리 그녀에게 전해줄래?", 제1연 제7-8행은 마단조로 간절해지고, 이어 그녀의 정원을

＊ 제3음이 빠져 있는 보르둔 5도는 마치 베토벤 교향곡 제6번 「전원」의 제1악장에서처럼 정중동의 충만한 자연을 나타내는 음악적 상징이다.

말할 때^{제2연 제1-2행}는 다장조의 순전한 기쁨이 반짝인다. "그녀의 장미 ihre Rosen"^{제2연 제5행}는 세련된 바장조의 화성과 그 아래에서 울리는 아름다운 베이스 진행^{제22-28마디}을 마주하며 성악은 우아한 선율선을 그린다. 이런 자연스러운 다채로움이 곡에 매력을 더해준다.

마침내 그녀가 물가로 다가오고^{제3연} 잠시 불안한 단조의 그림자^{제32마디의 베이스}가 드리워지지만, 전조를 거듭^{가단조→라장조→다장조}하며 긴장감을 축적하던 선율은 "사랑스런 그녀를 위로해다오"^{제3연 제5행}에서 나장조로 솟아오르며^{3도 상승} 갑작스레^{거리가 먼 전조} 밝아진다. 시적 화자의 마음속에는 두려움을 이겨낼 사랑의 희망이 들어 있는 것이다.

사랑을 속삭이는 마지막 장면은 아름다운 사장조의 호흡이 긴 선율^{"그녀의 꿈속에다/사랑을 속삭여다오", 제4연 제7-8행}이다. "꿈 Träume"의 도약과 "사랑 Liebe"에 걸린 세 박자 반의 긴 음^{제64-68마디} 속에 시적 화자의 깊은 그리움이 실려온다.

제2곡 「전사의 예감」 Kriegers Ahnung

깊은 안식에 잠겨 ♪0:40
전우들 날 둘러 누웠다네.
내 마음은 그리 불안하고 무거우니
그리움이 그리도 뜨거운 까닭이라네.

> In tiefer Ruh liegt um mich her
> Der Waffenbrüder Kreis;
> Mir ist das Herz so bang und schwer,
> Von Sehnsucht mir so heiß.

얼마나 달콤한 꿈을 꾸었던가, ♪2:05
그녀 가슴에 기대어 온기를 느끼며!

벽난로 불은 얼마나 따사롭고
그녀는 또 어떻게 내 품에 누웠던가!

Wie hab ich oft so süß geträumt
An ihrem Busen warm!
Wie freundlich schien des Herdes Glut,
Lag sie in meinem Arm!

이곳, 침침한 광선의 섬광이 ♪2:38
아, 그저 무기 위로만 노니는
내 마음은 여기서 완전한 홀로됨을 느껴
비통한 눈물이 솟구쳐 나오네.

Hier, wo der Flammen düst'rer Schein
Ach nur auf Waffen spielt,
Hier fühlt die Brust sich ganz allein,
Der Wehmut Träne quillt.

마음아! 위로가 너를 떠나지 않을 거야. ♪3:18
아직도 많은 전쟁 나팔이 울릴 테고,
나도 이제 쉬어 영영 깨어날 일 없는 잠에 들 테니,
내 마음의 연인이여, 잘 자라!

Herz! daß der Trost dich nicht verläßt!
Es ruft noch manche Schlacht.
Bald ruh ich wohl und schlafe fest,
Herzliebste – gute Nacht!

이 곡은 레치타티보와 아리오소를 넘나드는 일종의 짤막한 솔로 칸타타*를 연상시킨다. "전사 Krieger"는 근대 이후의 군인이 아니

* Gerald Moore, *Schuberts Liederzyklen, aus dem*

336

라 구식무기를 사용해 전투하는 옛 군사를 말한다. 그는 숙영지에서 홀로 깨어 있다. 한껏 각을 잡은 부점 리듬[전주, 제4마디 포르테피아노]에 전장의 여운이 여전하다. 사단조와 다단조를 자꾸 오가는 전사의 "불안하고 무거운 마음"과 "뜨거운 그리움"의 긴 신음[제20-22마디, "뜨겁다 heiß"]이 인상을 남긴다.

사랑의 기억이 떠오르는 제2연은 꿈결 같은 셋잇단음표의 아르페지오가 지배한다. 하지만 이 선율은 내림가장조로 전조[제2연 제2행]되면서 낯설게 되어 온전한 안식이 되지 못한다. 이윽고 다시 빽빽한 수직화음[제43마디]이 분위기를 바꾸고 전사의 고독함[제3연]이 바단조와 가단조를 오가며 증폭[제48-58마디]된다.

이제 전사는 다단조와 다장조를 오가며 영원한 안식에 대한 그의 타는 그리움을 노래한다. 변박[6/8박자]과 함께 이제 넘실거리는 16분음표의 반주가 소용돌이치는 마음을 나타낸다. "마음아!"[제4연 제1행, 제63마디] 하고 부르는 연극적인 낭송과 호흡이 긴 선율의 움직임과 박절 중간에 걸리는 인상적인 옥타브 도약["잠 Schlafe", 제77마디] 등이 다양한 셈여림과 맞물려 탁월한 효과를 낸다. 변화무쌍한 화성 또한 그의 복잡한 심경을 잘 드러낸다.

그러나 전사는 문득 깨닫는다. 연인에게 보내는 "잘 자라 Gute Nacht"는 인사가 그의 마지막 인사가 되리라는 것을! 그러한 예감과 함께 거의 40여 마디[제72-110마디]를 거침없이 진행했던 음악[그의 갈망]이 갑자기 돌처럼 굳어진다. "연인이여"[제112마디]라고 부를 때 음악적 공간은 다시 적막한 처음[느린 템포, 피아노, 3/4박자] 정경으로 바뀌고 그의 작별 인사가 여전히 미해결의 긴장감을 품은 채[다단조의 5도인 g음] 아득하게 멀어져간다.

───

Englischen Else Winter, Tübingen, 1975, S.221.

제3곡 「봄의 그리움」 Frühlingssehnsucht

살랑이는 바람 온화하게 ♪0:07
꽃 내음 그 숨결이 차오르네.
너희들은 내게 얼마만큼의 기쁨으로 인사하는지.
너희들은 쿵쿵대는 내 가슴에 무슨 짓을 한 거니?
바람 궤도를 타고 내 마음 너희를 따라가고 싶으니!
어디로?

> Säuselnde Lüfte wehend so mild
> Blumiger Düfte atmend erfüllt!
> Wie haucht ihr mich wonnig begrüßend an!
> Wie habt ihr dem pochenden Herzen getan?
> Es möchte euch folgen auf luftiger Bahn!
> Wohin?

유쾌하게 쏴아거리는 시냇물은 ♪0:41
저 아래 은빛 계곡으로 흘러가네.
떠돌며 겹치는 파도, 계곡에서 바삐 지나가고
깊이 아른대는 초목과 하늘도 그 속에 들었네.
무엇이 날 그렇게 끌어가는 걸까? 그리움 갈망으로.
저 아래로?

> Bächlein, so munter rauschend zumal,
> Wollen hinunter silbern ins Tal.
> Die schwebende Welle, dort eilt sie dahin!
> Tief spiegeln sich Fluren und Himmel darin.
> Was ziehst du mich, sehnend verlangender Sinn,
> Hinab?

인사하는 태양의 희롱하는 금빛과 ♪1:16

희망에 찬 기쁨을 고운 그대는 전해주는구나!
그대의 행복한 인사에 내 마음이 얼마나 되살아났는지!
깊고 푸른 하늘에서도 온화한 웃음이 일고
내 눈은 눈물로 채워지는구나.
아, 도대체 왜?

> Grüßender Sonne spielendes Gold,
> Hoffende Wonne bringest du hold!
> Wie labt mich dein selig begrüßendes Bild!
> Es lächelt am tiefblauen Himmel so mild
> Und hat mir das Auge mit Tränen gefüllt!
> Warum?

녹색옷을 둘러 치장하는 숲과 언덕아! ♪ 1:51
아른거리며 반짝이는 꽃가지의 눈아!
그렇게 모두가 신부의 낯빛으로 움터 나오니,
싹들이 부풀고 꽃봉오리가 깨어나고,
그들 모두 무슨 일이 벌어졌는지 알고 있다네.
그런데, 그대는?

> Grünend umkränzet Wälder und Höh'!
> Schimmernd erglänzet Blütenschnee!
> So dränget sich alles zum bräutlichen Licht;
> Es schwellen die Keime, die Knospe bricht;
> Sie haben gefunden, was ihnen gebricht:
> Und du?

쉼 없는 그리움이여! 고대하는 마음이여, ♪ 2:26
언제까지 눈물과 탄식과 고통이겠느냐.
나 역시 내 속에 부풀어 터질 듯한 충동을 느끼건만!
누가 터져나오는 내 갈망을 달래주겠느냐.

오직 그대만이 내 마음에다 봄을 풀어놓으리,
오직 그대만!

> Rastloses Sehnen! Wünschendes Herz,
> Immer nur Tränen, Klage und Schmerz?
> Auch ich bin mir schwellender Triebe bewußt!
> Wer stillet mir endlich die drängende Lust?
> Nur du befreist den Lenz in der Brust,
> Nur du!

약동하는 봄의 이미지가 총총 뛰는 리듬과 점점 **빽빽하게** 차오르는 화음, 완만하게 상승하는 음고로 표현된다.

강약약격^{Daktylus}과 강약격을 오가는 시의 율격도 리드미컬하다. 두 연이 한 절로 구성된 변형 유절가곡이어서 선율의 길이가 상당히 길고 많은 변화를 내포한다. 처음에 완만하던 선율^{제1-2행}은 점점 더 봄 특유의 도약^{제5행} 위주로 바뀐다. 하지만 늘임표^{제41마디}가 잠시 음악의 흐름을 끊어놓은 뒤 나오는 물음 "어디로 Wohin"^{제1연 제6행}는 내림가단조로 어두워져 여운을 남긴다. 갈망은 열정인 동시에 어둠이기도 한 것이다.

한 절^{제3-4연}이 더 반복되고 나서 곡은 마지막 부분인 제5연에서 변화를 겪는다. 지금까지 그가 만난 여러 봄의 심상^{바람, 시냇물, 태양, 숲 등}은 화자를 모두 그가 그리는 대상에게 데려간다. 바깥에 찾아온 봄^{선경}이 이제 내면의 봄^{후정}을 향한 그리움을 일깨우는 것이다. 화자는 이제 "그대"를 부른다.

"쉼 없는 그리움이여! 고대하는 마음이여"^{제5연 제1행, 제103마디}로 시작되는 마지막 연은 내림나단조에서 곧 내림라장조로 변화^{제113마디}하면서 설렘과 불안 사이를 계속 오간다. 그러나 체념보다는 여전히 의지^{제125·127마디의 악센트}가 느껴진다. "오직 그대만이 내 마음에 봄을 풀어놓으리"제5연 제5행에서 곡은 다시 원조인 내림나장조제131마디로 돌아왔다가 라단조로 색채가 어두워지지만, 이때 걸리는 포르테와 3도 위로 도약"그대만이 Nur du", 제135-136마디함으로써 "그대"가 강조된다. 마지막 두 번의 외침제140-141마디에서도 내림마단조와 내림마장조가 엎치락뒤치락하지만, 어쨌든 "그대"에 모든 에너지가 집중된다. 으뜸음으로 끝나지 않아 여전히 긴장이 남지만, 그것 자체가 곡의 주제다. 불안에 맞서 마음을 지키려는 신실함. 그것이 결국 그리움의 진정한 주제 아니겠는가.

제4곡 「세레나데」 Ständchen

나직한 목소리로 애원합니다 ♪0:08
내 노래 밤을 지나 그대에게로
고즈넉한 숲속 그 아래로
사랑이여, 내게 와주어요!

　Leise flehen meine Lieder
　Durch die Nacht zu dir;
　In den stillen Hain hernieder,
　Liebchen, komm zu mir!

속살거리며 여윈 우듬지 ♪0:34
달빛 받으며 술렁이고
적의에 찬 밀고자 엿듣는다 해도
고운 그대여, 두려워 말아요.

　Flüsternd schlanke Wipfel rauschen
　In des Mondes Licht;
　Des Verräters feindlich Lauschen
　Fürchte, Holde, nicht.

밤꾀꼬리가 지저귀는 게 들리지요?♪1:21
아, 그 새들은 그대에게 애원하는 거예요.
음악의 달콤한 탄식으로
날 위해 그대에게 애원하는 거예요.

   Hörst die Nachtigallen schlagen?
   Ach! sie flehen dich,
   Mit der Töne süßen Klagen
   Flehen sie für mich.

가슴속의 그리움을 이해하고♪1:50
사랑의 아픔도 겪어 아는 밤꾀꼬리들은
은빛 고운 소리로 보듬어주어요
사랑으로 여려진 그 모든 가슴을요.

   Sie verstehn des Busens Sehnen,
   Kennen Liebesschmerz,
   Rühren mit den Silbertönen
   Jedes weiche Herz.

그대 가슴 뭉클하거든, 그대로 두어요!♪2:18
연인이여, 내 말을 들어주어요!
떨리는 마음으로 그대의 마중 기다리니
와주어요, 하여 날 기쁘게 해주어요!

   Laß auch dir die Brust bewegen,
   Liebchen, höre mich!
   Bebend harr' ich dir entgegen!
   Komm, beglücke mich!

"세레나데"*는 『백조의 노래』의 절조絶調다. 피아노 반주는 탄주 악기기타나 만돌린의 진정성 있는 울림을 귓가로 불러오고, 우수에 차 있는 성악의 노래는 아직 체념하지 않은 채 간절하게 위안을 구한다. 여기서 피아노는 성악과 마음을 완전히 같이[제9마디. 성악을 모방하는 간주]한다. 어떤 심상의 묘사를 제쳐두고 그저 성악을 외로이 두지 않으려는 이 피아노[제21마디. 성악과 피아노 모두 꾸밈음]는 그 자체로 위안의 울림이다.

선율은 라단조이지만 곡이 라장조로 밝아지는 대목은 그야말로 어두운 밤의 은은한 달빛처럼 아름답다. 특히 "은빛 고운 소리로 보듬어주어요"[제5연 제3행, 제55마디]에서 심상과 색채, 선율은 절묘하게 맞아떨어진다. 그 뒤에 이어지는 꾸밈음이며 고조된 외침까지 그 모든 것이 자연스럽다.

마지막 부분에서는 그의 간청의 노래에 잠시간의 격정이 드러난다. 부점 리듬["그대 가슴 뭉클하거든, 그대로 두어요!", 제5연 제1행]이 음악을 고조시키고, 그다음 이어지는 나단조의 어두움["떨리는 마음으로 그대의 마중 기다리니", 제5연 제3행]이 간절한 심정을 전해준다. 그 순간이 가고, 시적 화자는 다시 예의바르게 마음을 추스린다. 마지막 순간 "날 기쁘게 해주어요 beglücke mich"[제5연 제4행]에서는 b♭음[제74마디]이 잠시 사단조의 느낌을 주지만, 더 이상의 제스처 없이 가만히 물러난다. 곡의 마지막은 결말을 열어놓는 듯한 f#음[라장조의 제3음]이다. 결국 대답은 그녀의 몫이기 때문이다. 그런데 이처럼 진심을 담은 고상한 세레나데에 끌리지 않을 여인이 어디 있을까.

▌ * 사랑하는 여인의 창가 밑에서 부르는 사랑고백 노래 '세레나데'를 독일어로는 "슈텐트헨 Ständchen"이라고 부른다. '서 있는 자세 Stand'에 축소형 '-chen'을 붙였는데, 독일어의 축소형은 단지 크기가 작을 때만이 아니라 '애정'이나 '소중함'의 의미를 담을 때도 사용한다. 연인을 소중히 여기는 마음으로 기꺼이 서 있겠다는 마음의 표현이 곧 '세레나데'인 것이다.

제5곡 「체류지」 Aufenthalt

쏴아쏴아 강물, ♪0:08
윙윙 바람 이는 숲,
말없는 눈길의 절벽
내가 머무는 곳

　Rauschender Strom,
　Brausender Wald,
　Starrender Fels
　Mein Aufenthalt.

물결에 또 물결 ♪0:35
어쩌나 늘어서는지
눈물 흐르고 또 흘러
내겐 영원히 새롭겠구나.

　Wie sich die Welle
　An Welle reiht,
　Fließen die Tränen
　Mir ewig erneut.

드높은 너울 위 ♪1:13
물결치며 움직거리는,
그렇게 멈추지도 않고
내 가슴은 고동치고.

　Hoch in den Kronen
　Wogend sich's regt,
　So unaufhörlich
　Mein Herze schlägt.

저 절벽에 박힌 ♪1:49

태곳적의 광석같이

영원히 그대로인 채

내 고통 남아 있겠네.

> Und wie des Felsen
> Uraltes Erz,
> Ewig derselbe
> Bleibet mein Schmerz.

애틋한 "세레나데"와는 상극을 이루는 노래다. 형식은 단정한 론도$^{A-B-C-B-A'}$다.* 둔중한 수직화음이 아래서 피아노의 베이스가 술렁이며 외적 풍경을 말해주는 A 부분이 열린다. 강약약격의 율격은 시행이 짧고 강음이 부딪혀 흐른다기보다 절도 있게 끊어진다. 심상도 단순명료하게 제시된다. 그런데 이러한 단순성은 오히려 엄숙한 숭고미를 부여한다.

B 부분에서는 날것의 이미지가 꾸밈없는 마음의 상태와 연결된다. "물결에 또 물결"$^{제2연 제1행, 제27마디 이하}$에서는 도약 및 하강음형의 반복과 점층의 효과로 음악적 긴장감이 증폭된다. 물결과 짝을 이루는 "눈물 흐르고 또 흘러"$^{제2연 제3행, 제35마디 이하}$에서는 트레몰로와 크레셴도가 맞물려 음악이 고조되는데, 이때 베이스의 선율도 강한 인상을 남긴다.

C 부분은 가장 깊은 내면이다. 피아노의 베이스 성부와 성악의 선율이 서로 겹쳐지는데$^{드높은 너울 위", 제56마디}$, 마치 숲속 사냥 호른같이 호방한 느낌이 인상적이다. 피아노에는 "충분히 악센트를 붙여서 ben marcato"라는 지시어도 붙어 있다. 두 번째 반복에서는 완

---

* Walther Dürr & Andreas Krause(Hg.), *Schubert-Handbuch*, Kassel, 1997, S.260.

만하던 처음의 부점 선율이 도약과 하강의 굴곡^{제64-68마디}으로 변해 강렬한 인상을 남긴다. '격렬하게 고동치는 가슴'이 곧 그의 내면의 모습인 것이다.

시적 화자의 가장 깊은 내면을 엿본 뒤^{C 부분} 다시 곡은 자연과 그가 만나는 B 부분으로 돌아 나온다. "영원히 그대로인 채"^{제4연 제3행}에서 마치 고통의 비명처럼 극적으로 들린다. 그리고 다시 바깥 풍경^{A'}. 겉으로 보이는 것은 물결이요, 숲일 뿐이다. 그러나 이미 그의 내면을 엿본 이들은 "윙윙 바람 이는 숲 Brausender Wald" 소리에서 그의 절규의 메아리^{제130-135마디}를 함께 듣게 된다.

제6곡 「먼 곳에서」In der Ferne

그에게 화 있으리, 도망하는, ♪0:24
머나먼 세상 밖 유리하는.
낯선 땅 측량하며 이리저리
고향 땅은 잊어 버린,
어머니 집 싫어 버린,
친구들을 떠나 버린.
아무 축복도 더는, 아!
그 길을 뒤따르지 않는 이에게!

    Wehe dem Fliehenden,
    Welt hinaus ziehenden!
    Fremde durchmessenden,
    Heimat vergessenden,
    Mutterhaus hassenden,
    Freunde verlassenden
    Folget kein Segen, ach!
    Auf ihren Wegen nach!

마음, 그리워하는, ♪1:58
두 눈, 눈물 흘리는
그리움, 끝을 모르고
고향 향하여 뒤척이는!
가슴, 끓어오르고
탄식, 속울음에 사그러지고
저녁별, 가물가물 깜박이다
희망 없이 저버리니!

    Herze, das sehnende,
    Auge, das tränende,
    Sehnsucht, nie endende,
    Heimwärts sich wendende!
    Busen, der wallende,
    Klage, verhallende,
    Abendstern, blinkender,
    Hoffnungslos sinkender!

바람아, 살랑이며 부는, ♪3:31
물결아, 고운 갈래로 갈라지는,
햇살아, 마음 급하여
어디고 머무르잖는.
고통으로 부숴버렸다, 아!
그녀, 이 내 신실한 가슴을.
그녀에게 전해다오, 도망하는,
세상 바깥으로 나가는 그의 인사를!

    Lüfte, ihr säuselnden,
    Wellen sanft kräuselnden,
    Sonnenstrahl, eilender,

Nirgend verweilender:
Die mir mit Schmerze, ach!
Dies treue Herze brach –
Grüßt von dem Fliehenden,
Welt hinaus ziehenden!

렐슈타프 연작 가운데 가장 무거운 곡이다. 율격은 통상 리드미
컬하게 사용되는 강약약격이지만 아주 느린 템포로 정반대의 느낌,
즉 질질 끌고 가는 발걸음 느낌이다. 이 리듬은 줄곧 '강약약 강약
약'으로 흐를 뿐 '강약약 강!' 하고 흐름을 잠시 끊어주는 '제동장치'
강음이 나오지 않는다.* 거기에 많은 시행이 서술어나 명사 대신 관
형어가 없는 수식어^{현재분사=동사+d+en/e/er}로 끝나 아직 할 말이 더 남
아 있는 것처럼 느껴진다.** 한마디로 이 시에는 긴장이 해소되는 곳,
다시 말해 '쉬어갈 곳'이 없는 것이다.

* 괴테의 「프로메테우스」의 유명한 대구 구절도
그런 원리를 살렸다. "Hast du die Schmerzen
gelindert/Je des Beladenen 네가 억눌린 누군가의/
고통이나 덜어준 적 있는가?"에서도 **강**약약의 흐름
다음에 멈춰주는 강음이 나오지 않아 극렬한 긴장감을
불러일으킨다.
** 원래 독일어의 형용사나 분사는 앞에 정관사를 붙여
사람을 나타내는 명사로 활용(명사화)할 수 있다. 예를
들어 이 시의 첫 행 "도망하다 fliehen"에 어미 'd'를
붙이면 "도망하고 있는 fliehend"이라는 현재분사가
되고, 여기에 남성 3격 정관사를 붙이면 "도망하고
있는 남자에게 dem fliehendem"라는 명사구가 되는
것이다. 하지만 이 시를 우리말 어순에 맞게 "도망하는
이에게 화 있으라"라고 번역하면 원래 시에 흐르는
긴장감이 전혀 느껴지지 않는다. 따라서 이 번역에서는
가급적 독일어의 어순을 유지하고 문장을 열어두는
방식을 취했다.

이 두 가지 율격 요소를 이용해 슈베르트는 영원히 끝나지 않는 저주받은 방랑을 그린다. 방랑자의 발걸음은 잦은 전조로 다양한 색채를 입지만 리듬만큼은 강박적일 정도로 똑같다. 침잠하는 제1연과 높은 음역으로 간절해지는 제2연을 거쳐 제3연에서는 나장조로 자연의 모습이 꿈결^{반주의 아르페지오}같이 그려지지만 "고통"의 신음소리^{"아!", 제3연 제5행}가 곧 그것을 막아버린다. "세상 밖으로 나가는"의 마지막 단어^{"나가는 zie-henden"}에는 고통스러운 포르테, 위압적인 옥타브 음형 위에 7박자 반 동안이나 지속되는 긴 음이 걸린다. 놀라운 곡이다. 방랑의 끝없음과 세상을 등진 발걸음의 아득함이 이 음 하나에 다 들어 있다.

제7곡 「작별」 Abschied

잘 있어, 너 명랑하고 즐거운 도시야, 안녕! ♪ 0:11
내 조랑말은 벌써 기꺼워 발굽으로 땅 긁어대고
이제 마지막으로 한 번, 작별의 인사를 받아다오.
너는 여태껏 한 번도 날 슬픈 얼굴로 바라본 적 없었지.
그러니 헤어지는 지금도 슬프게는 말자꾸나.

　　Ade! du muntre, du fröhliche Stadt, ade!
　　Schon scharret mein Rößlein mit lustigen Fuß;
　　Jetzt nimm noch den letzten, den scheidenden Gruß.
　　Du hast mich wohl niemals noch traurig gesehn,
　　So kann es auch jetzt nicht beim Abschied geschehn.

잘 있어, 너희 나무들, 너희 푸르른 정원들아, 안녕! ♪ 0:52
이제 나는 은빛 흐르는 강물을 따라 말 달려간다.
멀리 울리며 내 작별의 노래가 퍼져나가고,
슬픈 노래 따윈 너희 한 번도 들은 적 없을 테니

이번에도 헤어진다며 슬픈 노래를 불러주진 않겠어!

Ade, ihr Bäume, ihr Gärten so grün, ade!
Nun reit ich am silbernen Strome entlang.
Weit schallend ertönet mein Abschiedsgesang;
Nie habt ihr ein trauriges Lied gehört,
So wird euch auch keines beim Scheiden beschert!

잘 있어, 거기 사는 너희 상냥한 소녀들아, 안녕! ♪1:26
꽃향내 둘러싸인 집에서 뭘 그리 보고 있니?
장난기 많은, 매혹적인 눈빛을 던지면서 말이야!
전과 다름없이 인사를 보내며 둘러보겠지만,
그래도 내 말머리를 돌릴 일만은 없겠구나.

Ade, ihr freundlichen Mägdlein dort, ade!
Was schaut ihr aus blumenumduftetem Haus
Mit schelmischen, lockenden Blicken heraus?
Wie sonst, so grüß ich und schaue mich um,
Doch nimmer wend ich mein Rößlein um.

잘 있어, 사랑스런 태양아, 너 쉬러 가는구나, 안녕! ♪2:07
이제 깜빡이는 금빛 별이 아른아른 빛나는구나.
나는 하늘의 별 너희들을 얼마나 좋아하는지 몰라.
우리는 넓고 넓은 세상을 이리저리 다니고,
너희들은 어디에서든 우리의 신실한 인도자로구나.

Ade, liebe Sonne, so gehst du zur Ruh, ade!
Nun schimmert der blinkenden Sterne Gold.
Wie bin ich euch Sternlein am Himmel so hold;
Durchziehn wir die Welt auch weit und breit,
Ihr gebt überall uns das treue Geleit.

잘 있어, 너 가물거리는 밝은 창문아, 안녕! ♪2:42

어스름 빛으로 미끈하게 빛나는 친근한 너는
친절하게도 우리를 오두막으로 불러주는구나.
아, 하지만 나는 벌써 여러 번 그냥 지나쳤었지.
혹시 오늘이 네 초대에 응하는 마지막 날인가?

> Ade! du schimmerndes Fensterlein hell, ade!
> Du glänzest so traulich mit dämmerndem Schein
> Und ladest so freundlich ins Hüttchen uns ein.
> Vorüber, ach, ritt ich so manches Mal,
> Und wär es denn heute zum letzten Mal?

잘 있어, 너희 별들아, 잿빛으로 숨어 있구나, 안녕! ♪3:20
너희 숱한 별들 아무리 헤아릴 길 없어도
저 흐린 창문에 스러지는 빛을 대신할 순 없으리.
여기에 더 머무를 수 없다면, 나 이제 지나쳐야지.
너희가 그토록 신실하게 따라온들, 무슨 소용이랴!

> Ade, ihr Sterne, verhüllet euch grau! Ade!
> Des Fensterlein trübes, verschimmerndes Licht
> Ersetzt ihr unzähligen Sterne mir nicht,
> Darf ich hier nicht weilen, muß hier vorbei,
> Was hilft es, folgt ihr mir noch so treu!

음악으로 '시원섭섭함'을 표현하기는 쉬운 일일까. "달콤 쌉싸름하다 bittersüß"는 독일어^{영어로는} "bittersweet"가 그 느낌과 꼭 맞을까? 이 곡은 그 같은 양가적인 감정을 전해준다. 이러한 상반된 기분은 대부분 가수의 음조나 뉘앙스에 의해, 즉 작곡보다는 연주 과정에서 생겨나는 경우가 많다.* 사람의 감정이 연주에 미치는 영향은 엄

---

* 하림의 「사랑이 다른 사랑으로 잊혀지네」라든가

청나다. 즐거운 곡조도 슬프게 부르면 효과가 달라지는데 「섬집 아기」를 떠올려보면 쉽게 이해가 갈 것이다.

하지만 슈베르트는 누가 불러도 상반된 양가감정이 일어나도록 객관적인 기호로 지시를 남긴다. 조성은 외향적인 내림마장조이고 경쾌한 말발굽 소리가 들려온다. 그런데 그가 탄 말은 「마왕」에 나왔던 질주하는 말이 아니다. 주인의 말을 안 듣는 비루먹은 말이 제멋대로 날뛰는 뜀박질^{전주 제1-8마디*}이다. 갖춘마디 뒤에 갑자기 약박에 강세를 달고 나오는 못갖춘마디의 도약^{제3마디}이 전체 곡의 인상을 요약적으로 들려준다. 베이스의 발디딤도 규칙성을 자주 깨버린다. 결국 기수는 떠나는 듯 떠나지 않는다. 외견상 비슷한 선율이 반복하는 것처럼 들리지만 한 번은 떠날 것을 강하게 다짐했다가^{큰 도약 또는 크레셴도} 반복 때 도로 내빼는^{작은 도약 또는 데크레셴도} 것을 반복한다.

마음이 실랑이를 벌이는 통에 그는 저녁이 되고^{제2연과 제4연에서의 우아한 내림가장조의 전조}, 밤이 될 때까지^{마지막 연의 내림다장조로의 전조} 여전히 작별 인사 중이다. 가장 많이 들려오는 말 "잘 있어!"는 그래서 별로 믿기지 않는다. 아무리 힘주어 말해도 화성진행이든 셈여림이든 반주의 움직임이든 그 어느 곳도 한 방향으로 집중되지 않는 것이다. 그는 과연 떠날 수 있을까.

제8곡 「아틀라스」 Der Atlas

나는야 불행한 아틀라스! 세상 하나, ♪0:08

___

김광석의 「너무 깊이 생각하지 마」 같은 쓸쓸한 장조 노래를 떠올려보라.
* Walther Dürr & Andreas Krause(Hg.), 앞의 책, 1997. S.261.

고통의 세상을 통째로 짊어지고 있어야 하네.
짊어질 수 없는 것을 짊어지니
육신 속의 마음이 깨지려 하네.

> Ich unglücksel'ger Atlas! Eine Welt,
> Die ganze Welt der Schmerzen muß ich tragen,
> Ich trage Unerträgliches, und brechen
> Will mir das Herz im Leibe.

너 교만한 마음아, 네가 그걸 원한다 하지 않았느냐! ♪0:50
행복하려고 하지 않았느냐, 끝없이 행복하려고.
아니면 차라리 끝없이 비참하기를 바랐었지, 교만한 마음아.
그리고 이제 너는 비참하구나!

> Du stolzes Herz, du hast es ja gewollt!
> Du wolltest glücklich sein, unendlich glücklich,
> Oder unendlich elend, stolzes Herz,
> Und jetzo bist du elend.

아틀라스는 티탄족과 올림포스 신들과의 싸움에서 티탄족의 편을 들었다가 지구를 짊어지는 저주를 받게 된 거인이다. 이후 그는 감당할 수 없는 인고忍苦의 상징적 존재가 되었다.

시적 화자는 아틀라스의 입장에서 이야기를 시작한다. 그런데 알고 보니 그가 말하려는 것은 신화가 아니다. 끝없이 행복하려는 마음연인에게 사랑을 구함이 교만이 되어 끝없는 비참함거절과 상실의 고통에 빠졌다는 것은 실패한 사랑에 대한 비유다.* 사랑 하나가 가면 세상

▌ * 하이네의 이 작품은 『아름다운 물방앗간 아가씨』의
제10곡 「눈물 비」에서 천상(행복)으로 올라가고 싶어
오히려 저 물 아래로 나아가는 청년과 유사한 마음
상태를 전해준다.

하나가 고통으로 가득 채워지지 않던가.

불처럼 이글대는 트레몰로, 극한 긴장이 실린 부점 리듬, 위압적인 옥타브 음형 등이 시상을 음악으로 재현한다. 무게감이 엄청난데도 위로 도약하려는 제스처"세상 하나/고통의 세상을 Eine Welt/Die ganze Welt", 제1연 제1-2행나 반음계로 밀고 올라가 최고음"육신 Leibe"의 f#음에 이르는 장면제1연 제3행에서 그의 의지와 고통이 처절하게 표현된다. "짊어질 수 없는 것을 짊어진"모순어법, oxymoron 고통의 강도는 엄청나다.

제2연에서는 갑작스레 나장조의 둔중한 춤곡 리듬제22마디이 등장한다. 형벌 와중에도 보란 듯이 춤곡의 스텝을 밟는 것은 곧 아틀라스의 '교만'을 상징한다. 그러나 음악은 마단조로 어두워진 뒤"끝없이 비참하기를", 제2연 제3행 원래의 사단조로 돌아오는 무시무시한 도약을 선보일 때"이제 너는 비참하구나!", 제2연 제4행 이례적인 포르테시시모로 극적 파토스를 폭발시킨다.

아틀라스가 용을 쓰며 고통의 세상을 들어 올리는 모습이 최고음 a♭음제49마디, 포르테시시모에 이르는 상승선율에 그려진다. 그것이 이 들끓는 고통의 마지막 이미지다.

제9곡 「그녀의 모습」 Ihr Bild

어두운 꿈속에 서서 ♪0:06
멍하니 그녀의 그림을 바라보았어
그 사랑스런 얼굴이 가만히
살아 숨쉬기 시작하는 거야.

　Ich stand in dunkeln Träumen
　und starrte ihr Bildnis an,
　und das geliebte Antlitz

제11곡 「도시」 Die Stadt

머나먼 수평선으로♪0:22
나타난다, 안개 형상처럼.
도시가, 그 탑들과 함께
저녁 황혼에 휘감긴 채.

> Am fernen Horizonte
> Erscheint, wie ein Nebelbild,
> Die Stadt mit ihren Türmen,
> In Abenddämmrung gehüllt.

습기 머금은 바람 한 모금에♪1:03
잿빛 물의 궤도가 주름지고,
서글픈 박자로 노 저어가는 건
내가 탄 조각배 사공이라네.

> Ein feuchter Windzug kräuselt
> Die graue Wasserbahn;
> Mit traurigem Takte rudert
> Der Schiffer in meinem Kahn.

태양이 다시 한번 몸을 일으켜♪1:44
반짝이며 땅에서 솟아오르며
내게 보여준다네 예의 그곳을.
내가 내 사랑을 잃어버린 바로 그곳을.

> Die Sonne hebt sich noch einmal
> Leuchtend vom Boden empor
> Und zeigt mir jene Stelle,
> Wo ich das Liebste verlor.

기묘한 잿빛 정경, 시대의 경계를 훌쩍 벗어난 말 그대로 이방인 같은 작품이다. 으뜸음^{c음}의 옥타브 음형 위로 낯선 9잇단음표가 스치듯 지나가고 하강하는 부점 리듬이 악센트를 달고 기우뚱거린다. 철썩이는 소리, 물살이 갈라지는 소리, 조각배가 기울고 노가 삐걱이는 소리의 음화다. 불협화음인 감7화음은 전혀 해결되지 않은 채 계속 나열된다. 이것은 어떤 논리적인 방향을 가진 음악 언어가 아니라 말 그대로 느낌의 음악, 인상의 음악이다.

다단조의 선율은 나직하고^{제4마디} 단조롭다. 띄엄띄엄 두 마디 단위로 나아가는 진행은 장송행진곡을 연상시키는 동시에 선율 라인을 파편화한다.* 낮은 음역대의 화성은 성악부 선율과 동떨어진 느낌이고, 통상적인 진행도 아니어서** 이처럼 조각난 음악을 연결하는 것은 다름 아닌 소름끼치는 물살 가르는 소리다.

제1연에서 다단조의 인상을 남겼던 선율은 제2연에서 빛깔을 잃고 그저 감7화음의 구성음을 음산하게 오간다.*** 독립적인 노래를 하는 것이 아니라 그저 물결 따라 웅얼거리는 것이다.

"태양"^{제3연 제1행}이 나타나자 처음으로 강한^{포르테} 표현이 나온다. 처음 나오는 셋잇단음표와 화성변화^{"반짝이며 leuchtend", 제29마디}가 전환을 예고한다. 일반적으로 태양은 안개보다 긍정적인 느낌이지만 하이네는 그런 통념을 뒤엎는다. 곧 이 태양은 '들추지 말아야 할 것을 들추는'^{제3연 제3행} 잔인한 빛인 것이다. "그곳 jene Stelle"은 크

* Susan Youens, *Heinrich Heine and the Lied*, Cambridge, 2007, p.58.
** I-IV-V-I 대신 I-V-IV-I. 『겨울 나그네』의 제9곡과 제23곡도 그렇다.
*** Walther Dürr & Andreas Krause(Hg.), 앞의 책, 1997, S.263.

레센도와 반음계로 도드라지고, 마지막 구절 "사랑을 잃어버린 곳 Liebste verlor"의 도약은 잊고 있던 상처가 다시 터진 듯한 고통의 외침이다. 영영 멈추지 않을 듯한 스산한 뱃소리가 다시 모든 것을 잿빛 속에 빠뜨린다.

제12곡 「바닷가에서」 Am Meer

대양은 저 멀리서 반짝였다 ♪0:14
마지막 석양을 받아 반짝였다
우리는 외딴 어부 집에 앉아 있었다
말없이 단둘이 앉아 있었다

> Das Meer erglänzte weit hinaus
> Im letzten Abendscheine;
> Wir saßen am einsamen Fischerhaus,
> Wir saßen stumm und alleine.

안개가 오르고, 물이 솟구치고 ♪1:13
갈매기만 왔다 갔다 날아다니고,
너의 사랑스러운 두 눈에서는
눈물이 흘러내렸구나

> Der Nebel stieg, das Wasser schwoll,
> Die Möwe flog hin und wieder;
> Aus deinen Augen liebevoll
> Fielen die Tränen nieder.

네 손으로 떨구는 눈물 보고서 ♪2:08
나는 무릎을 꿇고 앉았다
너의 하이얀 손으로부터 나는
계속 적셔지는 눈물을 받아 마셨다

Ich sah sie fallen auf deine Hand
Und bin aufs Knie gesunken;
Ich hab von deiner weißen Hand
Die Tränen fortgetrunken.

그 오랜 날 이래 내 육체 수척해가고 ♪3:09
그리워 영혼은 죽어간다
불행한 그 여인이 그녀의 눈물에다
사랑의 독을 타 넣었던 것이다

Seit jener Stunde verzehrt sich mein Leib,
Die Seele stirbt vor Sehnen;
Mich hat das unglücksel'ge Weib
Vergiftet mit ihren Tränen.

또 하나의 절조다. 불순하게 들리는 감7화음의 전주로 곡이 시작
된다. 이 불길한 잔향은 일종의 복선이다. 이윽고 찬송가풍의 음악
이 흘러나온다. 두 마디씩 짝을 이루는 대칭적인 선율이나 경건한
사성부의 울림, 반음계가 전혀 활용되지 않는 안정적인 화성, 으뜸
화음과 딸림화음을 크게 벗어나지 않는 베이스 등 첫 부분은 전형
적인 찬송가의 특성이다.* 단순한 언어와 친숙한 형식, 감상적인 어
조 덕에 이 곡은 대단한 사랑을 받았고, 합창을 포함한 다양한 형태
로 편곡되었다.** 다만 일반적인 찬송가라 하기에는 음역대가 높은
편인데 이는 곡의 극적 전환을 위한 포석이다.

간주 이후 피아노의 트레몰로가 자욱하게 올라오는 "안개"제2연 제
1행를 그린다. "갈매기"는 나타났다가 옥타브 하강wieder으로 낮아지

* Susan Youens, 앞의 책, p.64.
** Sonja Gesse-Harm, 앞의 책, S.119.

면서^{제18마디} 트레몰로의 안개 속으로 사라져 버린다. 삭막한 정경이 걷히자 아름다운 선율이 단조^{"두 눈에서는 aus deinen Augen"}와 장조^{"눈물이 흘러내렸구나 fielen die Tränen, 제2연 제4행"} 사이를 너울거리다 뒤를 흐린다.

이렇게 곡은 찬송가풍의 제1, 3연과 앞 곡^{제11곡 「도시」}을 연상시키는 '안개 자욱한' 제2, 4연으로 극명하게 나뉜다. 슈베르트는 왜 홀수 연과 짝수 연의 분위기를 다르게 하여 교차시켰을까? 일견 숭고해 보이는 시적 화자의 사랑이 실은 쓰디쓴 비극으로 끝난다. 그녀와 함께하는 것 같고^{제1연} 또 그녀의 고통을 나누는 것 같지만^{제3연} 그는 실은 그것을 감당할 힘이 없는 것이다. 그녀의 눈물에 "중독"^{제4연 제4행, "vergiftet"}된 그는 앞으로도 그 고통을 안고 살아갈 것이다. 사랑하고 싶지만 사랑할 힘이 없는 연약함. 슈베르트 자신의 이야기이기도 한 그 회한의 감정이 악센트가 걸린 마지막 행에 절절히 묻어나온다.

제13곡 「도플갱어」 Doppelgänger

밤은 고요하다, 골목들은 쉬고 있다. ♪0:14
이 집 안에 나의 연인 살고 있었다.
그녀는 이미 오래전 이 도시를 떠났지만,
이 집은 여전히 그 자리에 있구나

> Still ist die Nacht, es ruhen die Gassen,
> In diesem Hause wohnte mein Schatz;
> Sie hat schon längst die Stadt verlassen,
> Doch steht noch das Haus auf demselben Platz.

그곳엔 사람도 하나 서서 허공을 멍하니 바라본다 ♪1:37
고통의 힘 앞에서 두 손을 비비적거리며
그의 얼굴을 바라볼 때 나는 소스라친다

달이 내게 비춰준 그 얼굴은─내 자신의 모습!

> Da steht auch ein Mensch und starrt in die Höhe
> Und ringt die Hände vor Schmerzensgewalt;
> Mir graust es, wenn ich sein Antlitz sehe –
> Der Mond zeigt mir meine eigne Gestalt.

너 도플갱어야, 너 핏기 없는 젊은이야! ♪2:38
너는 왜 내 사랑의 번민을 흉내 내는 게냐.
그 자리에서 나를 괴롭게 하던
그 많은 밤, 그 오랜 시간의 고통을!

> Du Doppelgänger, du bleicher Geselle!
> Was äffst du nach mein Liebesleid,
> Das mich gequält auf dieser Stelle
> So manche Nacht, in alter Zeit?

도플갱어는 적절한 번역어가 없다. 다른 장소를 동시에 점유하는 '동일인'을 뜻하므로 물리적 세계 범주에서는 있을 수 없는 존재다. 둘로 나뉜 자아의 한 편이 다른 한 편을 부르는 데 사용하는 이 말 안에는 이미 광기가 들어 있다. 시적 화자는 옛 연인의 집에서 만난 유령이 자신임을 알게 된다.

곡은 여러 차원에서 분열적이다. 반음계 하강$^{b-a\#, \ d-c\#}$ 화성의 반복 진행인 네 마디의 전주는 마치 무궁동* 음악처럼 계속 돌고 돈다. 성악 선율은 f#음**을 집요하게 반복하거나 이 음으로 자꾸 되돌아온다. 피아노에도 f#음은 거의 빠짐없이 들어 있다. 이 음이 "그녀

---

* 처음부터 끝까지 같은 속도로 진행되는 기악곡.
** 『아름다운 물방앗간 아가씨』의 제16곡 「좋아하는 색」이나 『겨울 나그네』의 제20곡 「이정표」와 마찬가지로 편집증적인 집착을 상징한다.

의 집"인 것이다. 그러나 낭송조의 선율에는 감정이 묻어나지 않는다. 인간성을 잃고 유령화된 것이다.

시적 화자가 마침내 도플갱어를 마주친다. "두 손을 비비적"거릴 때 화성 순환의 패턴이 깨지더니[b-a, 제30마디] "고통의 힘 Schmerzensgewalt"[제2연 제2행, 포르테시시모]에서 가공할 만한 불협화[제32마디의 베이스 c음]가 고통을 전해준다.* 그리고 "내 자신의 모습"에서는 공포의 비명[최고음 g, 제41마디**]이 들려온다. 그 충격으로 화성은 이제 순환하던 패턴을 벗어나 불안한 반음계로 나아가기 시작한다. 하지만 성악은 여전히 f#음에 고착["너 도플갱어야", 제3연 제1행]되어 있다.

반대로 화성이 다시 순환 패턴을 보일 때 성악은 f#음을 벗어나고자["너는 왜 내 사랑의 번민을 흉내 내는 게냐", 제3연 제2행] 안간힘을 쓴다. 이 무슨 엇박자란 말인가! 실랑이하는 두 자아. 결국 그는 떠나지 못한다. 자신의 슬픈 운명을 토로하는 한탄의 선율이 마지막을 울린다. 한 편의 심리극, 무섭도록 현대적인 작품이 아닐 수 없다.

제14곡 「우편 비둘기」 Die Taubenpost

우편 비둘기 한 마리 보급품으로 받았다네♪0:10
말도 잘 듣고 정말로 충성스러워
내가 시키는 곳에 못 미치거나
혹 지나치거나 전혀 안 그런다네

Ich hab' eine Brieftaub' in meinem Sold,
Die ist gar ergeben und treu,
Sie nimmt mir nie das Ziel zu kurz

---

* Susan Youens, 앞의 책, p.82.
** 「물레질하는 그레트헨」의 비명 소리가 여기에서도 되풀이된다.

Und fliegt auch nie vorbei.

족히 천 번은 날려 보냈지 ♪0:31
매일매일 기별을 전하느라
사랑스런 곳들을 많이도 지나
내 사랑하는 여인의 집까지

Ich sende sie viel tausendmal
Auf Kundschaft täglich hinaus,
Vorbei an manchem lieben Ort,
Bis zu der Liebsten Haus.

거기서 내 비둘기는 몰래 창문을 엿보며 ♪1:01
그녀의 시선이며 발소리에 주의를 기울인다네
장난치며 내 안부를 그녀에게 전하고
그녀의 안부도 받아온다네

Dort schaut sie zum Fenster heimlich hinein,
Belauscht ihren Blick und Schritt,
Gibt meine Grüße scherzend ab
Und nimmt die ihren mit.

이제 더 이상 편지 따윈 쓸 필요 없네 ♪1:18
내 눈물이 바로 그녀에게 가는 편지라네
오, 그녀 더 이상 내 비둘기를 들이지 않겠지만
그래도 비둘기 전령은 열심이라네

Kein Briefchen brauch ich zu schreiben mehr,
Die Träne selbst geb ich ihr,
Oh, sie verträgt sie sicher nicht,
Gar eifrig dient sie mir.

낮이든 밤이든, 깨어 있으나 꿈에서나 ♪1:49

비둘기 전령에겐 상관없다네

그저 방랑, 방랑할 수만 있다면

그에게는 족한 일이라네!

> Bei Tag, bei Nacht, im Wachen, im Traum,
> Ihr gilt das alles gleich,
> Wenn sie nur wandern, wandern kann,
> Dann ist sie überreich!

비둘기 전령은 지치지도 지루해 하지도 않아♪2:10

가는 길 자꾸만 새로워지니

유혹도 필요 없고 보상도 필요 없이

비둘기 전령은 내게 충성스럽다네!

> Sie wird nicht müd, sie wird nicht matt,
> Der Weg ist stets ihr neu;
> Sie braucht nicht Lockung, braucht nicht Lohn,
> Die Taub' ist so mir treu!

그러니 나 그를 가슴에 변함없이 품고는♪2:31

제일 좋은 보상을 약속한다네

그 비둘기의 이름은 그리움, 그대도 알겠지?

신실한 마음의 전령이라네

> Drum heg ich sie auch so treu an der Brust,
> Versichert des schönsten Gewinns;
> Sie heißt – die Sehnsucht! Kennt ihr sie? –
> Die Botin treuen Sinns.

전주의 당김음형은 인상적이다. 다정하게 재촉하는 이 음형 위에 물방앗간 청년이 불렀을 법한 맑은 선율이 흘러나온다. 피아노 오른손의 '비둘기'는 성악 선율과 보조를 맞춘다. "사랑스런 곳들을 많이도 지나"제2연 제3행에서는 피아노가 한 옥타브 위에서 성악과 겹쳐져 『아름다운 물방앗간 아가씨』 제13곡의 장면"이제 나도 초록색이 좋아요!"을 떠오르게 한다. 한편 성악 선율의 끝부분에서는 으뜸음 대신 제3음으로 뒤가 흐려져 어두운 느낌이 묻어나는데, 이때 피아노가 높이 도약하여 으뜸음높은 g음을 가볍게 찍고 다시 성악과 같은 음제24마디, "집 Haus"의 b음으로 재빠르게16분음표 내려온다. 비둘기가 주인공을 즐겁게 해주려는 듯 높이 날아올랐다가 어깨 위로 사뿐히 내려앉는 것이다.

비둘기가 그녀의 창가에 있는 장면제3연 제1-2행에서는 잠시 다단조와 라장조로의 전조가 일어나 불안과 설렘이 교차되고, 눈물이 곧 편지라는 말제4연 제2행에서는 내림나장조로의 전조와 함께 음역대최고음 g, 제45마디가 올라가 북받쳐 오른 감정을 느낄 수 있다.

시인은 지금까지 열거했던 비둘기 이야기를 한 문장으로 요약한다. "비둘기 전령은 내게 충성스럽다네"제6연 제4행. 이때의 선율은 모두 으뜸화음의 구성음제69-71마디이다. 이때부터 피아노는 으뜸음을 강조높은 g음, 제71마디 이하하며 결론을 예고한다. "그 비둘기의 이름은 그리움"이다. 주위를 환기하듯이 화성의 색채라장조, 반복 때 내림마장조가 바뀌고, "그대도 알겠지" 하는 반복되는 물음에는 간절함이 묻어나지만, '비둘기'는 떠나지 않고 "신실한 마음의 전령"에서 원래의 사장조로 돌아온다.

희망과 그리움, 슈베르트 음악의 두 날개가 이 곡에서 여전히 펄럭인다. 이토록 가슴을 따뜻하게 해주는 이 노래가 슈베르트가 남긴 마지막 곡이었다.

『백조의 노래』 남은 이야기

사실 「우편 비둘기」는 원래의 연작에 포함되지 않았던 곡이었다.

시의 내용도 음악적인 색깔도 이질적이다. 하지만 출판업자 하슬링거는 『백조의 노래』 예약구매를 광고할 때 「우편 비둘기」를 슬며시 추가해 넣으면서 『백조의 노래』를 슈베르트의 "마지막 작품"이라고 강조했다. 「우편 비둘기」가 최후의 작품이었으니 딱히 틀리지 않는 말이었다. 불길한 수 13을 피하고, 무시무시한 "도플갱어"로 전곡을 끝내지 않으면서 작곡가의 유작이라는 프리미엄까지 얻어내려는 탁월한 노림수였다. 하지만 하슬링거는 이로써 의도하지 않게 슈베르트가 최후의 순간까지 품었던 희망도 같이 드러내게 되었다. 「우편 비둘기」에 들어 있는 그리움, 신실함, 다정한 희망은 슈베르트 음악의 가장 순수하고 사랑스러운 면이었다. 이 곡 덕분에 사람들은 슈베르트를 절망 속에서 죽어간 작곡가가 아니라 여전히 희망을 노래한 작곡가로 기억하게 되었다.

또 하나의 마지막 작품 「바위 위의 목동」[D.965]* 역시 비탄에서 빠져나와 봄을 노래한다. 심연의 어두움이 여전히 드리워져 있으나 소프라노와 클라리넷은 서로가 서로에게 메아리가 되어 여전한 봄날의 방랑을 꿈꾼다. 요컨대 『겨울 나그네』의 절망은 결코 그의 종착점이 아니었다. 그는 죽음을 직면한 후 새로운 단계로 나아가고자 했던 것이다.

1828년 12월 23일, 침통한 상실감 속에서 슈베르티아데가 열렸다. 포글은 이 자리에서 가장 어두운 「도플갱어」와 가장 사랑스러운

---

* 슈베르트는 소프라노와 클라리넷, 피아노를 위한 이 가곡을 뮐러와 파른하겐 폰 엔제(Karl August Varnhagen von Ense, 1758-1858)의 시를 스스로 조합하여 작곡했다. 뮐러의 시가 절망을 말하고 있다면 파른하겐의 시는 새로운 희망을 노래한다.

©Funke

▲ 빈 베링의 슈베르트파크.
  왼쪽이 베토벤, 하나 건너 오른쪽이 슈베르트의 묘비다.
  베토벤과 슈베르트가 처음 묻혔던 곳이지만
  지금은 묘비만 남아 있다.
▼ 빈 중앙묘지의 명예구역.
  1888년 베토벤과 슈베르트의 관이 이장되었다.
  왼쪽이 베토벤, 가운데가 모차르트,
  오른쪽이 슈베르트의 묘비다.

엇 때문에 대위법 수업을 듣고 오페라 대본을 구하며 소설책을 읽
는단 말인가. 젊은이 슈베르트는 여전히 음악이 좋았고 아직도 하
고 싶은 일이 많았다.

1829년 1월 베토벤의 추도사를 썼던 그릴파르처도 그것을 알아
보았다. 그는 슈베르트의 묘비명을 이렇게 썼다.

음악예술이 여기 그 풍성한 소유를
허나 그보다 더욱 아름다운 희망을 묻었노라.
프란츠 슈베르트, 이곳에 잠들다

그러나 이 '희망'을 단지 못 이룬 성취에 대한 아쉬움의 표현으로
여겨서는 안 된다. 그는 실제적인 '희망'의 씨앗을 음악의 토양에 묻
었다. 그가 죽음과 씨름하면서 얻어낸 착상과 방향성은 다음 세대
를 위한 새로운 가능성이었다. 니체[Friedrich Nietzsche, 1844-1900]는 다음
과 같이 말했다.

다른 위대한 음악가들보다는 좀 보잘것없어 보이는 예술가 프란
츠 슈베르트는 음악에서만큼은 그들 모두 중에서 최대의 유산을
가지고 있었다. 그는 손에 잡히는 대로 또 친절한 마음으로 그 유
산을 써버렸다. 그 덕분에 음악가들은 몇 백 년은 그의 사상과 착
상으로 먹고살 수 있게 되었다. 그의 작품에서 우리는 사용되지
않은 창작의 보물을 얻게 된다. 다른 음악가들은 그것을 사용함
으로써 자신들의 위대함을 얻게 될 것이다.*

＊프리드리히 니체, 김미기 옮김, 『인간적인, 너무나
인간적인 II』, 책세상, 2000, 318-319쪽

니체가 말한 슈베르트의 '유산' 가운데 가장 대표적인 것은 아마도 슈만이 1839년 슈베르트의 형 페르디난트의 집에서 찾아낸 교향곡 제9번 「그레이트」일 것이다. 그가 '천상의 길이'*라고 표현한 이 교향곡에는 베토벤식의 극적 대립을 벗어나 더 서사적이고 광활한 교향악을 발전시킬 대안적인 창의성이 들어 있었다. 베토벤의 교향곡과 함께 브루크너, 말러 교향곡의 스승 노릇도 하게 되었다.

하지만 이 교향곡만큼이나 중대한 유산은 바로 가곡이었다. 슈만은 "베토벤 이후 눈에 띄게 발전된 유일한 분야가 가곡"**일 것이라고 말했다. 그것은 새롭게 열린 하나의 세계였다. 작은 것을 존중하는 마음, 눈에 보이지 않는 순전한 상상력을 갈고닦으려는 진심을 많은 예술가가 본받고자 했다. 그가 세상을 떠났을 때 슈만, 멘델스존, 바그너, 브람스는 음악과 문학의 내밀한 결합의 세계로 헌신할 준비를 하고 있었다.

슈베르트는 죽었지만 오래도록 살아 있었다. 사후에도 그의 작품이 계속 발표되었다. 한슬리크의 표현대로 "마치 그가 보이지 않게 여전히 곡을 써내고"*** 있는 것 같았다. 「죽음과 소녀」 현악사중주는 1831년에, 마지막 피아노소나타들은 1839년에, 현악사중주 제15번은 1851년에, 현악오중주는 1853년에야 출판되었다. 그의 가곡들도 디아벨리사를 중심으로 1850년대까지 꾸준히 출간되었다. 슈베르트의 최종 작품번호는 173번[1867년]에 이르렀다. 이 숫자는 이미 양적으로 베토벤을 뛰어넘는다.

슈베르트 사후 사십년인 1868년, 슈베르트의 친구이자 화가인 슈

---

* "천국만큼이나 길어." (로베르트 슈만, 이기숙 옮김, 『음악과 음악가』, 포노, 2016, 183쪽 참조.)
** 같은 책, 230쪽.
*** Christopher H. Gibbs, 앞의 책, 2000, p.170.

슈빈트, 「요제프 폰 슈파운의 집에서의 슈베르트
저녁 모임」(1868).
피아노에 슈베르트가 앉아 있고 그의 오른편에서
포글이 노래를 부르고 있다. 그의 왼편에
앉아 있는 사람이 슈파운이다.

빈트는 역사에 길이 남을 그림을 한 장 남긴다. 「요제프 폰 슈파운의 집에서의 슈베르트 저녁 모임」이 그것이다. 슈베르트가 피아노를 연주하고 오른쪽에는 포글이, 왼쪽에는 슈파운이 앉아 있는 이 그림에는 모두 42명의 슈베르티아데 친구들이 나오는데 그들 중에는 유배되어 다시는 빈에 오지 못한 셴의 모습도 있다. 그런데 여기에는 가상의 참석자가 또 한 사람 등장한다. 슈빈트는 시인 뫼리케 Eduard Mörike, 1804-75에게 이렇게 이야기한 바 있다.

나는 그림을 그리기 시작했어. 독일에서 가장 지적이었던 한 모임에 관한 모종의 책임의식을 느꼈다고 해야 할까. 내 훌륭한 친구 슈베르트가 피아노에 앉아 있고 곁에 청중이 둘러싸고 있지. 나는 아직도 그 사람들 전부를 똑똑히 기억해. 또 한 가지 행운이 있어. 나한테 에스터하지 백작부인의 초상화가 있지 뭐야. 나는 그녀를 직접 만난 적이 없지만 슈베르트는 말을 돌릴 것도 없이 그가 만든 모든 곡은 그녀에게 바치는 것이라고 말했었어. 만족했을 거야, 그녀는.

슈빈트는 슈파운의 집 정면 벽에다 슈베르트가 남몰래 사랑한 카롤리네의 초상화를 걸어둔다. 이 그림을 보았다면 슈베르트도 만족했을 것이다.

슈베르트는 마이스터가 되었을까? '미완성'인 채로 삶을 마감한 그에게 이런 질문은 크게 의미가 없지만, 후대의 음악가들은 그를 마이스터로 보았다. 특히 슈만은 그에게 최고의 찬사를 바친다.

사실 우리는 모두 베토벤이 남긴 소중한 유산으로 살아간다. 슈베르트는 이 숭고한 선구자가 없었더라도 슈베르트 자신이 되었

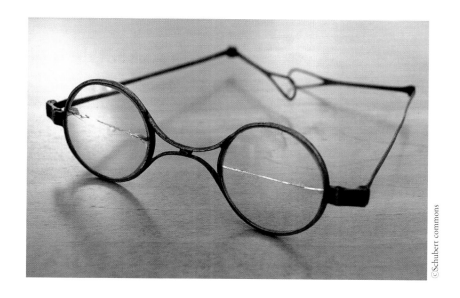

슈베르트의 안경, 빈 시립박물관.

을 것이다.

슈만은 이렇게 해서 슈베르트를 베토벤 곁에 견주어 세웠다. 같은 반열의 마이스터로 인정한 것이다. 이는 그릴파르처가 베토벤의 장례식 때 남긴 추도사에 대한 응답이었다. 하지만 슈만은 더 나아간다.

슈베르트 같은 사람이 아직 우리 곁에 살아 있는 한 인생은 여전히 살 만하다고 생각하기를. 그리고 그대들도 슈베르트처럼 항상 그대 자신의 모습에, 다시 말해 더 높은 손길이 그대 안에 심어놓은 최고의 모습에 충실하기를.*

도제에서 직인으로, 직인에서 마이스터로. 슈베르트는 진실되게 방랑했다. 그는 시심을 벼려 그리움을 연단했고 이루지 못한 사랑의 고통을 희망으로 바꾸었다. 영영 미완성으로 남은 마이스터. 슈베르트가 완성에 이르렀다면 어떠했을까? 우리는 감히 상상할 수 없다. 그러나 우리가 아는 슈베르트의 모습이 결코 완성된 것이 아니라는 사실은 우리에게 말할 수 없는 위로를 준다. 무엇인가를 완수하지 않아도 그의 음악은 그토록 풍성하다. 우리의 삶 또한 그러하지 않는가? 굳이 무엇이 되지 않아도, 숱한 중단과 포기와 방황이 여기저기 흔적을 남겨도, 삶은 그 자체로 풍성하지 않은가.
그의 모습은 보이지 않는다. 하지만 그의 음악을 들으면서 그의 눈물을 느끼는 사람이라면 그를 되찾게 될 것이다. 슈파운의 고백처럼 저 죽음 너머로 사랑과 감사를 그에게 보내게 될 것이다.

* 로베르트 슈만, 위의 책, 2016, 104쪽.

슈베르트 연가곡 음반 추천

본래 가곡의 맛은 내면에 집중하는 몰입에서 나온다. 따라서 시 본연의 서정미를 낭송과 가창 양면에서 잘 드러내는 것이 리트 가수의 일차적인 덕목이다.

그러나 연가곡은 일반적인 서정가곡에 비해 서사적·연극적 요소를 포함하므로 슈베르트의 삼대 연가곡에서도 어느 정도 사건 전개의 흐름서사이나 주인공의 캐릭터 설정극 등 연출의 요소들을 고려하게 된다. 다시 말해 이 경우 음악적 시 낭송보다는 음악적 모놀로그를 구현하는 것이다. 그렇기 때문에 어떤 가수가 되도록 시의 음악적 낭송이라는 서정적 측면에 머물러 있으려 하는지, 아니면 적극적으로 한 편의 모놀로그를 완성하려 하는지에 따라 연가곡의 해석 방향이 크게 달라진다.

그런데 최근에는 이 두 방향이 다소 혼동되거나 혼합되는 양상을 보이는 해석이 자주 나온다. 말하자면 서정적인 태도를 마치 곡의 디테일을 최대한 살리려는 것으로 오해함으로써 서정적 음조는 가지고 있으나 꾸밈없는 몰입 대신에 무엇인가를 표현해내려는 의도를 더 많이 내비치는 연주들이 나오고 있다. 머리를 너무 많이 쓴다고 해야 할까. 과거의 시심이 점점 더 약해지거나 재해석되면서 낭송적 차원에서 나타나는 순수한 서정이 희귀해진 까닭이다. 또한 성악교육이 오페라 대 리트·오라토리오로 전문화되면서 양쪽을 어렵지 않게 넘나드는 가수들이 적어진 것도 주요한 원인이다. 본래 어떤 성악가가 오페라 가수냐 리트 가수냐 하는 문제는 기술보다는 태도^{오페라-외향적 효과/리트-내면적 몰입}에 달린 문제다. 그러나 기술적 전 문화로 인해 양자가 마치 오페라에 맞는 기술 대 리트에 맞는 기술로 재편된 인상마저 준다. 최근의 리트 해석은 그리하여 과거보다 더 정확성을 추구하지만, 자연스러움은 다소 반감되는 경향이 있다.

가곡 감상의 핵심은 무엇보다도 몰입이다. 오페라처럼 벌어지는 사건이나 행동에 초점을 맞추는 것이 아니라 마치 듣는 이 자신이 가수가 된 것처럼 시 세계 안으로 함께 들어가야 한다. 그러니 분석을 앞세우지 말고 시를 읽고 먼저 시인이 되어 보아야 한다. 시를 소리 내어 낭송해보는 것이 그래서 중요하다. 그런 뒤에 또 음반을 들으며 가수의 호흡과 노래를 함께 따라가 보아야 한다. 그러면 시와 음악이 마치 나의 일부가 된 것처럼 몰입할 수 있게 될 것이다.

소설가 김훈은 "모든 음악은 인간의 몸의 소리"라고 말했다.* 참으로 맞는 말이다. 가곡은 일견 단순해 보이지만 음악이 몸의 소리임을 가장 잘 나타내주는 장르다. 여기서 소개하는 음반들과 함께 그와 같은 신비를 체험해보기를 권한다.

---

* 김훈, 『라면을 끓이며』, 문학동네, 2015, 271쪽.

삼대 연가곡 전집

- 디트리히 피셔-디스카우
- 제랄드 무어
- 도이치그라모폰 | 1971-72

독일 가곡 음반을 소개할 때 가장 먼저 떠오르는 이름은 단연 피셔-디스카우일 것이다. 그는 정확한 낭송과 탄탄한 가창력, 지적인 해석력을 두루 갖춘 바리톤이다. 그는 가곡에 대한 남다른 사랑과 교육자적인 열정으로 음반 시대의 가장 위대한 리트 가수가 되었다. 슈베르트의 연가곡에서도 피셔-디스카우의 족적은 심원하다. 그중 무어와 연주한 70년대 녹음은 가장 단정하고 교과서다운 해석으로 과거 바그너 시대의 낭만적 유산과 현대의 정확성을 동시에 구현해낸 최고의 음반이다. 무어는 넘치지도 모자라지도 않는 고상한 절제를 시종일관 들려준다. 세 작품 모두 최고다. 너무 흔하게 들어왔다는 게 유일한 단점인 이 음반은 한 마디로 하나의 '경지'다.

- 페터 슈라이어
- 안드라시 쉬프
- 데카 | 1994

슈라이어는 테너로서 가장 중요한 독일 가곡의 해석자다. 드레스덴 십자가 교회 합창단 출신인 그는 바흐의 유산과 낭만 오페라의 기운을 동시에 물려받았다. 엄격함과 연극적인 강렬함을 동시에 구현해낼 줄 아는 위대한 가수가 되었다. 안드라시 쉬프와의 삼대 연가곡 녹음은 아주 특별한 매력을 지니고 있다. 바흐와 슈베르트의 스페셜리스트인 쉬프는 특히 반주의 성부 표현과 명징한 세부의 조탁에 탁월하다. 엄격함과 격정이라는 슈라이어의 개성과 더없이 잘 어울리는 파트너인 것이다. 슈라이어는 유절가곡을 가장 뛰어나게 부르는 가수로 특히 『백조의 노래』, 그중에서도 공포스러운 「도플갱어」는 최고의 명연이다.

『아름다운 물방앗간 아가씨』

바리톤보다는 테너에게 더 맞는 연작으로 여겨져 왔다. 주인공 청년과 그 상대 시냇물을 어떤 캐릭터로, 어떤 관계로 그릴 것이냐는 것이 해석의 포인트다. 유절가곡이 많은 작품의 특성상 서정성을 앞세울 것인지 아니면 후반부의 극적 전개에 무게를 둘 것인지도 관건이 될 수 있다.

• 프리츠 분덜리히
• 후베르트 기젠
• 도이치그라모폰 | 1965

분덜리히의 서정은 가장 자연적이다. 후반부(제17곡)에서 간혹 나타나는 부정확한 음정 등 완벽한 음반은 아니지만 큰 결점으로 느껴지지 않고 오히려 싱싱한 에너지의 표현으로 다가온다. 정적인 곡에서는 티 없는 맑음이, 격정적인 통절가곡에서는 거침없는 파토스가 터져 나와 뮐러의 직공에 가장 가까운 모습이다. 기젠의 반주는 뒤로 물러나 보조를 맞추는데 다소 심심하게 느껴지는 것이 아쉽다.

• 이언 보스트리지
• 그레이엄 존슨
• 하이페리언 | 1995

기념비적인 하이페리언 슈베르트 가곡 전집 시리즈에 포함된 녹음이다. 보스트리지는 지적이고 예민하고 극히 섬세한 가창으로 우리 시대의 대표적인 리트 가수가 되었다. 그러나 영국적인 감상주의가 엿보이는 그의 해석에서 방랑하는 직공의 건실함을 느끼기는 어렵다. 그레이엄 존슨의 반주는 중용의 미 그 자체다. 한편 이 음반에는 슈베르트가 작곡하지 않은 뮐러의 시들까지 피셔-디스카우의 낭송으로 만날 수 있어 가치가 높다.

- 크리스티안 게르하헤어
- 게롤트 후버
- 소니 | 2003

게르하헤어와 후버의 듀오는 시종일관 잘 제어된 안정감 있는 앙상블을 들려준다. 게르하헤어는 또렷한 낭송을 앞세우고 과도한 연기를 자제하는 스타일이지만 그럼에도 목소리에 고상한 온기와 다채로운 역동성을 담고 있어 듣는 즐거움을 준다. 바리톤이지만 가볍고 맑아 피셔-디스카우와 호터를 섞어놓은 듯한 느낌을 준다. 후버의 반주는 차분하고 유연한 프레이징이 인상적이다.

- 요나스 카우프만
- 헬무트 도이치
- 데카 | 2010

바그너 가수인 카우프만의 가곡음반은 보스트리지류의 깨질 듯 여린 해석과는 상극을 이룬다. 그의 직인 청년은 정말로 장작을 패고 노동을 감당하는 거친 남자다. 표현적이고 피아노와 포르테 사이의 편차도 매우 크다. 하나의 일인 오페라처럼 다채로운 감성이 뛰어난 성악적 기량으로 펼쳐진다. 도이치 또한 섬세함과 격정을 자유자재로 오가며 최고의 역량을 들려준다. 세밀한 서정미 대신 선 굵은 연극적 인상을 택한 연주라 할 수 있다.

그 밖에도 미성으로 시종일관 뛰어난 프레이징을 들려주는 베어(파슨스, 워너, 1986), 섬세함과 열정이 훌륭하게 결합된 귀라(슐츠·아르모니아 문디·2000), 포르테피아노의 약간 끈적이는 반주 위에 뛰어난 낭송을 선보이는 프레가디엔(슈타이어·도이치 아르모니아 문디·1992) 등의 음반을 추가로 추천한다.

『겨울 나그네』

『겨울 나그네』는 가곡 역사상 가장 중요한 연가곡집이다. "무엇이 명연인가?" 하는 질문에 대답하기 어려울 만큼 다양한 명연이 해석의 역사를 수놓는다. 적대적 겨울의 긴장감과 젊음의 좌절감, 고독에서 나오는 서정성과 방랑으로 상징되는 서사적 흐름, 감정의 전도와 광기 등을 키워드 삼아 하나하나 들어보면 각 음반의 해석방향과 강점을 일별해볼 수 있을 것이다.

• 한스 호터
• 제랄드 무어
• 워너 | 1955

최고의 바그너 가수이자 가곡 해석자로 명성을 떨쳤던 베이스-바리톤 호터(1909-2003)의 두 번째 녹음이다. 전성기를 구가하던 1950년대 호터의 『겨울 나그네』는 사색적이고 명상적인 색채를 들려준다. 가라앉은 목소리로 담담히 흘러오는 슬픔에는 기품 있는 절제미가 묻어난다. 격조 높은 무어의 반주도 탁월하다. 비록 모노 녹음이지만 오히려 모노의 운치를 맛볼 수 있는 필청 음반이다. 더불어 1942년 역사적인 음반(라우흐아이젠, 도이치그라모폰)과 상대적으로 좋은 음질로 호터의 원숙미를 들려주는 1962년 음반(베르바·도이치

그라모폰)도 마찬가지로 훌륭하다.

- 페터 슈라이어
- 스비아토슬라프 리히터
- 필립스 | 1985 | 라이브

드레스덴 젬퍼 오페라에서의 전설적인 라이브 공연. 보스트리지는 이 음반을 듣고 예술가곡과 사랑에 빠졌다고 말한 바 있다. 이미 쉬프와의 전집을 추천했지만 이 음반은 색채 짙은 음색과 드라마틱한 호소력, 지난 세기 최고의 피아니스트로 추앙받는 리히터의 구도자적인 진지함이 더해져 잊을 수 없는 감동을 선사한다. 결코 놓쳐서는 안 되는 명연이다.

- 마티아스 괴르네
- 그레이엄 존슨
- 하이페리언 | 1991

디스카우와 무어의 역사적 전집 이후 완성된 또 하나의 거대 프로젝트 하이페리언 슈베르트 전집에 포함된 센세이셔널한 음반. 1967년생인 괴르네는 당시 불과 서른의 나이로 무척 아름답고도 독자적인 해석에 성공했다. 존슨의 영롱하고도 지적인 반주 위에서 '어떻게 바리톤이 저렇게 맑고 비단결 같은 소리를 낼 수 있을까' 싶을 만큼 섬세한 미성을 들려준다. 지금까지 독일 전통의 바리톤들이 주로 거칠고 묵직하고 언어적 표현력에 기반을 둔 연주를 들려주었다면 그는 호터 이후 가장 탁월한 서정적 울림을 가진 바리톤으로 자리 매김했다. 그는 이후에는 두 차례 전곡 녹음을 남겼지만(브렌델·데카·2003/에쉔바흐·아르모니아 문디·2014) 존슨과의 명연에는 미치지 못한다.

- 토마스 크바스토프
- 율리우스 차이엔
- 도이치그라모폰 | 2001

탈리도마이드 장애를 안고 태어나 키가 132센티미터에 불과한 크바스토프는 괴르네와 함께 우리 시대 최고의 바리톤이다. 크바스토프의 해석은 남성적이고 드라마틱하다. 하지만 세부에 집착하지 않는 선 굵은 연주가 오히려 몰입도를 높인다. 뒤로 물러난다기보다는 가수와 맞서는 차이엔의 반주도 여러 대목에서 감동적으로 다가온다. 꼭 들어보아야 할 음반이다.

- 볼프강 홀츠마이어
- 이모젠 쿠퍼
- 필립스 | 1994

가장 서정적이고 고운 연주를 하는 두 사람이 만난 음반. 홀츠마이어는 바리톤인데도 마치 테너를 듣는 듯한 미성이다. 쿠퍼의 반주는 상냥하고도 영롱하다. 목소리에 다채로운 변화가 다소 적은 편이지만 한 곡 한 곡 성실하게 빚어나가는 이러한 접근 또한 호소력 있게 다가온다. 이 음반에는 렐슈타프 시에 의한 미완성 가곡 「삶의 용기」(D.937)까지 들어 있어 『백조의 노래』의 외연을 가늠할 수 있다.

- 마티아스 괴르네
- 크리스토프 에셴바흐
- 아르모니아 문디 | 2012

괴르네의 슈베르트 전집 에디션에 수록된 음반이다. 이 음반에서 괴르네는 상당히 폭넓은 해석의 스펙트럼을 선보인다. 괴르네 특유의 서정적 음조에 과감한 연극적 재현을 추가했다. 그래서 「바닷가에서」나

「도플갱어」 등은 연주 시간이 상당히 늘어나 있고 격정의 인상을 남긴다. 에쉔바흐의 반주는 개별 성부의 또렷함보다는 풍성한 화성적 색채로 전곡을 이끌어간다.

그 밖에도 프라이(무어·필립스·1974), 파스밴더(라이만 도이치그라모폰·1992), 보스트리지(파파노·워너·2009), 피어스(브리튼·데카·1959) 등의 연주를 추천한다.

슈베르트 연보

1797년	1월 31일, 슈베르트 탄생.
	(아버지 프란츠 테오도르, 어머니 엘리자베트 피츠)
	누스도르퍼가 54번지(빈 제9구 알저그룬트
	Alsergrund)에서 태어남. 당시 행정구역명은 리히텐탈
	힘멜포르트그룬트(Himmelpfortgrund, Liechtental).
1806년 가을	아버지의 학교에서 수업을 받기 시작.
	―1806년 8월 6일, 황제 프란츠 2세 신성로마제국의 황제관을 내려놓음.
	신성로마제국 붕괴.
1808년	10월, 빈 궁정 소년합창단원으로 선발되어 빈 시립 기숙학교
	에 입학. 루지츠카에게 음악수업을 받기 시작하여 1813년까지
	계속함. 이 시기 기숙학교 친구들을 사귀게 됨. 슈파운,
	슈타들러, 케너, 센, 홀츠압펠, 에브너(Johann Leopold Ebner),
	란트하르팅어(Benedikt Randhartinger) 등.
	―1809년 5월 31일, 하이든 서거.
1810년	5월 1일, 첫 번째 작품 「피아노 연탄을 위한 판타지」(Fantasie in
	F fur Klavier zu 4 Handen D.1) 작곡.
1811년	3월 30일, 첫 번째 가곡 「하갈의 탄식」(Hagars Klage D.5) 작곡.
	아우구스트 빌헬름 슐레겔(August Wilhelm Schlegel)의 강의
	「드라마 예술과 문학에 관하여」가 빈 대학에서 큰 반향을 얻음.
	낭만주의 사상 및 미학의 확산.

1812년 초	살리에리에게 음악수업을 받기 시작하여 1816년까지 지속.
	1817년에도 간헐적으로 레슨 받음.
	5월 28일, 어머니 엘리자베트 사망.
	6월, 변성기 때문에 빈 궁정 소년합창단에서 나옴.
	기숙학교는 계속 다님.
1813년	4월 25일, 아버지가 클라이엔뵈크와 재혼.
	10월 28일, 첫 번째 「교향곡 제1번」(Sinfonie Nr.1 D.82) 완성.
	11월, 빈 시립 기숙학교를 떠남.
	빈 안나가세에 있는 보통직업학교에서 1년간의 교사 양성 과정을 시작(1814년 8월 14일 졸업).
	─1814년 6월 27일, 베를린 가곡악파의 대표자인 라이하르트 서거.
1814년 가을	아버지의 학교에서 견습 교사 생활 시작.
	1816년 가을부터 1817년 여름까지 중단되었고 그 뒤 다시 시작하여 1818년 여름까지 지속.
1814년	10월 16일, 리히텐탈 교구 교회 100주년을 기념하여 슈베르트의 「미사 제1번」(Messe Nr.1 in F D.105) 공연. 슈베르트 작품의 첫 공식 연주. 슈베르트 본인이 지휘했으며, 테레제가 소프라노를 맡음.
	10월 19일, 첫 번째 예술가곡이라 평가되는 「물레질하는 그레트헨」(D.118) 탄생.
	12월, 슈파운이 마이어호퍼를 소개해줌.
	이후 슈베르트는 50여 편의 마이어호퍼 가곡을 작곡.
1814년 말─1815년 초	테레제와 사랑에 빠짐.
1815년	4월, 살리에리 문하의 안젤름 휘텐브레너와 사귐.
	─1815년 6월 9일, 빈 회의에서 오스트리아 재상 메테르니히에 의해 왕정복고 결정.
	10월(?), 괴테의 「마왕」에 곡을 붙임.
1815년 말	슈파운이 쇼버를 소개.

이후 쇼버와 가장 친밀한 친구 사이가 됨.

1816년   4월, 류블랴나(현 슬로베니아 수도)에 음악 교사로 지원했으나
낙방함.

4월 17일, 괴테에게 처음으로 악보를 보냄.

슈파운이 추천의 편지를 함께 동봉함. 무응답.

7월 24일, 존라이트너와 알게 됨.

1816년 가을   처음으로 쇼버의 집에서 하숙.

1817년 여름   쇼버의 소개로 성악가 포글을 처음으로 만남.

포글은 이후 슈베르트 가곡을 집중적으로 알리는 역할을 함.

1818년   1월, 「엘라프 호수」(D.586)가 그의 작품 중 최초로 인쇄됨.

프란츠 사르토리의 『화가 문고』 부록.

3월 5일, 빈 악우협회에 회원 신청 거부됨.

6월-11월. 처음으로 요한 카를 에스터하지 백작의 젤리즈성에
체류하며 마리와 카롤리네 공녀를 가르침.

11월, 부모의 집을 떠남.

비플링가의 마이어호퍼 집에서 하숙.

1818년 말   케른트너토어 극장과 오페라 「쌍둥이 형제」(D.644)에 대한
계약을 맺음.

1819년   3월, 슈빈트를 알게 됨.

슈베르트의 초상화와 스케치를 비롯해, 유명한 「슈베르티아데」
그림을 남김.

3월 4일, 야엘의 음악 및 낭송 아카데미 모임(musikalischen-
deklamatorische Akademie)에서 「목동의 비가」(D.121)가 그의
가곡 중에서는 처음으로 공식 연주됨.

7월-9월, 포글과 함께 슈타이어를 여행함.

8월, 카알스바트 결의로 출판·집회의 자유 제한, 자유주의적
지식인들에 대한 검열, 감시가 심해짐.

1820년   6월 14일, 케른트너토어 극장에서 「쌍둥이 형제」 초연.

9월 21일, 테레제가 제빵업자 베르크만과 결혼.

12월 9일, 가곡 「송어」(D.550)가 빈 예술·문학·연극 유행 잡지(Wiener Zeitschrift fur Kunst, Literatur, Theater und Mode)의 부록으로 인쇄됨.

1821년 초 빈 악우협회의 회원이 됨.

1821년 1월 26일, 쇼버의 집에서 공식적인 첫 슈베르티아데가 열림.

3월, 「마왕」이 슈베르트의 첫 출판 작품으로 인쇄(Op.1, 카피 운트 디아벨리사). 이 시기부터 슈베르트의 작품이 공식 연주회장에 등장하기 시작.

4월, 「물레질하는 그레트헨」이 Op.2로 출판(카피 운트 디아벨리사) 이후 1821년 한 해에 작품번호 9번까지 출판.

1822년 7월-9월, 포글과 함께 슈타이어와 린츠를 여행.

11월, 라이프치히의 대형 출판사 페터스(C. F. Peters)에 출판 의사를 타진했으나 거부당함.

1822년 한 해 동안 작품번호 14번까지 출판.

1823년 2월 28일, 매독의 병증에 대해 처음으로 언급.

그해 10월 일반병원에 입원.

1823년 말 작품번호 30번까지 출간. 자우어 운트 라이데스도르프사(Verlag Sauer & Leidesdorf)와도 계약.

1824년 5월-10월, 요한 카를 에스터하지 백작의 젤리즈성에 두 번째로 체류하며 마리와 카롤리네를 가르침. 카롤리네에 대한 사랑을 품었으나 고백하지 못함.

12월 12일, 명 소프라노 밀더와 처음 편지를 주고받음.

베를린에서 공연할 오페라를 위촉함. 「알폰소와 에스트렐라」는 베를린 공연에 부적합 판정을 받음.

1824년 말 첫 번째 연가곡집 『아름다운 물방앗간 아가씨』 출판(Op.25,

자우어 운트 라이데스도르프사). 작품번호 27번까지 출판.

1825년   1월 29일, 엔더레스 및 비테체크의 집에서 매주

슈베르티아데가 열리기 시작.

2월, 바우에른펠트를 알게 됨.

―1825년 5월 7일, 살리에리 서거.

5월 초중순, 리더가 슈베르트의 초상화를 그림.

5월-10월, 포글과 함께 오버외스터라이히 및 잘츠부르크로

여행. 린츠·슈타이어·그문덴·바트 가슈타인 등을 방문하여

친구들을 만남.

6월, 괴테에게 두 번째로 악보를 보냄.「줄라이카」등

『서동시집』작곡집(Op.19)을 동봉했으나, 이번에도 답장을

받지 못함.

1825년 말   작품번호 48번까지 출판

1826년 초-가을   슈빈트와 함께 다시 쇼버의 집에서 하숙.

1826년   4월 7일, 부 카펠마이스터(지휘자) 자리에 지원했으나 낙방.

8월 12일, 라이프치히의 대형 출판사 브라이트코프 운트

해르텔과 접촉, 작품을 보냈으나 거절당함.

12월 15일, 슈파운의 집에서 대규모 슈베르티아데 모임.

이날 포글이 30여 곡의 슈베르트 가곡을 노래함.

1826년 말   작품번호 65번까지 출판.

1827년   3월 26일, 베토벤 서거.

9월-11월, 그라츠로 여행.

1827년 말   작품번호 90번까지 출판.

서거할 때까지 작품번호 106번까지 출판.

1828년   1월, 두 번째 연가곡집『겨울 나그네』출판(Op.89, 하슬링거).

2월, 마인츠의 대형 출판사 쇼트(B. Schott's Sohne),

라이프치히의 프롭스트사와 계약.

3월 26일, 베토벤 서거 일주년 기념 연주회 프로그램이 슈베르트의 곡들로만 채워짐.

10월, 부르겐란트(Burgenland)와 아이젠슈타트(Eisenstadt)로 여행.

11월 4일, 제히터에게서 대위법 수업을 받음.

11월 19일, 형 페르디난트의 집 케텐브뤼켄가세 6번지에서 서거.

가진 것보다 더 풍성한 희망

·에필로그

잠이 들었던 나는 내려야 할 곳을 한참 지나 버스에서 내렸다. 피곤한 오렌지 빛 등이 수원 화성을 비춰주고 있었다. 나는 걸었고 내 걸음은 절뚝거렸다. 그 리듬은 내게 익숙했다. 어려서부터 듣던 리듬이었다. 걷지 않으면 안 되었기 때문이다. 근육과 관절이 굳지 않도록, 뼈가 휘지 않을 만큼 힘이 붙도록 아버지는 나를 산과 들로 데리고 다니셨다. 내 발목에 붙은 모래주머니를 이겨내야만 돌처럼 굳지 않는다고 의사선생님이 말했다.

하지만 밤의 어둑함이 귀를 예민하게 만들자 그 익숙한 리듬이 불편해진다. 이 엇박을 정박에 맞추고 싶다. 그때부터 나는 세상이 오로지 걷기만을 위해 존재하는 양 몰두한다. 원래 그럴 생각은 아니었는데, 다음 정류장에서 버스 탈 거였는데, 혼자만의 어둠에 둘러싸인 나는 어느새 장안문까지 와 있었다.

거기 허름한 레코드 가게 문이 아직 열려 있었다. 너무나 우울한 음악이 흘러나오고 있었다. 우울하지만 정박이었다. 발걸음에 딱 맞는 속도로. 그게 바로 『겨울 나그네』였다. 아직 라이센스 음반 한 장이 만 원이 못 되던 시절, 까까머리 중학생인 나는 지갑을 몽땅 털어 피셔-디스카우와 무어의 음반을 샀다. 내 가방에 들어 있던 낡은 CDP에 그걸 넣고 걷는다. CDP가 튀니까 쾅쾅 걸으면 안 된다. 살살, 정박으로. 절뚝거리지 않게. 옳지, 그렇게. 나는 나도 모르게 겨울의 걸음걸이를 걸으며 집까지 갔다.

집필 중에 찾은 슈베르트의 마지막 집―사실은 형 페르디난트의 집이다―에서 왜 그때 생각이 났는지 모르겠다. 음악을 들을 때만 제대로 걸을 수 있어서였을까. 아니면 음악이 내 걸음걸이를 잠시나마 잊게 해주었기 때문일까. 어쨌거나 집으로 돌아가는 그 길에 음악은 흘렀고 도착할 때쯤에는 정박이니 엇박이니 하는 게 문제가 되지 않았다. 슈베르트의 음악이 나를 정박으로도 엇박으로도 끌어갔기 때문이었다.

그것이 삶이라는 것을 나는 나중에 알게 되었다. 정박으로 내딛는 것만 잘하는 게 아니더라. 엇박으로 부딪히는 리듬도 알고 보면 근사하다고 부점과 셋잇단음표들이 말해주었다. 무어라 설명할 수 없지만 그때 이후 슈베르트는 늘 내 곁에 머물게 되었다. 때로는 절뚝거리는 리듬이 춤으로 변하기도 하고, 잠시 멈춤이 다음 순간의 도약을 예비하기도 한다. 어쩌겠는가. 생명에는 저마다의 리듬이 있는 게 아니겠는가.

내 방랑의 여정에도 돌부리가 있었고 물웅덩이가 있었다. 좁게 보면 이 책을 쓸 때도 그런 굴곡이 발길을 자주 멈춰 세웠다. 손을 내밀어주는 이웃 덕분에 나는 실종되지 않을 수 있었다. 풍월당의 박종호 선생님께서는 방랑자를 위한 쉼터를 내어주셨고, 최성은 실장님은 지루함을 내모는 특유의 재주로 이 과정이 마치 짧은 듯한 착각을 선물해주셨다. 공연을 하고 그 수익으로 아프리카에 우물을 뚫는 솔크의 노선호 단장님은 예술과 현실을 잇는 뮐러풍의 모범을 보여주셨고 박은주 선생님은 그 스스로가 우물이라 할 만큼 즐거운 섬김을 길어내셨다. WCN의 송효숙 대표님의 넉넉한 호의와 신박 듀오 신미정·박상욱, 그리고 바리톤 안민수의 따뜻한 마음도 큰 힘이 되었다. 김정원 선생님이 슈베르트를 연주하는 피아니스트의 손으로 까주신 대하조림은 감개무량하여 아직도 잊을 수가 없다. 한 방원 교수님과 이인희 선생님은 내게 슈파운 같았고 황혜진 의원님과 김준식 장로님께서 베풀어주신 온정도 여전히 따뜻하게 남아 있다. 김언호 사장님과 김지연 편집자님, 한길사 모든 식구의 노고에도 감사드린다. 장인어른과 장모님, 시골에 계신 부모님, 그리고 내 마음의 가족 같은 여러 친구에게도 감사와 사랑의 인사를 보낸다.

9년 전 남몰래 눈물을 흘리며 귀국한 뒤로는 아내가 나보다 더 많은 눈물을 흘렸다. 다시금 기약 없는 방랑을 하며 여전히 자기 발걸음에만 몰두하는 남편을 받아주면서 아내의 마음속 겨울은 얼마나 길었겠는가. 그 시간을 함께 걸어준 아내 이승은에게 사랑과 존경을 바친다. 사실을 고백하자면 지난 1년간 나는 아내와 아이들 때문에 행복해서 슈베르트에게 미안할 지경이었다. 키도 자그마하고 안경도 끼고… 내게는 슈베르트와의 공통점이 적지 않은데, 커다란 차이점 하나가 그 모든 공통점을 무색하게 만들었다. 딸 나승연과 아들 나승운이 봄빛 같은 미소를 보내준다. 그 미소를 보고 있노라면 나는 도무지 겨울을 떠올릴 수 없다.

2019년 여름
나성인

찾아보기

슈베르트 세 개의 연가곡

사랑과 방랑의 노래

지은이 나성인
펴낸이 김언호

펴낸곳 (주)도서출판 한길사
등록 1976년 12월 24일 제74호
주소 10881 경기도 파주시 광인사길 37
홈페이지 www.hangilsa.co.kr
전자우편 hangilsa@hangilsa.co.kr
전화 031-955-2000-3 팩스 031-955-2005

부사장 박관순 총괄이사 김서영 관리이사 곽명호
영업이사 이경호 경영이사 김관영
편집 김지연 백은숙 노유연 김대일 김지수 김영길
마케팅 서승아 관리 이주환 문주상 이희문 김선희 원선아
디자인 창포 031-955-9933
인쇄제본 예림

제1판 제1쇄 2019년 9월 5일
제1판 제2쇄 2020년 5월 13일

값 16,500원
ISBN 978-89-356-6327-9 04080
978-89-356-7041-3 (세트)

• 잘못 만들어진 책은 구입하신 서점에서 바꿔드립니다.
• 이 도서의 국립중앙도서관 출판시도서목록(CIP)은 서지정보유통지원시스템 홈페이지(seoji.nl.go.kr)와
국가자료공동목록시스템(www.nl.go.kr/kolisnet)에서 이용하실 수 있습니다.
(CIP제어번호: CIP2019033733)